Dorothee von Meding

Mit dem Mut des Herzens

Wer waren die Frauen, deren Männer am 20. Juli 1944 das Attentat auf Hitler gewagt haben? Wer waren sie, die voller Sorgen und Hoffnungen auf Nachrichten von der Front oder aus der Berliner Zentrale warteten? Sie gaben dem täglichen Leben nach innen und außen den Anschein der Normalität, und doch waren sie die Vertrauten der »Verschwörer«. Sie erzogen ihre Kinder, verkehrten mit ihrem Freundeskreis und litten wie Millionen andere unter den Bombenangriffen; aber im Hintergrund stand immer das Wissen, daß ihre Männer in letzter Stunde das Schicksal Deutschlands zu wenden suchten.

Elf Frauen – elf Geschichten: Der 20. Juli 1944, für uns ein »historischer Tag«, ist ihr ganz persönliches Datum. In der Folge dieses Tages sind ihre Männer verhaftet, gefoltert und hingerichtet, ihre Kinder unter falschem Namen verschleppt, sie selbst zumeist in Einzelhaft genommen worden.

Die Tat ihrer Männer hat sie in die Geschichte gerissen. Nicht alle wurden von ihren Männern gefragt, ob sie dieses Opfer bringen wollten, nicht alle haben sich überhaupt für Politik interessiert. Und doch haben viele ihr ganzes Leben drangegeben für den verzeifelten Versuch ihrer Männer, Hitler zu beseitigen.

Die Frauen des 20. Juli haben nach 1945 ihr eigenes Leben leben müssen. Wer ihnen heute in diesem Buch begegnet, versteht, weshalb sie ihren Männern in dramatischen Monaten und in schweren Stunden oftmals die einzige Stütze waren.

Dr. Dorothee von Meding wurde 1946 in Lüneburg geboren. Sie studierte an den Universitäten München und Frankfurt Soziologie, Philosophie und Psychologie. Seit 1981 arbeitet sie als Autorin und Redakteurin beim Hessischen Rundfunk, Abteilung Kultur.

Dorothee von Meding

Mit dem Mut des Herzens

Die Frauen des 20. Juli

Ein Siedler Buch bei Goldmann

Die Kurzbiographien wurden von Katharina Grundmann erstellt.
Redaktion der Interviews: Thomas Karlauf.

Umwelthinweis:
Alle bedruckten Materialien dieses Taschenbuches
sind chlorfrei und umweltschonend.

Der Goldmann Verlag
ist ein Unternehmen der Verlagsgruppe Bertelsmann

Vollständige Taschenbuchausgabe November 1993
Wilhelm Goldmann Verlag München
© der Originalausgabe 1992 by Wolf Jobst Siedler Verlag GmbH, Berlin
Umschlaggestaltung: Werner Rebhuhn
Druck: Presse-Druck Augsburg
Verlagsnummer: 12 849
SD · Herstellung: Barbara Rabus
Made in Germany
ISBN 3-442-12849-8

10 9 8 7 6

Inhalt

Vorwort

Widerstand im 20. Jahrhundert leitet seine Berechtigung von totalitärer Unterdrückung und Rechtlosigkeit ab, durch die er nicht nur gerechtfertigt, sondern notwendig wird. Zugleich aber bedeutet Widerstand gerade unter diesen Bedingungen ein besonderes Wagnis, das immer nur eine Sache des einzelnen sein kann; jeder, der in Frankreich, Holland, Norwegen oder Deutschland in den Widerstand ging, mußte bereit sein, sein Leben einzusetzen, und die Gefahr war nicht gering, daß seine Spur sich im Dunkel der Geschichte verlor. Die Hoffnungen, die bei der Widerstandstat mitspielten, und die Aussicht auf ihren Erfolg waren deshalb nicht die einzigen, ja womöglich nicht einmal die wichtigsten Faktoren für die Entscheidung zum Handeln; das Eintreten in den Widerstand war vor allem ein Opfergang. Das gilt insbesondere für Deutschland. Denn obwohl Widerstand auch in den besetzten Gebieten stets mit großen Risiken verbunden war, konnte man dort doch damit rechnen, von gleichgesinnten Patrioten unterstützt zu werden oder wenigstens Widerhall und Ermutigung zu finden, weil die Opposition ja immer gegen eine Besetzung, gegen Unterdrückung von außen gerichtet war: Der Befreiungskampf diente nicht nur der Behauptung fundamentaler Menschenrechte, sondern unzweifelhaft auch nationalen Interessen.

Die Lage in Deutschland dagegen war anders, und daraus mag sich zum Teil erklären, daß man im Falle des deutschen Widerstands gar nicht von einer »Bewegung« sprechen kann. Gewiß gab es in den Kadern der traditionellen Links-Parteien einen gewissen Zusammenhalt, auf den man sich verlassen konnte und der in vielen Fällen als Schutz und Rückhalt diente. In den bürgerlichen Kreisen dagegen war man ganz auf sich selbst, d. h. auf das eigene Gewissen und die eigene Entscheidung gestellt, weshalb der Widerstandskämpfer dort grundsätzlich ein »einsamer Zeuge« war.

So kommt es nicht von ungefähr, daß in den Annalen des deutschen Widerstands die Namen einzelner herausragen, und dies nicht nur im Fall der offensichtlichen Einzelgänger wie Georg Elser, Kurt Gerstein oder Franz Jägerstätter, sondern auch in dem eines Ludwig Beck, eines Karl Goerdeler, eines Julius Leber oder Claus Schenk von Stauffenberg, auch wenn sich diese Männer in kleinen vertraulichen Gruppierungen sammeln konnten, zum Beispiel in der Abwehrgruppe um Hans Oster, im Freundeskreis im Auswärtigen Amt um Adam von Trott zu Solz und Hans-Bernd von Haeften oder dem Kreisauer Kreis um Helmuth James von Moltke.

Gleichwohl darf sich die Forschung nicht damit begnügen, die Leistungen jener Männer als »einsame Zeugen« herauszustellen, auch wenn vor allem sie es waren, die die Pläne schmiedeten, das Attentat vorbereiteten und schließlich ausführten. Denn ohne die Berücksichtigung des familiären Umkreises und vor allem der Frauen bliebe die Geschichte des Widerstands ebenso unvollständig wie jede Art von Geschichtsschreibung, die nur von den »großen Männern« handelt und deren soziale Umwelt vernachlässigt. So ist es fast überraschend, daß der Anteil der Familien und der Frauen am Widerstand bisher unbeachtet geblieben ist:[1] In meinem umfangreichen Studium zum Widerstand bin ich kaum auf einen Verschwörer gestoßen, der sich nicht auf seine Familie verlassen konnte, auf den Vater, die Mutter, die Schwester, den Bruder und – last but not least – die Ehefrau, die treu zu ihm hielten und ihm Verständnis, Trost und Unterstützung entgegenbrachten. Dies ist ein Aspekt der Geschichte des 20. Juli, der bisher ohne Grund fast völlig vernachlässigt worden ist.

Dieser Band macht einen Anfang, dem Defizit abzuhelfen. Deshalb sei gleich zu Beginn betont, daß die elf Frauen, die sich hier an uns richten, dies nicht allein als Gefährtinnen ihrer Männer tun, sondern als Widerständler eigenen Rechts, deren Beitrag zum Wirken ihrer Männer entscheidend für deren Motivierung, Planung und Tat gewesen ist. Das Los der Männer haben sie dabei ohne Zweifel nicht nur aus Liebe und Treue geteilt. Sie haben eine bestimmte, wichtige Rolle in der Verschwörung gegen das Terror-Regime gespielt, und ihr Leben war aus diesem Grund nicht nur ein Leben *mit* dem deutschen Widerstand, sondern auch – wie Marion Yorck von Wartenburg es treffend ausgedrückt hat – »ein Leben *aus* dem deutschen Widerstand«[2].

Der Frauenanteil am Widerstand war nicht nur hinsichtlich seiner Form, sondern auch hinsichtlich seiner Intensität verschieden. Ohne Zweifel war keine der Frauen des 20. Juli so aktiv wie die in der kommunistischen und sozialistischen Untergrundarbeit tätigen Frauen, und die Wagnisse und Entbehrungen, die etwa Berta Carola Karg im Dienst des illegalen Kommunistischen Jugendverbandes[3] oder Hilde Meisel (alias Hilda Monte) und Anne Kappius im Dienst des Internationalen Sozialistischen Kampfbundes[4] bei ihren unerlaubten Grenzübergängen und sonstigen konspirativen Missionen eingingen, fanden im bürgerlichen Lager kaum ihresgleichen. Freya von Moltke deutet dies an, wenn sie in all ihrer Großmut auf den ungewöhnlichen Opfermut der Frauen der »Roten Kapelle« hinweist, und allzu bescheiden bekennt sie sich zu ihrer Schwäche: Sie sei, so sagt sie, eine »zu normale Frau« gewesen, als daß sie nicht wegen ihrer Söhne am Leben bleiben wollte. Aber vergleichbar mit den verwegenen Unternehmungen der radikalen Frauen war wohl die Mission, die Susanne Simonis, die Cousine Erich Kordts, des Chefs des Ministerbüros im Auswärtigen Amt, auf dessen Anweisung ausführte, als sie Anfang September 1938 eine für das Foreign Office bestimmte Nachricht auswendig lernte und an Erichs Bruder Theo, den Botschaftsrat und Chargé d'Affaires in London, weiterleitete.[5]

Überhaupt sollte an dieser Stelle daran erinnert werden, daß der Widerstand der extremen Linken sich im großen und ganzen vom sogenannten bürgerlichen Widerstand durch sein konspiratives Engagement unterschied. Die Kommunisten und die kleineren, aber außerordentlich aktiven radikalsozialistischen Gruppen waren von Anfang an auf den Umsturz der kapitalistischen Ordnung eingestellt, und wenn die Kommunistische Partei Deutschlands sich auch in der Weimarer Zeit gelegentlich zu taktischer Zusammenarbeit mit den Nazis bereitgefunden hatte, um *viribus unitis* die Republik zu unterhöhlen, so sah sie im Nationalsozialismus doch den eigentlichen politischen Feind, der in ihren Augen die letzte Phase kapitalistischer Herrschaft darstellte. Spätestens seit der Machtergreifung Hitlers legte man sich deshalb auch auf Massenwiderstand gegen das neue Regime fest, und obwohl sich dieser Kurs bald als hoffnungslos erwies, da man die Entschlossenheit und die Befähigung der Nationalsozialisten, jegliche Opposition mit brutaler Gewalt zu unterdrükken, gänzlich unterschätzt hatte, führte die KPD doch in der Illegalität einen unnachgiebigen Kampf, bereit, alle nur nötigen Opfer auf sich zu nehmen.

Die Leute des 20. Juli indessen waren keine Revolutionäre. Der Großteil von ihnen stammte aus bürgerlichen, großbürgerlichen oder aristokratischen Häusern, und ihre Opposition gegen den Nationalsozialismus leitete sich nicht aus einer festen politischen Frontstellung ab, sondern bildete sich meist erst allmählich angesichts der sich häufenden Rechtsverletzungen und Greueltaten des Regimes. Deshalb waren auch die Frauen keine revolutionären Aktivisten, wie es die Frauen der kommunistischen und sozialistischen Lager waren. Und anders als die Frauen der »Roten Kapelle« waren sie in keiner Beziehung auf verschwörerische Tätigkeit eingestellt. Auf Widerstand waren sie deshalb keineswegs vorbereitet, weder politisch noch hinsichtlich ihres Temperaments; aber als eine Opposition im Lauf der Zeit und angesichts der Ereignisse nahezu unvermeidlich wurde, schlugen sie diesen Weg ohne Zaudern ein.

Könnte man ihnen den Vorwurf machen, daß sie die nationalsozialistische Bedrohung nicht rechtzeitig genug erkannt hätten, um sich ihr präventiv entgegenzustellen? Wer vom Rathaus kommt, ist immer gescheiter. Daher sollten wir uns erneut vergegenwärtigen, daß der Weg in den Widerstand schwer und alles andere als Routine ist, da er unweigerlich zum Verstoß gegen die positiven Rechtsstatuten führt – wenn auch im Namen eines höheren Rechts – und Hochverrat, wenn nicht gar Landesverrat bedeutet; und es kommt noch hinzu, daß er fast immer zu einem Opfergang wird. Niemand wird einen solchen Weg leichten Herzens gehen, und als sie, die Frauen wie die Männer, sich endlich dazu durchrangen, war dies für sie eine Frage des Gewissens, nicht irgendeiner bloß von außen angetragenen politischen

Vorschrift oder Ideologie. Das »Leben aus dem deutschen Widerstand« entsprang einem »verantwortlichen Handeln«, wie Dietrich Bonhoeffer es genannt hat.

Dennoch wäre es verfehlt, den Widerstand im Lichte heroischer Verklärung zu sehen. Auch dies lernen wir jetzt von den Frauen. Der deutsche Widerstand hatte fraglos nur wenig Abenteuerliches an sich, wenig »Heroisches«, wie Freya von Moltke uns versichert; nicht einmal das Wort »Widerstand« war in den Kreisen der Verschwörer in Umlauf. Man wollte ganz einfach »irgendwie anständig überleben«, wie Marie-Luise Sarre es mir gegenüber einmal ausgedrückt hat. So führen uns die Interviews mit den Frauen unmittelbar in den Alltag des Widerstands: Widerstand nämlich, so betont Freya von Moltke, war »Alltag«. Man bewegte sich ja nicht Minute für Minute im Untergrund, nahm sogar in der Regel eine öffentliche Stellung ein, und wenigstens zeitweilig konnte man sich deshalb in gewisser Weise sicher fühlen und konspirierte bei Tageslicht, wobei neben aller Sorge um das Vaterland auch Geselligkeit und Lebensfreude zu ihrem Recht kamen. Jedenfalls verspürte man keine Angst, wohl weil man von jener »inneren Notwendigkeit« des Handelns überzeugt war, von der Emmy Bonhoeffer sprach. Und außerdem war man noch so jung . . .

Manche der Frauen waren mehr, manche weniger in die Zusammenhänge der Verschwörung eingeweiht. Gleichwohl ist in jedem Fall der Hinweis von Gräfin Yorck zutreffend, daß die Männer, »was sie getan haben, nicht ohne ihre Frauen hätten tun können, waren sie doch alle von der Liebe und der Gemeinsamkeit abhängig.«[6] Daß es dabei gleichsam eine Arbeitsteilung zwischen Männern und Frauen gab, war selbstverständlich. Und wenn nun im Rückblick die Frauen ihren Anteil eher herunterspielen, so dürfen wir nicht vergessen, wie wichtig das Zusammenwirken beider Seiten im ganzen war. So war der Entschluß Adam von Trotts, mit Clarita Tiefenbacher ein Ehebündnis einzugehen, von Anfang an von dem Bewußtsein bestimmt, daß sie verstehe, was ihm im Leben »am wichtigsten« sei, und daß sie ihm helfen werde, »darum zu kämpfen«[7]. Unter ähnlichen Vorzeichen standen die Aufgaben, die zum Beispiel Margarete von

Hardenberg ausführte und die wohl kaum, wie sie heute sagt, einfach »harmlos« waren. Auch sollte man sich nicht täuschen lassen, wenn es heißt, daß bei den Tagungen des Kreisauer Kreises die Rolle der Frauen eher passiver Natur gewesen sei. Zwar betonen sowohl Freya von Moltke wie Marion Yorck von Wartenburg, daß sie ihre Rolle bei den Treffen auf das Mithören beschränkt habe: »Die Männer haben geplant, wir haben zugehört«, wie Freya sagt. Aber Mitwisserschaft war an und für sich immer schon eine Form der Mitverantwortung und deshalb »todeswürdig«[8]. Darüber hinaus waren die Aufgaben der Gastgeberin viel bedeutender, als man gemeinhin meint, sei es nun auf dem Gut der Moltkes in Kreisau, auf den Gütern der Yorcks in Kleinöls und Kauern, in der Berliner Wohnung von Peter und Marion Yorck in der Hortensienstraße oder auf dem Besitz der Borsigs in Groß-Behnitz. Denn nicht anders als Barbara von Borsig kümmerten sich Freya und Marion um weit mehr als nur um Unterkunft und Nahrung; sie sorgten für den rechten Ton, der letzten Endes bei allen Kontroversen und auch in den lebhaftesten Debatten den Zusammenhalt der Freunde erleichterte. So waren die Frauen in manchem Betracht Mitstreiterinnen ihrer Männer, und es kommt noch hinzu, namentlich bei den kriegsbedingten Trennungen von ihren Männern, daß ihnen die große Verantwortung für den Erhalt ihrer Familien und besonders der Kinder oblag.

Es ist zu bedauern, daß viele der Frauen nicht mehr in der Lage sind, ihren Beitrag zu diesem Band zu leisten. Dabei denke ich besonders an die »Matriarchin der Verschwörung«, Ruth von Kleist-Retzow[9], eine durch und durch staatstreue Preußin, die jedoch durch ihre familiären Beziehungen zu ihrem pommerschen Nachbarn Ewald von Kleist-Schmenzin, zu Fabian von Schlabrendorff und Henning von Tresckow und durch ihre Freundschaft zu Dietrich Bonhoeffer *nolens volens* in die Welt der Verschwörer hineingezogen wurde, an der sie gleichsam mit stoischer Distanz teilnahm. Ebenso denke ich an »Lexi« Roloff, geborene von Alvensleben, die unerschrocken die Gefängniswärter in der Lehrter Straße überlistete, um Verbindung mit den Häftlingen herzustellen[10], oder an Annedore Leber, fraglos eine

Frau von bewundernswerter Charakterstärke, die ihrem Mann während der langen Jahre, die er im Konzentrationslager verbringen mußte, als treue Leidensgenossin beistand. Lebers letzter Brief an sie aus der Gestapo-Hölle in der Prinz-Albrecht-Straße gab dann auch seinem Gefühl »unendlichen Stolzes« auf sie, auf ihre »Kraft und Haltung« Ausdruck[11].

Die Absicht dieses Buches liegt nicht darin, neue Forschungsergebnisse über den 20. Juli 1944 zu formulieren. In dieser Hinsicht sind die uns zugänglichen Quellen wenn nicht ausgeschöpft, so doch zur Genüge erforscht, und die Vorgeschichte des Attentats, alle Hindernisse, die ihm im Weg standen, der Mut und die Irrtümer der Verantwortlichen und schließlich auch die ganze Tragödie ihres Scheiterns sind wiederholt gewürdigt worden. Das Buch soll auf seine Weise ein Beitrag zum Verständnis dieses letzten, verzweifelten Versuches sein, sich gegen das Dritte Reich zu stellen und so die Ehre Deutschlands zu retten. Denn aus dem Zeugnis der Frauen, das uns bisher vorenthalten war, läßt sich erklären, aus welchen Umständen sich der deutsche »Aufstand des Gewissens« entwickelt hat. Das Hoffen des Anfangs wie die bittere Enttäuschung des Mißlingens wurden von beiden getragen, den Männern wie den Frauen, und so waren die Männer letztlich doch nicht jene »einsamen Zeugen«, von denen anfangs die Rede war. Sie konnten sich, wie Peter Yorck von Wartenburg es mehrfach in seinen Briefen betont hat, auf eine »Zweisamkeit«[12] mit ihren Frauen verlassen, in Freud und Leid, im Leben und im Tod. »Alle unsere lieben Sprüche«, schrieb Helmuth von Moltke in seinem Abschiedsbrief an Freya, »sind in meinem Herzen und in Deinem Herzen«[13].

Nach dem Blutgericht der Nazis, in dessen Verlauf die meisten Frauen aufgrund der sogenannten Sippenhaft in Konzentrationslager und Gefängnisse eingeliefert wurden, blieb es ihr Los, für ihre Familien zu sorgen und ihrem Leben wieder eine Form zu geben. Dazu gehörte auch, daß die Kinder, die unter falschem Namen verschleppt worden waren, wiedergefunden werden mußten. Am Ende aber fand jede der Frauen – wenn auch in gänzlich veränderten Verhältnissen – einen Platz in der Gesellschaft, an dem sie der Allgemeinheit dienen konnte. Für keine von ihnen war das leicht; aber ohne Ausnahme taten sie es alle, tapfer und würdevoll und frei von jedem Ressentiment, und sie blieben damit den Idealen, für die ihre Männer ihr Leben aufs Spiel gesetzt hatten, treu.

Klemens von Klemperer

Anmerkungen zum Vorwort

1 Allerdings soll hier auf den Film von Irmgard von zur Mühlen »Die Frauen des 20. Juli«, 20. Juli 1984 hingewiesen werden, in dem die Frauen der Widerständler zur Sprache kommen.

2 Von mir kursiv gesetzt; Marion Yorck von Wartenburg, Die Stärke der Stille. Erzählung eines Lebens aus dem deutschen Widerstand (Köln, 1985)

3 Berta Carola Karg, »Mein Kampf gegen die braune Diktatur« in: Richard Löwenthal und Patrick von zur Mühlen (Hrsg.), Widerstand und Verweigerung in Deutschland 1938 bis 1945 (Berlin, Bonn, 1982), S. 102–109

4 »Hilda Monte«, in: Annedore Leber, Das Gewissen steht auf (Berlin, Frankfurt/M., 1960), S. 17–19; Joseph E. Persico, Piercing the Reich (New York, 1979) passim

5 Es sollte der britischen Regierung eine öffentliche und unzweideutige Warnung an Hitler nahegelegt werden, daß ein Angriff auf die Tschechoslowakei für sie einen casus belli bedeuten würde. So sollten auch die Staatsstreichpläne des Widerstands unterstützt werden. Siehe Erich Kordt, Nicht aus den Akten ... (Stuttgart, 1950), S. 250f.; Theo Kordt, »Wir sollten den Frieden retten«, Stuttgarter Rundschau, No. 8 (1948), S. 10–13

6 Yorck, Die Stärke, S. 65

7 Brief an Adam von Trott zu Solz an Eleonore von Trott zu Solz, 9. April 1940, in: Clarita von Trott zu Solz, Adam von Trott zu Solz, Eine erste Materialsammlung, -sichtung und Zusammenstellung, Reinbek, 1958, S. 193

8 Eberhard Bethge, »Adam von Trott und der deutsche Widerstand«, Vierteljahreshefte für Zeitgeschichte, 11. Jg. (1963), S. 221

9 Siehe die sehr schöne und bedeutende Biographie über Ruth von Kleist und die mit ihr verwandten und verschwägerten Häuser: Jane Pejsa, Matriarch of Conspiracy. Ruth von Kleist (1867–1945) (Minneapolis, 1991)

10 Siehe das Kapitel »Lexi« in: Christabel Bielenberg, Als ich Deutsche war. 1934–1945. Eine Engländerin erzählt (München, 1970), S. 220–223

11 Brief von Julius Leber an Annedore Leber, Berlin, 1., 2. Januar 1945, in: Dorothea Beck und Wilfried Schoeller, Julius Leber. Schriften, Reden, Briefe

(München, 1976), S. 302. Die Aussage Marion Yorcks, daß Julius Leber seine Frau »nicht ganz ernst« genommen habe (Yorck, Die Stärke, S. 62), ist wohl im Lichte des Leber-Nachlasses nicht gerechtfertigt. Nach dem Tode ihres Mannes nahm Frau Leber auch eine bedeutende Stellung im politischen und kulturellen Leben West-Berlins ein.

12 Briefe von Peter Yorck von Wartenburg an Marion Yorck von Wartenburg, Berlin, Sommer 1943 und 8. August 1944, in: Yorck, Die Stärke, S. 131 und 142

13 Brief von Helmuth James von Moltke an Freya von Moltke, Tegel, 11. Januar 1944, in: Helmuth J. Graf von Moltke, Letzte Briefe aus dem Gefängnis Tegel (Berlin, 1963), S. 60

Einleitung

Elf Frauen – elf Geschichten

Dieses Buch fragt nur am Rande nach dem historischen und politischen Rahmen des deutschen Widerstands, nach den äußeren Fakten und Zusammenhängen, dafür vor allem nach den Menschen, die direkt oder indirekt an ihm beteiligt waren, nach ihren inneren Entwicklungen und Erlebensweisen, ihren Erfahrungen und deren Verarbeitung. Es erzählt die persönlichen Geschichten, sofern die Erinnerung sie freigibt.

Der 20. Juli 1944, für uns inzwischen ein »historischer« Tag, ist für die Frauen, von denen das Buch handelt, ein ganz *persönliches* Datum. Emmi Bonhoeffer, Elisabeth Freifrau Freytag von Loringhoven, Brigitte Gerstenmaier, Margarethe Gräfin von Hardenberg, Freya Gräfin von Moltke, Rosemarie Reichwein, Clarita von Trott zu Solz, Marion Gräfin von Yorck zu Wartenburg, Charlotte Gräfin von der Schulenburg, Barbara von Haeften und Nina Gräfin Schenk von Stauffenberg waren bereit, sich mit mir über diesen Tag, seine Voraussetzungen und seine Folgen zu unterhalten, über den 20. Juli, an den sich – weit über seinen konkreten Ablauf hinaus – die Erinnerung an den deutschen Widerstand knüpft, der im Attentat von Graf Stauffenberg und dem Versuch des Staatsstreichs lediglich seinen entschiedensten Ausdruck fand.

Für die befragten Frauen hat das Datum noch eine andere Seite. Für sie wurde der 20. Juli der Tag, der alles veränderte. Ihre Männer wurden verhaftet, gefoltert und hingerichtet; ihre Kinder unter falschem Namen verschleppt; sie selbst kamen in Haft, meist sogar in Einzelhaft. Nicht alle waren von ihren Männern gefragt worden, ob sie dieses Opfer bringen wollten, nicht alle haben sich überhaupt für Politik interessiert: Sie begriffen sich in erster Linie als die Frauen der Männer, die sie liebten.

In dieser Weise äußern sie sich noch heute, und vielleicht hat man ihre Rolle auch aus diesem Grund lange Zeit unterschätzt. Nicht zu vergessen aber bleibt, daß ohne ihren Beistand manche der Männer den äußersten Schritt kaum unternommen hätten: gegen den Staat zu konspirieren, dem sie dienten. Jeder von ihnen war ja noch im Sinne jener monarchistischen oder überlebten militärischen Ehrbegriffe erzogen worden, welche die Entscheidung zum Staatsstreich und Attentat zu einem Glaubens- und Gewissenskonflikt werden ließen. Die Verbindlichkeit der Eidesformel und die christliche Moral des »Gebt dem Kaiser, was des Kaisers ist« und des »Mein Reich ist nicht von dieser Welt« sind seitdem verlorengegangen. Heute versteht man nur noch schwer, warum viele so lange zögerten.

Aber die Rolle der Frauen erschöpfte sich nicht in bloßem Zuspruch, in seelischer Unterstützung. Sie waren Mitarbeiterinnen und Vertraute, Sekretärinnen und Gesprächspartnerinnen, und sie waren nicht zuletzt die Beschützerinnen ihrer Familien. Sie hatten die Pflicht zu überleben, auch um der Kinder willen. Dabei haben sie ihr ganzes weiteres Leben eingesetzt für die politische Tat ihrer Männer.

Die Fragen, die ich meinen Interviewpartnerinnen gestellt habe, sind Fragen nach ihren Hoffnungen, nach ihrer täglichen Angst, nach der Bedrohung durch die Gestapo. Was haben sie gewußt, worin bestand ihr eigener Widerstand? Woher nahmen sie den Mut zu einem »Doppelleben«? Wie vermochten sie nach außen den Anschein der Normalität zu wahren, den ideologischen Riß, der oft durch ihre eigene Familie ging, täglich neu auszuhalten und ihr Wissen um den »Hochverrat« ihrer Männer zu verheimlichen? Die an diesem Buch beteiligten Frauen mußten sich nach 1945 eine neue Existenz aufbauen, Berufe erlernen und mit den Kindern ein eigenes Leben beginnen. Auch sie sind in gewisser Weise Opfer des 20. Juli, oft mehr, als ihnen bewußt ist. Keine der Witwen hat wieder geheiratet.

Als ich begann, über die Frauen des 20. Juli Nachforschungen anzustellen, traf ich mitunter auf Skepsis. Man wirft dem Kreis bis heute vor, seine politischen Ziel seien nicht eigentlich demokratisch gewesen; überdies sei dieser Teil des deutschen Widerstands inzwischen uninteressant. Die Wissenschaft beschäftige sich heute in erster Linie mit dem sogenannten »kleinen Widerstand«, den heimlichen, spontanen Gesten der vielen. Was hätten die Frauen des 20. Juli schon zum Widerstand gegen Hitler beigetragen? Ihre Berichte könnten letztlich doch nur einer erneuten Heldenverehrung dienen.

Die hier dokumentierten Gespräche zeigen, daß sich diese Einschätzung so nicht länger halten läßt. Doch sei angemerkt, daß dieses Buch den 20. Juli nicht allein als die Aktion des militärischen Widerstands begreift. Gemeint ist nicht nur die Zusammenarbeit von Kreisauern und Offizieren, die Attentat und Staatsstreich vorbereiteten, sondern im Mittelpunkt stehen jene Menschen, die der Bekennenden Kirche und ähnlichen, wenn auch kleineren und unscheinbareren Zusammenschlüssen angehörten und Opposition bekundeten. Zu ihnen zählten ohne Frage auch die Frauen der Attentäter. Auch sie waren Teil des Widerstands, wollten standhalten, halfen praktisch und gedanklich für die entscheidende große Aktion. Dabei trafen viele verschieden Motivationen aufeinander: traditionell konservative wie sozialdemokratische, religiöse wie militärische, kapitalistische wie sozialistische. Es entwickelten sich erstaunliche Koalitionen. Aber alle Beteiligten entschieden sich bewußt gegen den »kleinen Widerstand«, der für sie zwar riskant, aber ohne fundamentale Wirkung zu sein schien.

So soll Dietrich Bonhoeffer einmal gesagt haben, als sein Freund Bethge bei einer Feier den Arm zum Hitlergruß demonstrativ nicht erhob: »So billig verkaufe ich mich nicht.« Und sein Bruder, Klaus Bonhoeffer, bekam nach Berichten einen regelrechten Wutausbruch, als seine Frau im Gemüseladen zu »agitieren« begann und – schon 1942 – von Auschwitz und der Judenvernichtung erzählte. Die Diktatur, so sagte er, sei eine Schlange, die man *am Kopf* treffen müsse.

Das Politische im Privaten

Der Widerstand der Frauen des 20. Juli war anderer Art als derjenige der Männer, und zwar aus verschiedenen Gründen. Er war unscheinbarer, heimlicher und »privater«, geprägt vom damals noch gültigen Rollenverständnis der Geschlechter. Die Frage, inwieweit die Frauen zum Widerstand gehörten, stellt sich deshalb auf ganz andere Weise als bei ihren Männern.

Aktiven »Widerstand« im engeren Sinne nämlich leisteten die Frauen nicht. Dennoch entzogen sie sich dem Nationalsozialismus, seiner Ideologie wie seinen Organisationsformen. »Hitler hat auf mich überhaupt keinen Eindruck gemacht... Diese Faszination, die von ihm ausgegangen sein soll, ist nicht auf mich ausgegangen.« Das erzählte eine der Gesprächspartnerinnen, die als junge Sekretärin konspirative Schreibarbeiten für Henning von Tresckow übernommen hatte. »Hitler hat auf mich überhaupt keinen Eindruck gemacht.« Ganz unprätentiös manifestiert sich der Widerstand jener Frauen, die nicht verführbar waren und sich unterschieden von den vielen »Verzückten«, die wir aus den Filmen der Wochenschauen kennen. Insofern waren sie die richtigen Partnerinnen für ihre oppositionellen Männer. Ein Zitat von Erich Fromm, das sich ausdrücklich auf den 20. Juli bezieht, umreißt diese Form der Opposition. »Sehen wir uns einen Augenblick mal das Wort ›Widerstand‹ an. Wider-Stand, Wider-Wille, Wider-Setzung, Wider-Gefühl. Um das leisten zu können, muß man schon jemand sein. Man ist dann nicht so leicht zu täuschen, zu beeindrucken, sondern ist – im Gegenteil – gegebenenfalls fähig zum Protest, zur Ablehnung, zur Empörung... Nur wenn der Mensch sich erlaubt, *hinter* die rationalen Formulierungen zu sehen und nicht auf das zu hören, *was* ein Führer sagt, sondern ihm auf den Mund zu blicken, *wie* er es sagt, sich sein Gesicht, seine Gesten, den ganzen Menschen anzuschauen – nur dann entdeckt er, was dieser Mensch für einen Charakter hat.«[1]

Was Fromm beschreibt, ist eine durchaus private oder persönliche Art von Widerstand, jedenfalls keine politische im eigentlichen Sinn. Sie zielt auf psychische Reife und Mündigkeit, auf das staatsbürgerliche Urteilsvermögen und bezieht gerade dadurch die besonderen Möglichkeiten der Frauen mit ein. Dagegen könnte man einwenden, daß der Begriff des Widerstands auf diese Weise entpolitisiert und ins Persönliche und Private gewendet werde. Aber vielleicht liegt, umgekehrt, gerade darin die eigenartige Größe dieser Opposition im Umkreis des 20. Juli: daß es sich um eine Art von Widerstand handelte, der sich im Vollzug der Lebensentwürfe als politisch erwies, indem sie jenseits der militärischen, diplomatischen oder staatsrechtlichen Planungen den subjektiven Teil zum Versuch des Staatsstreichs beitrugen.

Für diese Auffassung ließe sich nicht zuletzt ins Feld führen, daß es die Attentäter selber so sahen. Sie bezeugen, daß die Moral und Stärke ihrer Frauen und Vertrauten es ihnen erleichtert haben, die Risiken ihres Tuns zu tragen und den Kampf gegen Hitler zu führen. Da es eine öffentlich wahrnehmbare Opposition schon seit 1933 kaum noch gab, sehen wir die Männer des Widerstands leicht als heroische Einzelne, als allzu mutige und heldenhafte, gleichsam übergroße Charaktere. Dabei übergehen wir geflissentlich die Augenblicke des Zweifels, die auch diese Männer durchlebten, im Kreisauer Kreis nicht anders als im militärischen Teil des Widerstands: Immer liefen sie Gefahr, in Verzagtheit und Mutlosigkeit steckenzubleiben und zu resignieren. Daß sie am Ende dennoch durchhielten, geht nicht zuletzt auf die Unterstützung ihrer Frauen zurück, wie zahlreiche Briefe beweisen: »Wenn Du erst wieder da bist, um mir so eine richtige Wurschtigkeit gegen all diesen Quark zu inspirieren, so wird es mir hoffentlich bald wenig mehr ausmachen ... «, schreibt einer von ihnen an seine Frau. Ein anderes Mal lesen wir: »Mein lieber Friedenspol, wo sonst, wenn nicht bei Dir und Deinem Söhnchen kann es für Deinen Wirt Frieden geben? Was machen eigentlich die Leute, die das nicht haben? Wo haben die eigentlich ihre Würzelchen?« [2]

Herkunft und Selbstverständnis

Die Frauen, mit denen ich sprach, waren als Mädchen, als junge Frauen durch Herkunft und Stellung privilegiert. Selber meist bürgerlich und städtisch orientiert, entwickelten sie durch ihre Männer eine enge Beziehung zu deren adligen, oft ländlichen Familienclans. Bei ihnen verbanden sich die Vorteile der urbanen Lebensorientierung mit der festen Verankerung eines ländlichen Lebens; ihre soziale Situation wirkt zu dieser Zeit abgesichert und stabil, ihr Horizont im Denken, Handeln und Erfahren ist weiter geöffnet als bei vielen anderen Frauen ihrer Gesellschaftsschicht.

Ohne Ausnahme entstammen sie Familien, die sich einem traditionellen Ideal bürgerlicher Bildung verpflichtet fühlten. Daran haben sie immer festgehalten, auch als sie sich – nicht zuletzt beeinflußt durch die historische Entwicklung – vom Weltbild ihrer Eltern längst entfernt hatten. Durch ihre Erziehung und Ausbildung reiften sie zu Frauen heran, die sich in ihren Entscheidungen sicher fühlten und auch fähig waren zur Selbstkritik. Nach 1933 entwickelten sie dann genug Beweglichkeit, um ihr Doppelleben zu gestalten und auszuhalten. Sie zeigten sich wenig anfällig für die öffentliche Meinung und ließen sich nicht abschrecken von dem Gedanken, allein zurückzubleiben, wenn die geheimen Pläne ihrer Männer von der Gestapo entdeckt würden. Insofern haben sie sich für den »aufrechten Gang« entschieden.

Das formte die Ordnung ihres Alltags und schuf ihm seine besonderen Risiken. Denn wenn die Arbeit, die Haushalt und Familie forderten, während des Krieges für alle Frauen aufwendiger und schwieriger wurde, so kam in diesem Fall noch die tägliche Organisation scheinbarer Normalität hinzu, und dies nicht nur gegenüber der Öffentlichkeit, gegenüber der »Straße«, sondern oft genug auch gegenüber dem allerengsten Kreis der Verwandten – und den eigenen Kindern. Diese nämlich sollten unter dem Doppelleben der Eltern unter keinen Umständen leiden, zumal von einem bestimmten Alter an auch noch die Frage der BDM- oder HJ-Mitgliedschaft nicht länger zu umgehen war. Dabei galt es, die Kinder vor allem nach zwei Seiten zu schützen: zum einen gegen die nationalsozialistische Propaganda, zum anderen aber gegen jene Repressionen, die sie im Kreis ihrer Altersgenossen hätten ertragen müssen, wenn man sie von jedem Mitmachen, von jeder Teilnahme an den Jugendveranstaltungen, jeder Form der Integration in den Staat ferngehalten hätte. Das war pädagogische Schwerstarbeit, denn vor allem die kleineren Kinder durften ja nichts ausplaudern bei Freunden oder in der Schule. In den Gesprächen heißt es dazu lapidar und durchaus bezeichnend: »Der Alltag war mühsam.«

Widerstehen in bewußter Passivität

Eine Generation, deren unmittelbare politische Erfahrungen von den Lebensverhältnissen der Demokratie geprägt sind, wird immer Mühe haben, sich die totalitären Zwänge einer Diktatur im Detail vor Augen zu führen. Wer unter Bedingungen aufwächst, die eine Entfaltung der Persönlichkeit jedenfalls der Möglichkeit nach garantieren, wird sich nur schwer jene allseitige Beschränkung des Menschlichen vorstellen können, die den Alltag eines totalitären Staatswesens bestimmt und in der Folge die Menschen selbst deformiert. Sollte das der Grund dafür sein, daß die Anstrengungen, die zum 20. Juli führten, trotz der alljährlichen Gedenkfeiern mehr und mehr als »selbstverständlich« gelten und auch die Leistung der Frauen unterschätzt wird?

Eine Diktatur ist immer die Zeit des Mitläufertums, des Nichtwissen-Wollens, des Zur-Seite-Sehens. Für all diejenigen dagegen, die sich – auf welche Weise auch immer – mit dem Staat im Widerspruch befinden, ist sie eine Zeit des konsequenten, klaren Handelns und des täglich neuen, nuancierten Abwägens in der Beurteilung von Gut und Böse. Dazu gehört in der Regel auch die Erfahrung der Isolation, weil man mit den Agenten des Regimes nicht reden kann, weil man schnell bemerkt, daß es mit ihnen keine gemeinsame Sprache, keine Form der Verständigung gibt. Die Männer haben ihre Isolation später in Gruppen wie dem Kreisauer Kreis überwinden können. Ihre Frauen hingegen blieben auf sich selbst zurückgeworfen, im besten Fall auf einige wenige Freunde. Jede Bewegung, jede Äußerung mußte wohlüberlegt sein. Das galt für die großen staatlichen oder militärischen Apparate ebenso wie für den bürgerlichen Alltag, wo die feinen Mechanismen der Repression, des Verdachts und der Bespitzelung oft noch gnadenloser zur Wirkung kamen.

Gerade auf diesem schmalen Terrain, wo die Bereiche von Öffentlichkeit und Privatheit zusammentreffen, war das Feld, auf dem sich der Widerstand der Frauen bewährte. Die Frauen duckten sich nicht. Später, als das Attentat gescheitert war, ertrugen sie die Schikanen, denen man sie unterwarf, und forderten bei den Behörden Informationen über den Verbleib ihrer Männer ein. Das bedeutet, sie beharrten auf einer Art von Rechtsstaatlichkeit, obwohl dies ein fast absurdes Ansinnen war; mit ihrer Zivilcourage ertrotzten sie sich die Erlaubnis für Besuche – und eine der Frauen hat gegenüber Freisler sogar den Vorwurf erhoben, daß ihr Mann gefoltert worden sei.

Wieviel davon war Ergebnis einer bewußten Entscheidung? Am Anfang nur wenig, am Ende dagegen alles. Denn während sich der Widerstand der Männer formierte, zum Teil schon in den dreißiger Jahren, zum Teil erst Anfang der vierziger, nachdem der Luftangriff auf England gescheitert, der Vormarsch in Rußland zum Erliegen gekommen war, gerieten auch die Frauen mehr und mehr in die Opposition. Dabei wurden sie oftmals nicht gefragt. Aber ihnen wurde schnell klar, daß ihre Männer oder Vorgesetzten im Begriff standen, Hochverrat zu begehen – und sie unterstützten sie darin. Wenn sie heute betonen, daß dies mit einer eigentlichen Entscheidung nur wenig zu tun gehabt habe, so spricht daraus eine Haltung, die weder auf politische Aktivität noch auf Passivität zielt, sondern zwischen beidem liegt. Im Grunde gab es für die Frauen damals gar keine Wahl, und in dieser Hinsicht empfanden sie nicht anders als ihre Männer. Eine der Gesprächspartnerinnen antwortete deshalb auf die Frage, warum ihr Mann in den Widerstand gegangen war, mit dem Satz: »Die Willensfreiheit ist eine ziemlich beschränkte Sache.« Ihr Handeln sei eine Folge innerer Notwendigkeiten gewesen, denen alle persönlichen Interessen ohne weiteres untergeordnet gewesen seien. Auf ein individuelles Lebensglück verzichteten alle, weil »die Umstände nun einmal nicht danach waren«. So wandten sie sich gegen das Regime mit derselben Strenge, Energie und Selbstdisziplin, mit der sie vordem für den Staat gearbeitet hatten; aus der Verpflichtung preußischen Staatsdienertums wurde mit der Zeit die Verpflichtung zum Widerstand, auch für die Frauen.

Die gewichtige Rolle der Frauen im Widerstand ist vor allem bemerkenswert, wenn man bedenkt, daß nur wenige von ihnen über Entwicklung, Planung und Ziel des Staatsstreichs genauer informiert waren. Die meisten wußten trotz zahlreicher ihnen bekannter Einzelheiten wenig, im Grunde fast nichts. Diejenigen, die als Sekretärinnen selber an der Verschwörung Anteil hatten, kannten bestimmte hochbrisante Details; Margarethe Gräfin von Hardenberg beispielsweise tippte die »Walküre«-Befehle mit der Schreibmaschine ab, die zwar scheinbar neutral formuliert waren, aber mit dem Satz begannen: »Unser Führer, Adolf Hitler, ist tot.« Andere waren bis zu einem bestimmten Grade im Bilde, etwa Freya von Moltke und Marion Gräfin Yorck, weil sie die meisten Mitglieder des Kreisauer Kreises kannten und bei den Gesprächen, die in ihren Häusern geführt wurden, in der Regel anwesend waren. Aber in noch höherem Grade als ihre Männer kannten sie immer nur winzige Ausschnitte, Partikel der Zusammenhänge und des politischen Plans. Eine der Frauen hat das so formuliert: »Ich wußte die Substanz nicht, aber das Thema.« Wer über gewisse Informationen verfügte, wer in die Verschwörung eingeweiht war oder auch nur um die Verbrechen der Nazis wußte, befand sich ja bereits in ernster Gefahr, weil auch denjenigen die Todesstrafe drohte, die an staatsfeindlichen Handlungen nur indirekt teilnahmen oder sie auch nur nicht denunzierten. Es wirft ein bezeichnendes Licht auf jene Zeit, wenn eine der Frauen bemerkt, ihr Mann habe zu seiner Verzweiflung nicht verhindern können, daß sie von den nationalsozialistischen Verbrechen, von der Judenvernichtung, von Auschwitz erfahren hatte. Schon dieses Wissen konnte lebensbedrohlich sein.

Zugleich zeigt sich an Äußerungen wie diesen, in welchem Maße die Akteure der sogenannten Verschwörung, die Männer wie die Frauen, sich isolieren mußten und immer einsamer wurden. Wo bereits bestimmte Kenntnisse den Tod bedeuten können, wird der bloße Austausch von Informationen, wird jedes offene Gespräch sogar unter Freunden zu einer Gefahr.

Die Frauen des Widerstands haben für ihre Männer und ihre Kinder eine Gegenwelt zum Faschismus geschaffen, eine ganz »andere Ordnung«. Ihre in der Familie praktizierte Toleranz und Aufgeklärtheit schuf eine Art Bollwerk gegen die zerstörerischen, alles durchdringenden Machtmechanismen der totalitären Gesellschaft und verhalf den Männern immer wieder zur Distanz zu jener Welt staatlich legitimierter Unmenschlichkeit, an die man sich, wie wir wissen, auch »gewöhnen« kann. »Du mußt bald kommen, damit alles wieder in Ordnung kommt«, schreibt einer der Männer an seine Frau. Diese Frauen gehörten vielleicht der letzten Generation an, die ihre Rolle in der Familie nicht angezweifelt hat.

Angst, Haß und Phantasie

Heute gilt Angst vor Katastrophen als Grund für politischen Pazifismus, und überhaupt finden wir die kollektiv formulierte und individuell erlebte Angst gemeinhin als Beweggrund dafür, politisch aktiv zu werden oder wenigstens zu protestieren. Das unterscheidet sich grundlegend von der Haltung der Frauen des 20. Juli. Für sie, die täglich einer tatsächlichen, realen Bedrohung ausgesetzt waren, ist Angst, so scheint es, bis heute kein Thema: »Wenn wir angefangen hätten mit der Angst, wären wir untergegangen.« Räumt man nämlich seinen Ängsten, seinen Befürchtungen, seinen Phantasien mehr Platz ein als den realen Handlungschancen, so führt das zur Ohnmacht, zur Preisgabe des letzten Freiraums zum Widerspruch, und sei er in einer Diktatur auch noch so klein.

»Angst, nein Angst habe ich nie gehabt«, heißt es ein andermal; für Angst sei eben keine Zeit gewesen. Diese wurde statt dessen darauf verwandt, hellwach und selbstkontrolliert alle Schritte und Handlungen auf ihre Gefahren hin zu durchdenken. Wenn man »immer durchsuchungsbereit« ist und sich seit Jahren bespitzelt weiß, dann reagiert man sehr präzise, sehr schnell – und sehr bewußt; und auch deshalb mag das Warnsignal der Angst in solchen Momenten schweigen.

Und doch sollten wir nicht davon ausgehen, daß die Frauen keine Angst gehabt hätten. Eine von ihnen erzählt von ihrer »Hundejungenangst« und dem Wunsch, mit Anstand den Auftrag loszuwerden, an den Staatsstreichsvorbereitungen mitzuwirken.

Erstaunlich ist auch die wiederholte Antwort der Frauen, sie hätten keinen Haß gegen Hitler gespürt, »nicht einmal, nachdem sie meinen Mann umgebracht hatten«. Wie ist das möglich? Es muß angemerkt werden, daß die Frage: »Haben Sie Hitler gehaßt?« ein wenig zu grob und suggestiv gestellt war und Gegenwehr ausgelöst hat. Dem christlichen oder humanistischen Wertesystem verpflichtet, empfinden die Frauen Haß bis heute als Tabu. Hinzu kommt, daß auch sie Hitler eher als einen »Vollstrecker des Bösen« – so Hans-Bernd von Haeften vor dem Volksgerichtshof – oder als einen »Antichrist« – so Helmuth James von Moltke – wahrgenommen haben, weniger als Person. Vielleicht hat auch dies das Bewußtwerden von Haßgefühlen, die sich auf die Person Hitlers bezogen, erschwert. Nur wenige Frauen reagierten auf Hitler mit lebenserhaltenden Aggressionsgedanken und sprechen offen von Haß.

Die Frauen lebten und handelten, als stünden die vielen kleinen humanitären, oft scheinbar banalen und doch illegalen und gefährlichen Aktionen nicht unter Strafe. Sie handelten, als ob gar nichts passieren könne. Dieses Tun-als-Ob – *als ob* es die Diktatur und ihre Zerstörungsmaschinerie gar nicht gäbe – ist eine Art konstruktiver »Selbsttäuschung«, die es den Männern und den Frauen des 20. Juli ermöglichte, den Widerstand als etwas ganz Normales zu betrachten, und wer so empfindet, den umgibt mitunter wirklich eine Aura von Unangreifbarkeit, die dann sogar – im Umkehrschluß – als zusätzliche Tarnung wirken kann.

Wenn Frauen in ihrem damaligen Rollenverständnis ein freies Handeln als selbständige Subjekte verwehrt oder gar verboten war, dann stand ihnen für das Ausagieren ihrer Wünsche als ein Weg gewöhnlich die Imagination offen. Frauen im Widerstand jedoch konnten sich solche realitätsfernen, bloß phantasierten Handlungsentwürfe kaum leisten; vorrangig blieb die Anforderung, sich auf das Unmittelbare, das Wesentliche zu konzentrieren.

Und doch suchten einige Frauen ihre »phantastischen« Lösungen. Eine von ihnen sieht sich für einen Augenblick im Geiste in der Rolle der Mörderin des Diktators, die zuvor dessen Getreue verführt hat; ganz real – und keineswegs nur in mythologisch-stilisierten Bildern wie dem von Judith und Holofernes – überlegt sie sich dafür eine mögliche Strategie. Eine andere Frau greift in der verzweifelten Sorge um ihren gefolterten Mann gar auf das antike Motiv zurück, ein Kind statt des Mannes zu opfern – was sie dann sofort verwirft, weil das Gefühl überwiegt, an »Händen und Füßen gebunden zu sein«: dem Gang der Dinge ausgeliefert, vor allem aber gebunden in Verantwortung und in der Liebe zu den Kindern.

Was ist in ihnen vorgegangen, den Frauen, die in den Tagen unmittelbar vor dem geplanten Attentat, um den möglichen Tod wissend, von ihren Männern Abschied nahmen – am Zug, an der Straßenbahn, am Haus? Die eine hoffte, daß er durchkommen werde, eine Hoffnung »ins Leere hinein«, denn sie alle machten sich nur wenig vor. Sie habe immer gewußt, daß die Chancen des Attentats allenfalls fünfzig zu fünfzig standen, sagt eine andere, und doch habe sie immer an die guten fünfzig geglaubt. Das scheint, ausgesprochen oder unausgesprochen, die Einstellung aller Frauen gewesen zu sein. Nur so gelang es ihnen wohl, ihren Männern und sich selbst Mut zu machen, den Abschied nicht zum Drama werden zu lassen. Die meisten haben ihren Mann danach nicht mehr wiedergesehen.

Für diejenigen unter den Frauen, die nicht inhaftiert wurden, kam die Zeit der größten Belastung jedoch erst später, als ihre Männer sich noch vor den Racheakten der Nazis verborgen hielten oder in Gefängnissen saßen. Eine der Frauen nannte es eine »hohe Zeit«, denn es war zugleich eine Zeit höchster Intensität. Jetzt mußten und konnten sie all ihre Fähigkeiten, »mit den Dingen fertigzuwerden«, ihre Intelligenz, ihre Aktivität, ihre Geistesgegenwart und List entfalten – sie fühlten sich in der Verantwortung für das *Leben* ihrer Männer. Sie setzten Himmel und Hölle in Bewegung, um eine Besuchserlaubnis zu erwirken, ließen Akten verschwinden oder schmuggelten Kassiber ins Gefängnis – Nachrichten, die keineswegs von Liebe sprachen, sondern notwendige Informationen enthielten, zum Beispiel: wer schon tot sei und deshalb bei den strengen Verhören oder Folterungen, die man euphemistisch »verschärfte Vernehmungen« nannte, gefahrlos beschuldigt werden konnte. Mit viel Einfühlungsvermögen ist es ihnen gelungen, die verschlüsselten Botschaften ihrer überwachten Männer zu enträtseln und Freunde zu warnen. Es war ihre Kommunikationsfähigkeit, ihre Menschenkenntnis, welche die Frauen mit strategischer Präzision gegen ihre Widersacher einsetzten. Sie haben deren Reaktionen genau berechnet und vorhergesehen, haben sich deren Loyalität zunutze gemacht und auf diese Weise ein weitgespanntes Informationsnetz geflochten, wobei sie für ihre Männer – aber nicht nur für sie – eine Brücke zwischen drinnen und draußen bildeten.

Zwei von ihnen beschreiben sich geradezu als »kaltblütig« in der Begegnung mit ihrem gefangenen Mann, weil sie alles »Notwendige« nur so regeln und besprechen konnten; eine von ihnen hat auf Anweisung der Nationalsozialisten sogar mit ihrem Mann erörtert, welche Todesart ihm die liebste sei. Aber im Grunde handelt es sich hier keineswegs um Kaltblütigkeit, auch wenn die Frauen es – sich selbst fast anklagend – so nennen. Ist nicht auch hier ein Mechanismus psychischen Schutzes vor Traumatisierungen am Werk, damit man denk- und aktionsfähig bleiben konnte? Die Frauen erreichten dies mit Hilfe einer durchaus lebensnotwendigen Abspaltung ihrer Gefühle. Darin tritt eine Ich-Stärke zutage, die hervorgehoben werden muß, weil der leicht ironische, lapidare Ton mancher Gespräche die außerordentliche Anstrengung dieser Monate so weiblich-bescheiden herunterspielt.

Daß ihre Männer in direkter Mitwirkung an Attentat und Staatsstreich ihr Leben riskiert haben, wird immer wieder als Opfer beschrieben, gegenüber dem das Tun der Frauen eher blaß, normal und selbstverständlich erscheint. Die Frauen hatten um der Kinder willen zu überleben. Arbeitsteilung der Geschlechter auch hier, im politischen Widerstand?

Es war ein Opfer für beide. Aber wie sah das Opfer der Frauen aus?

Viele Männer haben ihre Frauen kaum eingeweiht in ihr gefährliches Tun, um sie nicht in Todesnähe zu bringen. Manch eine Frau hat schwer daruner gelitten, so wenig zu wissen und so viel zu ahnen. Wenn ein Mensch nicht einbezogen wird in die Lebensentscheidung des Nächsten, dann heißt das ja auch, daß er ausgeschlossen bleibt als gleichwertiger Partner, und damit ist die Frage des Vertrauens berührt, obgleich diese Weichenstellung der Männer auch liebevollen Schutz bedeutete. Dies intuitiv zu erfassen – und so zu interpretieren! –, sich der Notwendigkeit der Geheimhaltung zu unterwerfen, dem Mann zu vertrauen und »unwissend« die Konsequenzen seines selbstbewußten Handelns nicht nur zu akzeptieren, sondern mitzutragen, das ist das Opfer der Frauen gewesen. Andere persönliche Bedürfnisse scheinen gar nicht erst zugelassen worden zu sein und dürfen auch bis heute nicht einmal gedacht werden. »Die Zeiten waren nicht danach«, heißt es dazu einmal schlicht.

Einige der Frauen hätten ohne Zweifel die intellektuelle Kompetenz zur inhaltlichen Mitarbeit an dem Attentat und zur politischen Planung gehabt, aber: »Den Widerstand haben wir den Männern überlassen.« Sie wollten alles vermeiden, was die komplizierten Staatsstreichvorbereitungen hätte »stören« können. Das Hintanstellen der eigenen Person auch in diesem Bereich kann als ein bewußter Akt zugunsten des gemeinsamen politischen Ziels gewertet werden und weist durchaus über die Liebe der Frauen zu ihren Männern hinaus: Sie handelten in ihrem Bereich politisch und fanden ihre spezielle Form des Widerstands. Darin unterschieden sie sich eindeutig von der politischen Praxis etwa jener Frauen, die zur »Roten Kapelle« gehörten und sich in den aktiven Widerstand ihrer Männer einreihten. In den Interviews ist immer wieder von diesen Frauen die Rede, deren Einsatz und Mut bewundert wird. Doch leise schwingt die Andeutung mit: Wer – wie jene Frauen – zu aktiv wurde, mußte dafür mit dem Leben bezahlen.

So ergibt sich ein Geflecht widerstrebender Motive: zunächst das vitale Lebensinteresse, das darin bestand, den Mann zurückhalten zu wollen, statt die Ehre Deutschlands zu retten. Dann die Bereitschaft zur arbeitsteiligen Pflichterfüllung, die einschließt, nach jenem »Tag X« allein zurückzubleiben und für die Familie zu sorgen, und schließlich der nicht in die Tat umzusetzende Impuls, selber in den Gang der Geschichte einzugreifen, das Attentat oder doch seine Vorbereitung mit in die Hand zu nehmen.

Von den Frauen der »Verschwörer« wurden viele nach dem 20. Juli von der Gestapo verhaftet und einzeln interniert. Einige hatten kurz zuvor erfahren, daß ihre Männer hingerichtet und ihre Kinder verschleppt worden waren. Es galt jetzt für sie, den Schock über das mißlungene Attentat, die Trauer um die Männer und die Angst um die Kinder zu bewältigen. Zwei Frauen berichten außerdem von tiefen Schuldgefühlen, die sie wegen der Verhaftung ihrer Eltern bedrückten, weil sie diese – ebenfalls erklärte Gegner der Nationalsozialisten – nicht ins Vertrauen gezogen, sie in den Plan nicht eingeweiht hatten. Die Isolation wirkte als besondere Bestrafung und brachte einige an die Grenze ihrer Kraft. Andere hingegen nahmen die Abgeschiedenheit zugleich hin als eine Konsequenz, der man sich auch innerlich ergeben mußte. In den Interviews drängt sich ihnen dafür der Vergleich mit einem Kloster auf, trotz allem, weil die Einsamkeit es ihnen fast erleichterte, mit ihren Gefühlen allein zu sein. Was den Gefängnisalltag und die langen Tage anbetrifft: »Man organisiert sich.« Die Frauen haben ihren Weg durch diese Konfliktfelder gefunden, damals und auch heute; und es ist ihnen gelungen, ihrem Leben eine bemerkenswerte, fast heitere Gelassenheit zu verleihen – trotz allem.

Die Zeit danach

Nicht selten begann für die Frauen nach dem Ende des Dritten Reiches eine Zeit neuer Demütigungen, wenn auch ganz anderer Art. Man mag es nicht glauben, aber einige von ihnen mußten sich tatsächlich entnazifizieren lassen, weil sie – um nur ein Beispiel zu nennen – einmal der NS-Frauenschaft angehört hatten. Entwürdigend war auch die offizielle Reaktion auf ihren Versuch, eine Pension zu bekommen. Die deutschen Nachkriegsbürokraten gruben ein Gesetz aus, wonach sich ein Beamter keines

»Verbrechens« schuldig gemacht haben dürfe, um seinen Pensionsanspruch zu wahren. Daß dies zunächst auch für einen Attentatsversuch auf einen Massenmörder galt, ist ein Umstand, der es verdient, festgehalten zu werden, und dies um so mehr, als sich noch längere Zeit, zum Teil bis in die fünfziger Jahre hinein, ein Vorurteil gegen die Männer und Frauen des 20. Juli hielt, das ebenso hartnäckig wie bestürzend ist. »Armes Verräterkind!« mußte sich die Tochter eines der Hingerichteten im Volksschulalter nennen lassen. Angesichts solcher Reaktionen ist es nicht verwunderlich, wenn manche der Frauen sagen, sie hätten sich nach 1945 nur ungern zu erkennen gegeben. Die Angst, das Mißtrauen der Umwelt zu erregen, war offensichtlich nicht unbegründet und hat sich in einigen Fällen auch noch auf die Veröffentlichung dieser Interviews erstreckt.

Der daraus folgende, partielle innere Rückzug wirkt seitdem bis in die Familie hinein. Insbesondere mit ihren Kindern konnten die Witwen nur schwer über ihre Erlebnisse sprechen. Einige merkten selbstkritisch an, daß sie anfangs Heldenverehrung betrieben hätten; andere verhielten sich gänzlich passiv. Das scheinen auf den ersten Blick zwei verschiedene pädagogische Haltungen zu sein, aber es sind wohl nur zwei Seiten derselben Medaille: Sie erzählten auch später ihren Kindern wenig. Dafür spielten Photographien eine große Rolle, die den Kindern gezeigt wurden, und oft lasen die Mütter dann die Briefe der Väter vor. Selber aber zu sprechen über die Ereignisse, über ihre Erlebnisse, über die Zeit vor und nach dem 20. Juli vermochten sie kaum. Sie befürchteten, die Kinder zu überfordern, bei ihnen »anzustoßen«, und hofften auf deren Fähigkeit, diese Aufgabe eines Tages selber zu lösen. Sie sollten sich die Umstände des Verlustes ihres Vaters lieber unbeeinflußt erspüren und erarbeiten, so lautete wiederholt die Begründung. Außerdem scheint es bei den Müttern Ängste gegeben zu haben, durch die eigene Trauer überwältigt zu werden, und diese als bedrohlich empfundene Gefahr des »Zerfließens« mögen auch die Kinder instinktiv an ihren Müttern gespürt haben, denn sie haben oftmals gar nicht gefragt.

Ein weiterer Beweggrund für diese Zurückhaltung mag in der

Befürchtung der Mütter gelegen haben, nicht verstanden zu werden. Für Kinder bedeutet der Verlust des Vaters ja zunächst einmal nur das Gefühl: »Er ist weggegangen; hat er uns genug geliebt? Er hat uns verlassen.« Andere Väter waren im Krieg getötet worden. Wie sollten sie ihren Kindern erklären, daß ihr Vater sich selbst zum Opfer gebracht hatte, als Rebell, als Verschwörer, als Attentäter?

Es ist aufschlußreich, daß viele der Kinder untereinander geheiratet haben. Liegt das an der ähnlichen Konflikt- und Verarbeitungsproblematik? Sie haben es oft nur schwer bewältigen können, daß ihre Väter in der Öffentlichkeit heroisiert wurden. Jetzt sind die Kinder erwachsen und haben selbst wieder Kinder. Das Gespräch mit den Enkeln fällt den Witwen leichter; damit eröffnen sich für alle neue Möglichkeiten.

Von der Schwierigkeit des Erinnerns

Dies ist ein Buch, das die Erinnerung an unsere nähere Vergangenheit nachzuzeichnen versucht und das dennoch – auf die eine oder andere Weise – das Vergessen zum Thema hat. Keine der hier interviewten Frauen ist bisher mit einem vergleichbar ausführlichen, schriftlichen Zeugnis an die Öffentlichkeit getreten. Das hat nicht nur mit Zurückhaltung, Diskretion oder Scheu zu tun. »Man müßte ja erst durch die Hölle der Erinnerung noch einmal hindurchgehen, bevor man die Erinnerung benennen oder gar veröffentlichen könnte«, so eine der Frauen.

Deshalb sind wir auf das angewiesen, was heute noch in ihnen lebendig und verfügbar ist. Zunächst verstehen wir die Berichte der Frauen genau so, wie sie ihre Erfahrungen für sich zusammenfassen und was sie davon zu veröffentlichen wünschen – nach über 45 Jahren. Es ist ihre unbezweifelbare subjektive Wahrheit. Ihre Auslassungen müssen wir mitlesen, das sind wir ihnen schuldig. Aber wir brauchen beispielsweise die Schilderungen der Einzelhaft nicht so lapidar zu nehmen, wie sie – manchmal fast pflichtgemäß – gegeben werden, sondern dürfen uns getrost wundern, wie sie das ausgehalten haben, was sie in der Erinnerung lediglich anklingen oder mitschwingen lassen: überleben und nicht starr werden, nicht stehenbleiben in der Trauer oder Kränkung. Trotz der christlichen Überzeugung hat manche auch Selbstmord erwogen; da wirkten die Gedanken an die Kinder wie ein Schutz und eine Brücke ins Leben.

Die Verletzungen aus dieser Zeit sind bis heute tief. Der 20. Juli hat die Frauen gezeichnet. Sie haben wohl auch deshalb so etwas wie einen »ethischen Paravent« vor ihrem Innenleben aufgebaut. Sie sprechen oft in großen moralischen Bildern, die ihre Persönlichkeit schützen sollen, dann etwa ist die Rede von der Ehre Deutschlands, die es wieder herzustellen galt. Trotz einer gewissen Eloquenz dominiert oft die Sprachlosigkeit. Vieles bleibt nicht mitteilbar.

Wir haben die Auslassungen zu akzeptieren, obwohl sie manches Mal zum Widerspruch provozieren. »Lange glaubte ich, das Gedächtnis sei dazu da, uns zu erinnern«, schreibt Pierre Chaunu, »jetzt aber weiß ich, daß es vor allem dazu da ist, zu vergessen.«[3] Was die Frauen ihren Männern wirklich bedeutet haben, findet Ausdruck in einem Brief von Helmuth James von Moltke an seine Frau, der deshalb hier als Beispiel für die letzten Gedanken der Männer an ihre Frauen zitiert werden soll:

»Und nun, mein Herz, komme ich zu Dir. Ich habe Dich nirgends aufgezählt, weil Du, mein Herz, an einer ganz anderen Stelle stehst als alle die anderen. Du bist nämlich nicht ein Mittel Gottes, um mich zu dem zu machen, der ich bin, du bist vielmehr ich selbst. Du bist mein 13. Kapitel des 1. Korintherbriefes. Ohne dieses Kapitel ist kein Mensch ein Mensch. Ohne Dich hätte ich mir Liebe schenken lassen, ich habe sie zum Beispiel von Mami angenommen, dankbar, glücklich, dankbar, wie man ist für die Sonne, die einen wärmt. Aber ohne Dich, mein Herz, hätte ich ›der Liebe nicht‹. Ich sage gar nicht, daß ich Dich liebe; das ist gar nicht richtig. Du bist vielmehr jener Teil von mir, der mir allein eben fehlen würde. Es ist gut, daß mir das fehlt; hätte ich das, so wie Du es hast, diese größte aller Gaben, mein liebes Herz, so hätte ich vieles nicht tun können, so wäre mir so manche Konsequenz unmöglich gewesen, so hätte ich dem Leiden, das ich ja sehen mußte, nicht so zuschauen können, und vieles andere. Nur wir zusammen sind ein Mensch. Wir sind, was ich vor einigen Tagen symbolisch schrieb, ein Schöpfungsgedanke. Das ist wahr, buchstäblich wahr. Darum, mein Herz, bin ich auch gewiß, daß Du mich auf dieser Erde nicht verlieren wirst, keinen Augenblick. Und diese Tatsache, die haben wir schließlich auch noch durch unser gemeinsames Abendmahl, das nun mein letztes war, symbolisieren dürfen...

Mein Herz, mein Leben ist vollendet, und ich kann von mir sagen: Er starb alt und lebenssatt. Das ändert nichts daran, daß ich gerne noch etwas leben möchte, daß ich Dich gerne noch ein Stück auf dieser Erde begleitete. Aber dann bedürfte es eines neuen Auftrages Gottes, der Auftrag, für den mich Gott gemacht hat, ist erfüllt. Will er mir noch einen neuen Auftrag geben, so werden wir es erfahren. Darum strenge Dich ruhig an, mein Leben zu retten, falls ich den heutigen Tag überleben sollte. Vielleicht gibt es noch einen Auftrag...«[4]

Dorothee von Meding

Anmerkungen zur Einleitung

1 Hans Jürgen Schultz, Der 20. Juli, Alternative zu Hitler, Stuttgart 1974, S. 14

2 Helmuth James von Moltke, »Briefe an Freya«, München 1988, S. 594.

3 Pierre Chaunu. Georges Duby. Jacques Le Goff. Michelle Perrot: Das Leben mit Geschichte. Frankfurt 1989.

4 Helmuth James von Moltke, »Briefe an Freya«, München 1988, S. 610

Die Interviews

Emmi Bonhoeffer,
geb. Delbrück

Emmi Bonhoeffer wurde 1905 als zweitjüngstes Kind von sieben Geschwistern geboren. Ihr Vater war der Historiker und politische Publizist Hans Delbrück, der zwischen 1909 und 1917 Reichstagsabgeordneter war. Daneben trat er als Gastgeber eines Kreises von Berliner Intellektuellen nach dem Vorbild der Mittwochs-Gesellschaft hervor, zu dem u. a. Ernst Troeltsch, Friedrich Meinecke und Adolf v. Harnack gehörten. Ihre Mutter war Lina Delbrück geb. Thiersch (eine Enkelin Justus v. Liebigs).

Die verschiedenen Grunewald-Nachbarschaften wirkten prägend auf Emmi Delbrück. Hier lebten ihr Onkel Adolf v. Harnack, evangelischer Theologe und einer der Begründer der historisch kritischen Bibelexegese; dessen Tochter, Agnes v. Zahn, war ihre tief verehrte Lehrerin. Enge Nachbarschaftsfreundinnen aus Kindertagen waren Brigitte (Tutti) Fischer und Suse Lissauer, die beide als Jüdinnen emigrieren mußten. Die Familie Bonhoeffer lebte in allernächster Nachbarschaft. Mit den Zwillingen Dietrich und Sabine, mit Christel und Klaus, ihrem späteren Mann, verband sie eine enge Jugendfreundschaft. Zu diesem Freundeskreis gehörten auch ihr Bruder Justus Delbrück und Hans v. Dohnanyi, der später in enger Zusammenarbeit mit Oberst Oster einen frühen militärischen Widerstand zu organisieren vesuchte, ebenso Gerhard Leibholz, der in den dreißiger Jahren wegen seiner jüdischen Herkunft zusammen mit seiner Frau, Sabine Bonhoeffer, nach England emigrieren mußte.

1925 heirateten Hans v. Dohnanyi und Christel Bonhoeffer, 1926 Gerhard Leibholz und Sabine Bonhoeffer, 1930 Karl Friedrich Bonhoeffer und Grete v. Dohnanyi und Klaus Bonhoeffer und Emmi Delbrück. Ursula Bonhoeffers Mann Rüdiger Schleicher, Ministerialrat im Reichsluftfahrtministerium, unternahm, von gleicher politischer Abscheu geprägt, Interventionen für Juden und KZ-Häftlinge und stellte die Räume seines Institutes für Luftrecht als Treffpunkt für oppositionelle Begegnungen zur Verfügung.

Klaus Bonhoeffer arbeitete seit Mitte der dreißiger Jahre als Chef-Syn-

*Emmi Delbrück 1928
in Berlin, im Alter von
zweiundzwanzig Jahren*

*Klaus Bonhoeffer in den
dreißiger Jahren*

*Klaus Bonhoeffer und
Emmi Delbrück 1929
als Brautpaar*

Emmi Bonhoeffer 1984

dikus der Lufthansa in Berlin. Als Otto John in die Rechtsabteilung eintrat, lernte er ihn bald als unerschrockenen Mitverschwörer kennen und schätzen. In der Absicht, die verschiedenen politischen Strömungen innerhalb des Widerstandes in die Verantwortung für die Bildung einer freiheitlich demokratischen Staatsform nach gelungenem Putsch einzubinden, nahmen sie Kontakte auf zu ehemaligen Gewerkschaftsführern wie Wilhelm Leuschner, Jakob Kaiser und Hermann Maass. Über den Vetter von Emmi Bonhoeffer, den Sozialdemokraten Ernst v. Harnack, gewannen sie Kontakt zu weiteren Vertretern des sozialdemokratischen Widerstandes, vor allem zu Julius Leber. Mit diesen erwogen sie auch die Pläne zur Einführung einer konstituionellen Monarchie unter Prinz Louis Ferdinand von Preußen. An den konspirativen Überlegungen seines Schwagers Hans v. Dohnanyi in der Abwehr war Klaus Bonhoeffer als Zivilist beteiligt.

v. Dohnanyi seinerseits bat Dietrich Bonhoeffer, seine ökumenischen Kontakte nach England zu nutzen, um von Churchill zu erfahren, mit welchen Friedensbedingungen Deutschland im Falle eines Putsches rechnen könne.

1942 holte v. Dohnanyi Emmi Bonhoeffers Bruder Justus Delbrück als Gleichgesinnten in die Abwehr.

Am 5. April 1943 wurden Hans und Christel v. Dohnanyi verhaftet, desgleichen Dietrich Bonhoeffer. Von diesem Zeitpunkt an war Klaus Bonhoeffers Widerstandsarbeit sehr bedroht. Er litt angesichts der sich ausweitenden Katastrophe sehr an der ihm nun auferlegten äußersten

41

Vorsicht. So riskierte Stauffenberg bei seinen Vorbereitungen für die »Operation Walküre« im Winter 1943 keinen direkten Kontakt mit Klaus Bonhoeffer, dessen Verbindungen zum sozialdemokratischen Widerstand er gleichwohl nutzte. Otto John führte Stauffenberg und Leber zusammen.

Die Vielschichtigkeit ihres Widerstandes wurde erst allmählich nach dem Attentatsversuch vom 20. Juli aufgedeckt. Im August 1944 wurde Justus Delbrück, Anfang Oktober wurden Klaus Bonhoeffer, Ernst v. Harnack und Rüdiger Schleicher verhaftet und am 2. Februar 1945 zum Tode verurteilt. Ernst v. Harnack wurde im März 1945 hingerichtet.

Am 23. April 1945 ermordete die SS Klaus Bonhoeffer und Rüdiger Schleicher. Dietrich Bonhoeffer und Hans v. Dohnanyi wurden am 8. und 9. April 1945 in den Konzentrationslagern Flossenbürg Sachsenhausen hingerichtet.

Emmi Bonhoeffer ging im Juni 1945 aus Berlin zurück zu ihren drei Kindern nach Schleswig-Holstein, die dort, 13-, 10- und 6jährig, während der Haftzeit in der Obhut von Verwandten lebten.

Emmi Bonhoeffer wandte sich sehr bald sozialen und humanitären Aufgaben zu. Sie baute ein System der Nachbarschaftshilfe zur sinnvollen Nutzung strömender Hilfesendungen aus den USA auf, half als amtliche Schlichterin bei Streitfällen zwischen Einheimischen und Flüchtlingen. Später arbeitete sie als Geschäftsführerin eines Hilfsringes für den Versand von Lebensmittelpaketen in die DDR. In den sechziger Jahren widmete sie sich der Betreuung von jüdischen Zeugen im Auschwitz-Prozeß. Sie war bis zuletzt aktives Mitglied von amnesty international. Seit 1970 bis zu ihrem Tode am 12. März 1991 lebte Emmi Bonhoeffer in Düsseldorf.

Warum ist Ihr Mann in den Widerstand gegangen?

Darauf kann man nur antworten: Menschen handeln, wie sie handeln müssen aus innerer Notwendigkeit. Das ist nicht jedem klar. Viele meinen, Widerstand sei eine Frage des Willens, aber oft kann man gar nicht wählen. Die Willensfreiheit ist eine ziemlich beschränkte Sache.

Natürlich war uns Hitler von Anfang an zuwider durch seine arrogante, eiskalte, selbstherrliche Art. Er war ohne jede Bescheidenheit, ohne jedes Gefühl dafür, daß es andere gibt, die klüger sind als er. Er sah sich als Maßstab für alles, und so stellte er die Dinge auf den Kopf. Was unanständig war und ihm nützlich schien, das hieß dann Staatsraison. Schon wenn man die Stimme hörte, wußte man eigentlich, mit wem man es zu tun hat. Ich habe Hitler nie gesehen, habe nur seine Stimme gehört im Radio, und das hat mir genügt. Ein Mann, der immer brüllte.

Mein Schwiegervater hat 1947, also zwei Jahre nach dem Krieg, einen Aufsatz geschrieben über Führerpersönlichkeit und Massenwahn, in dem er den psychiatrischen Begriff des induzierten Irreseins gebraucht. Gemeint ist jener Zustand, der durch Übertragung von Wahnvorstellungen des Irren auf seine Umgebung entsteht; dabei ist oft schwer zu erkennen, wo das Irresein beginnt, wo es seinen Ausgang nimmt. Mein Schwiegervater traute sich kein Urteil zu, ob Hitler wirklich geisteskrank war, weil er ihn persönlich nie gesehen hat. Aber mit Blick auf Hitlers Erfolge muß man sich schon fragen, was das für eine Gesellschaft war, auf die ein »Irrer« solchen Einfluß gewinnen konnte.

Diese innere Notwendigkeit, von der Sie gesprochen haben, gab es die auch bei den Delbrücks, also in Ihrem eigenen Elternhaus? Erinnern Sie sich vielleicht an bezeichnende Szenen aus Ihrer Kindheit?

Ich habe eine sehr glückliche Kindheit gehabt, trotz des Ersten Weltkriegs. Als er ausbrach, war ich neun Jahre alt. Wir waren sieben Geschwister, und die drei jüngsten, Justus, Max und ich, waren sehr eng miteinander verbunden. Es war eine wunderschöne Kameradschaft. Ich kannte eigentlich nur Jungenspiele, weil meine nächste Schwester sehr viel älter war. Ich habe auch nie mit Puppen gespielt.

Als das siebte Kind auf die Welt kam, hat mein Vater auf Wunsch meiner Mutter, die meinte, unsere Familie passe in keine Mietwohnung mehr, ein Haus gebaut. Er tat das mit dem Geld meiner Mutter, die die Tochter eines Leipziger Chirurgen war, Karl Thiersch, Enkelin des Chemikers Justus von Liebig. Da mein Vater fand, daß Architekten die dümmsten Leute seien, weil sie immer sagten: »Das geht nicht«, baute er mit Hilfe eines Baumeisters nach eigenen Plänen, wobei er, auch mit Blick auf uns Kinder, immer das Praktische und Nützliche im Auge hatte. So stand das Haus zum Beispiel ganz entgegen der Grunewald-Tradition mitten im Garten, so daß man ringsherum spielen konnte. Auf dem Spielplatz hinter dem Haus standen eine große Klettereiche, ein Barren, ein Reck mit Leiter, und es gab einen Sandkasten für die Kleinen; alles war da. Der Garten kam uns Kindern riesig vor, und erst später habe ich gesehen, daß es ein ziemlich kleiner Garten war.

Mein Vater hatte sehr eigenwillige pädagogische Auffassungen. So erinnere ich mich, daß die Jungens einmal auf dem Dach am Schornstein Schach spielten und der Nachbar meinen Vater anrief: »Wissen Sie, daß Ihre Jungens auf dem Dach sitzen, ist das nicht zu gefährlich?« Sagt mein Vater: »Gucken Sie nicht hin.« Wenn ein Kind etwas derart Gefährliches von sich aus unternimmt, ohne damit renommieren zu wollen, dann beherrscht es die Situation auch – davon war mein Vater überzeugt.

Mein Vater kam um zwei Uhr aus der Universität mit der S-Bahn – Autos gab es damals noch kaum –, und dann wurde gegessen. Um uns vom Hunger abzulenken, spielten Justus, Max und ich vor dem Essen auf der Straße immer Schlagball. Eines Tages kommt da ein nett aussehender Junge vorbei und fragt, ob er mitspielen könne. »Ja«, sagten wir, »spiel mit.« Das war Dietrich Bonhoeffer.

Wie alt waren Sie damals?

Na, da war ich so dreizehn, vierzehn.

Sie waren praktisch Nachbarn?

Ja, vier Minuten um die Ecke, Wangenheimstraße. Dietrich hatte eine Zwillingsschwester, die spielte Geige, und ich spielte auch Geige; Dietrich selbst spielte Klavier, sein Bruder Klaus, der fünf Jahre älter war, spielte Cello, und so ergab sich dann bald, daß wir zu viert miteinander musizierten. Klaus hat mir gegenüber später behauptet, er habe sich damals mit mir »verlobt«, aber davon wußte ich nichts. Das kam daher, daß wir mit derselben S-Bahn fuhren, ohne daß ich das ahnte, ich bis Savigny-Platz, wo ich eine Privatschule besuchte, er fünf Stationen weiter bis zum Friedrichwerderschen Gymnasium. Jeden Morgen hat er beobachtet, wie ich ausstieg, und da hat er beschlossen: Die wird er heiraten. Er war ein guter Beobachter, er wußte sich ein Bild zu machen. Er sagte immer: »Es ist alles da, man muß es nur lesen und zusammensetzen können«. Er hat sich nie etwas vormachen lassen.

So fingen diese Kinderfreundschaften an, und das ging dann über in die gemeinsame Tanzerei; damals hatte man ja noch die großen Häuser mit den großen Eß- und Wohnzimmern, wo man fünfzehn, zwanzig und mehr Leute einladen konnte. Schon bald nach dem Krieg wurde getanzt, und dann brachte jeder etwas mit, Brote, eine Marmelade, eine Limonade – die Limonaden waren schrecklich –, und immer gab es einen, der sich ans Klavier setzte, meist Dietrich. Auch wurden sehr viele Spiele gespielt. Wir liebten ein Spiel besonders, bei dem jeder eine Frage auf einen Zettel schreiben mußte, den er in eine Urne warf; dann wurde ein Komitee gewählt, das die beste Frage mit einem Preis bedachte, und diese mußte dann von allen beantwortet werden. Zum Beispiel erinnere ich mich, daß jemand die Frage stellte: Was halten Sie für die dringendste Erfindung, die gemacht werden müßte? Und da kam als Antwort: Es müßte eine Erfindung geben, daß den Menschen wieder Felle wachsen, damit die sozialen Unterschiede wegfallen. Und eine andere Frage lautete: Auf welche Weise lerne ich einen Menschen am schnellsten kennen?

Indem ich ihn auf sein Steckenpferd setze, meinte einer, aber dies wurde abgelehnt; ein anderer sagte, indem ich mit ihm eine Reise unternehme, aber das dauert zu lang. Und dann sagte jemand, und da wurde es ernst: Einen Menschen lerne ich am besten kennen, wenn ich ihn ungerecht beleidige. Das war mein späterer Schwager, Gerhard Leibholz, der 1938 wegen seiner jüdischen Abstammung nach England emigrieren mußte.

Wie würden Sie Ihre Erziehung charakterisieren?

Wir waren ein großer Tisch – sieben Kinder, wie gesagt. Erst saß man am Katzentisch, dann am großen Tisch, und als die Kleinen endlich an den großen Tisch durften, waren die Großen schon aus dem Haus – Waldemar im Studium und Lore verheiratet. Also waren wir noch fünf, fünf und eine Erzieherin, die auf den komischen Namen Fräulein Sengebusch hörte und Sengebüschel genannt wurde, weil sie uns leicht haute. Meine Eltern waren der Ansicht, wenn man schon eine Erzieherin habe, müsse man ihr nicht dreinreden. Das wäre bei Bonhoeffers nie möglich gewesen. Max, der anderthalb Jahre jünger war, und ich hatten uns eine Geheimsprache entwickelt. Sengebüschel weckte uns morgens zur Schule; wenn sie mich weckte mit »Emmi«, dann war sie schlechter Laune. Wenn sie »Emse« sagte, dann war sie so leidlich. Aber wenn sie »Emsechen« sagte, dann war sie sehr guter Laune. Ihre Stimmung signalisierte ich Max mit 1, 2 oder 3. Meine Mutter verlangte, daß Fräulein Sengebusch morgens mit uns aufstand und uns das Frühstück machte; es gab einen entsetzlichen Haferbrei und ein trockenes Stück Brot dazu. Sengebüschel war schlechter Laune, daß sie so früh aufstehen mußte, und einmal sagte sie zur Köchin: »Das katholische Aas liegt natürlich wieder noch im Bett«, und meinte damit meine Mutter. Da hatte sie sich aber verkalkuliert, denn die Köchin liebte und verehrte meine Mutter und klatschte ihr das. Das war natürlich das Aus für Sengebüschel.

Ihre Mutter war katholisch?

Meine Großmutter, Johanna Thiersch, war katholisch, und so wurde auch meine Mutter noch katholisch getauft. Aber sie war, glaube ich, noch ehe sie Papa heiratete, evangelisch geworden. Ich weiß das allerdings nicht genau, denn das spielte bei uns gar keine Rolle. Wir waren ja verwandt und sehr befreundet mit den Nachbarn Harnacks, der Familie des Theologen. Frau von Harnack und meine Mutter waren Schwestern. Adolf von Harnack war ein engagierter liberaler Theologe, der gesagt hat, es sei nicht entscheidend für einen evangelischen Pfarrer, daß er im Gottesdienst das Glaubensbekenntnis spreche. Wenn ihm das Schwierigkeiten bereite, solle er es weglassen.

An Sonntagnachmittagen im Sommer spielte Onkel Adolf in seinem Garten immer Boccia, und wer ihn dann besuchte, wurde ins Spiel integriert. Ich war vielleicht zehn, da klopfte er mir auf die Schulter: »Ich will dir mal einen Rat fürs Leben geben. Wenn du mal nicht weißt, wo du langgehen sollst, rechts oder links, tue das, was du weniger gern tust, es ist meist das Richtige.« Daran habe ich später oft gedacht.

Wenn Max und ich abends im Bett lagen, kam meine Mutter, um uns vorzulesen. Wir bekamen im Bett unsere Graupen mit Pflaumen, große dicke Graupen, richtige Kälberzähne, die rutschten nur, wenn Mama uns vorlas. Außerdem war es kalt, denn geheizt wurden im Krieg nur das Wohnzimmer und das Arbeitszimmer des Vaters. Damit Mama zum Vorlesen kam, stellten wir immer einen Korbstuhl mit dicken Decken bereit, in die wir sie bis zum Kinn einwickelten. Meine Mutter las sehr gern moralische Geschichten von Toni Schumacher oder auch Johanna Spyris ›Heidi‹. Eine von diesen moralischen Geschichten hieß: »Heb auf, was Gott dir vor die Türe legt«. Und diese Geschichte ist eigentlich charakteristisch für mein ganzes Leben: Ich habe nie irgend etwas systematisch gemacht, ich habe immer nur aufgehoben, was mir vor die Tür gelegt wurde, und da lag immer was. Ich habe zum Beispiel nie studiert. Ich habe nicht einmal Abitur. Mein Vater war kein Freund des Frauenstudiums. Er fand es auch nationalökonomisch falsch, weil Frauen nach dem damaligen Verständnis anschließend ohnehin heirateten. Ich muß gestehen, daß ich für das, was das Leben später von mir verlangt hat, auch kein Abitur gebraucht habe. Heute wüßte ich schon gerne mehr. Ich las sehr wenig, aß lieber aus der lebendigen Hand, fragte viel und kriegte gute Antworten. Es war mir viel zu mühsam, immer zu lesen. Und wenn man dann einen Mann heiratet, der viel weiß, den man auch immer fragen kann ... Natürlich ist es dann schlimm, wenn man von vierzig an allein ist. Da bleibt man leicht ewig ungebildet oder, wenn Sie so wollen, kenntnisarm.

· *Ist das nicht ein wenig zu bescheiden? Schließlich war der geistige und gesellschaftliche Rahmen, in dem sich die Familien Bonhoeffer und Delbrück bewegten ...*

Weder Bonhoeffers noch Delbrücks hatten irgendwelchen gesellschaftlichen Ehrgeiz. Die luden sich die Leute ein, mit denen sie sich gern unterhalten wollten. Einladungen, bloß um mit diesem oder jenem zu verkehren, gab es nicht. Es gibt eine charakteristische Geschichte von Vater Bonhoeffer. Die drei Jungens, von denen zwei verlobt waren – Karl Friedrich mit Grete Dohnanyi und Klaus mit mir –, wanderten abends um den großen Eßtisch und stritten sich darüber, ob die Frau in der Ehe eigentlich mehr hilft oder mehr stört. Die Unterhaltung war so lebhaft, daß Vater Bonhoeffer, der dies in seinem Arbeitszimmer hörte, dazukam und fragte: »Worüber streitet ihr euch eigentlich?« – »Wir können uns nicht darüber einigen, ob die Frau in der Ehe mehr hilft oder mehr stört.« Sagte der Alte lächelnd: »Frau soll stören«, und ging wieder hinaus.

Bei Bonhoeffers war die Erziehung primär auf Wahrhaftigkeit gerichtet; alles, was aufgemacht war oder vormachen oder imponieren wollte, wurde belächelt. In diesem Punkt waren meine Eltern vielleicht nicht ganz so empfindlich. Während man sich bei uns eher genierte, etwas Banales zu erzählen, hatte man bei Bonhoeffers Hemmungen, etwas Interessantes zu erzählen, aus Angst, es könnte als doch nicht so interessant entlarvt und der Anspruch belächelt werden. Da war man noch eine Schattierung sensibler.

Natürlich dachte man auch in unserer Familie kritisch. So erinnere ich mich, daß mein Vater es nicht mochte, wenn wir Kinder 1914/15, wie es damals Sitte war, mit Papierfähnchen durch die Straßen liefen und hurra schrien, um irgendeinen Sieg zu feiern –

wir siegten am Anfang ja immer. Das mochte er nicht, und er erzählte uns von den alten Griechen, die gelehrt haben, »du sollst bei einem Siege stehen wie bei einer Trauerfeier.« Nun, so sind wir eben erzogen worden, und dann kann man nicht mit Hitler sympathisieren, der ein ganz skrupelloser Fanatiker war.

Haben Sie im Umkreis Ihres Vaters miterlebt, wie die Intellektuellen – ich sage das jetzt mal verkürzt – »umfielen«?

Mein Vater starb schon 1929, Harnack starb 1931. Sie haben beide Hitler nicht erlebt. Man hat oft gesagt, »die mußten erst tot sein, ehe es zu Hitler kommen konnte. Die hätten noch Einfluß gehabt an den Universitäten.« Aber die meisten fielen wirklich um wie die Dominosteine. Mein Mann hat damals etliche Professoren aufgesucht, Juristen vor allem, und hat gemeint, daß man jetzt geschlossen widerstehen und protestieren und laut und deutlich sagen müßte: so nicht. Der Versailler Vertrag ist zu hart – gut; aber so nicht. Und dann kamen immer die gleichen Einwände: Es wird doch nichts so heiß gegessen, wie es gekocht wird, und wo gehobelt wird, fallen eben Späne. Bei einer nationalen Revolution passiere eben manches, was weniger schön sei, aber wenn Hitler nur eine Million Arbeitslose in Lohn und Brot bringe, so sei das manchen »Schönheitsfehler« wert.

Aber die Bonhoeffers, Delbrücks, Harnacks zeigten sich doch weniger anfällig?

Nun, ich selbst hatte eine Schwester, die durch ihren Mann, einen begeisterten Hitler-Verehrer, stark beeinflußt war. Die gingen im März 1933 nach Potsdam, zur »Krönung« Hitlers in der Garnisonkirche. Anschließend gab es eine richtige Prügelei mit meinem jüngsten Bruder, der viele jüdische Freunde hatte und Hitler verachtete. Als mein Schwager nach Hause kam, war nämlich der Riegel an der Haustür vorgelegt, der letzte legte bei uns immer den Riegel vor. Als mein Bruder auf das Klingeln hin die Tür öffnete, kriegte er von dem Schwager eine Ohrfeige. Er schlug zurück, und dabei ging eine Brille kaputt; damit war die Feindschaft offenkundig.

Ich verstehe den Zusammenhang nicht ganz.

Nun, mein Schwager dachte, das sei Schikane. Er kam von dieser Feier aus Potsdam zurück und hatte das Gefühl, er sei nicht erwünscht. Er nahm das »Berliner Tageblatt«, auf das mein Bruder abonniert war und verbrannte es; er veranstaltete ein richtiges Autodafé. Das »Berliner Tageblatt« galt als liberal, als jüdisch, und das konnte er nicht ertragen.

Ein paar Wochen später, nach dem Boykott jüdischer Geschäfte am 1. April, fuhr Grünfeld vor, um Wäsche zu liefern, die meine Mutter bestellt hatte. Da kam meine Schwester die Treppe heruntergestürzt und sagte: »Mama, ich sehe, du kaufst noch bei Juden. Ich muß dir leider sagen, du hast die Wahl: entweder die Juden oder deine Tochter.« Worauf meine Mutter in ihrer leisen, aber bestimmten Art sagte: »Mein Kind, ich wähle die Juden.« Das hatte meine Schwester nicht erwartet. Meine Mutter war in diesen Dingen sehr eindeutig, aber dieser Konflikt hat sie ein Stück Gesundheit gekostet. Die Großmutter Bonhoeffer, die Mutter von Karl, hat ja noch mit über neunzig Jahren den Judenboykott gebrochen. Sie lebte bei den Bonhoeffers, hatte ein schönes Balkonzimmer und aß Mittag- und Abendbrot mit der Familie. Das Frühstück machte sie sich selbst, und dafür besorgte sie sich von Zeit zu Zeit bei einem sehr guten kleinen Laden ein viertel Pfund Butter. Als sie am 1. April 1933 hinkommt, steht da ein SA-Mann mit Schaftstiefeln davor und sagt: »Müssen Sie denn gerade beim Juden kaufen?« Da nimmt sie ihren Stock, klopft ihm damit an seine Schaftstiefel, so daß er beiseite tritt und sagt: »Ich kauf mei Butter, wo ich mei Butter immer kauf.« Daß ihr nichts passiert ist, davor hat sie wahrscheinlich ihr Alter geschützt.

Und doch gehört eine Menge Zivilcourage dazu.

Mit der Zivilcourage ist das so eine Sache.

Schon im Sommer 42 stand ich an unserem Eckladen nach Gemüse an. Im Gespräch mit meinem Nachbarn sagte ich: »Jetzt fangen sie schon an, in Konzentrationslagern die Juden mit Gas zu töten und zu verbrennen.« Die Verkäuferin, die das hörte, ermahnte mich: »Frau Bonhoeffer, wenn Sie nicht aufhören, solche Greuelmärchen zu verbreiten, werden Sie auch noch im KZ enden. Da kann Ihnen keiner helfen, wir haben das alle gehört.« – »Das sollen Sie auch alle hören, das ist nämlich die Wahrheit.« Am Abend erzählte ich einigermaßen stolz die Geschichte meinem Mann. Der steckte längst tief in der Konspiration. »Bist du vollkommen wahnsinnig?« sagte er, »verstehe bitte, eine Diktatur ist eine Schlange. Wenn du sie auf den Schwanz trittst, wie du das machst, dann beißt sie dich. Du mußt den Kopf treffen. Das kannst du nicht, und das kann ich nicht, das kann nur das Militär. Sie haben die Waffen und sie haben den Zugang. Alles andere hilft gar nichts und ist Selbstmord. Was du machst, ist Selbstmord.« Er hat mir diese Geschichte sehr übel genommen, weil ich damit die ganze Familie in Gefahr brachte. Es war ja klar, daß wir das nur von Dohnanyi wissen konnten. Dohnanyi arbeitete im Stab von Canaris beim OKW.

Und noch ein anderes Erlebnis möchte ich schildern – das muß Ende 1941 gewesen sein – in der Elektrischen am Kurfürstendamm. In eine volle Elektrische stieg eine alte kleine, zierliche jüdische Dame mit dem Stern; ein Arbeiter stand auf, machte ihr Platz und sagte in der gutmütig schnoddrigen Berliner Weise: »Na, setz dir man, kleene Sternschnuppe.« Sie traute sich nicht, der Aufforderung zu folgen, und der Schaffner kam sofort angerannt und sagte zu dem Mann: »Sie wissen doch, daß Juden nicht sitzen dürfen.« Darauf er: »Nun will ick dir mal wat sagen, Freundchen. Über meenen Hintern bestimme ick.« Sprachs und stieg aus. Ich drückte dann die Dame auf den Platz und flüsterte ihr ins Ohr: »Bleiben Sie ruhig sitzen.« Ich blieb bei ihr stehen, bis sie aussteigen mußte. Der Schaffner protestierte nicht mehr, und es war glücklicherweise kein Gestapo-Beamter im Waggon. Interessant an der Geschichte ist, daß die Mitfahrenden mit dem Arbeiter und der Jüdin sympathisierten, nicht mit dem Schaffner. Aber keiner traute sich, ein Wort zu sagen: Das ist Diktatur. Anders verlief es bei meinem Schwager Georg Hobe. Am Tag, als die Synagogen brannten, fuhr er morgens mit der S-Bahn zu seiner Bank. Als er die brennende Synagoge in der Fasanenstraße sieht, zischt er vor sich hin: »Kulturschande.« Ein Mann neben ihm zieht eine Karte, sagt Gestapo und fordert ihn auf, seinen Ausweis zu zeigen. »Sie sind morgen früh in der Gestapo-Stelle da und da, andernfalls werden wir Sie holen.« Mein Schwager wurde unter Druck gesetzt, in die Partei einzutreten; er mußte fürs Winterhilfswerk sammeln und später Lebensmittelkarten austragen. Daran sieht man im übrigen, daß Parteimitgliedschaft keineswegs Auskunft gibt über die Gesinnung eines Menschen.

Nehmen Sie zum Beispiel meinen Bruder Justus, der vom Bruder unseres jüdischen Schwagers Leibholz, einem Tuchfabrikbesitzer in Sommerfeld, gebeten wurde, die Tuchfabrik zu übernehmen, damit sie nicht der SS in die Hände fiele. Mein Bruder Justus ließ sich also als arischer Besitzer eintragen und zog nach Sommerfeld in die Lausitz. Für die Nachfolgenden ist er ein Naziprofitant, ein Profitant der Judenverfolgung. Wem wollen Sie den eigentlichen Sachverhalt klarmachen, und wer soll unterscheiden, was wahr und was gelogen ist? Vor dem gleichen Problem stehen jetzt die Bürger der ehemaligen DDR.

Erinnern Sie sich an die sogenannte Kristallnacht?

Mein Mann war nachts unterwegs gewesen und hat gesehen, wie an den Synagogen Brände gelegt wurden. Dabei fiel ihm ein General auf, der sich auf der anderen Seite der Straße vorbeidrückte, den Kopf wegdrehte und um die Ecke bog. Als mein Mann morgens um vier nach Hause kam, weckte er mich und fragte: »Was ist das: kleiner Kopf, großer Schnabel, lange rote Beine, steht mit den Füßen im Sumpf?« – »Ein Storch?« – »Nein, ein deutscher General!«

Ihr Mann sah die Rolle der Militärs in diesen Jahren wohl sehr kritisch?

Nun, die Offiziere fanden immer wieder andere Gründe, die Dolchstoßlegende, den Führereid. Den meisten genügte eben ein salviertes Gewissen. Sie kennen den Passus, in dem Dietrich Bonhoeffer über den Unterschied zwischen einem guten und einem salvierten Gewissen schreibt? Ein Mensch mit salviertem Gewissen läßt sich durch Argumente beruhigen, so daß er sich mit den Verhältnissen arrangiert.

Eine große politische und menschliche Hilfe fand mein Mann in Otto John. John war auch Syndikus der Deutschen Lufthansa, ein eindeutiger Anti-Nazi. Weil er keine Frau und keine Kinder hatte, war er viel beweglicher als andere; deshalb machte er auch die gefährlichsten Gänge, um Leute auszuloten, wie weit sie bereit und geeignet waren für die Konspiration oder für den Neuaufbau. Näherer Kontakt entwickelte sich zu Prinz Louis Ferdinand von Preußen, der in der verkehrspolitischen Abteilung bei der Lufthansa arbeitete. Mein Mann und John ventilierten als eine Möglichkeit, nach dem Zusammenbruch der Diktatur auf eine konstitutionelle Monarchie zurückzugreifen – mit einem starken Parlament –, um die Konservativen in den neuen Staat einzubinden. Die Weimarer Republik war ihrer Meinung nach eben daran gescheitert, daß es ihr nicht gelungen war, die konservativen Kreise zu gewinnen. Nun hatten sie in Louis Ferdinand eine Persönlichkeit gefunden, auf die sich auch Sozialdemokraten verständigen konnten.

John ist wenige Tage nach dem Attentat mit einer Maschine der Lufthansa nach Spanien entkommen. Sein Bruder Hans wurde verhaftet, gefoltert und hingerichtet. Als Otto John davon erfuhr, hat er einen schweren Nervenzusammenbruch erlitten.

Lag bei der Verhaftung des Bruders denn eine Verwechselung vor?

Eine Verwechselung! Wo denken Sie hin? Aber da sie Otto nicht kriegen konnten, mußten sie sich mit dem Bruder begnügen. Sie haben Hans John so in die Folter genommen, daß er den Namen meines Mannes preisgab. Und meinen Mann haben sie dann so in die Folter genommen, daß auch er weitere Namen nannte, auch den seines Schwagers.

Welcher Schwager?

Rüdiger Schleicher, ein ungewöhnlich sympathischer Mensch und lauterer Charakter, er war mit Ursula Bonhoeffer verheiratet. Mein Mann hat alle körperlichen Foltern überstanden, ohne etwas preiszugeben, und ist erst zusammengebrochen, als man ihm androhte: Wenn du jetzt nicht unterschreibst, dann nehmen wir deine Frau in die Zange. Das hat er nicht ausgehalten. Das hält kein Mann aus. Davor hatten sie ihn blutig geschlagen – ich habe die blutige Wäsche abgeholt – und dann dreizehn Tage und Nächte mit auf dem Rücken gefesselten Händen in eine Zelle gesperrt. Das ist unvorstellbar ... Es belastet mich bis heute, daß mein Mann, um mich zu schützen, in der Folter zusammengebrochen ist.

Er ist am 1. Oktober verhaftet worden, am 4. oder 5. oder 6. Oktober habe ich es erfahren. Ich war mit den Kindern in Holstein und konnte nicht gleich weg, weil ich erst jemanden finden mußte, der meine drei Kinder versorgte. Eine siebzehnjährige Nichte aus Königsberg, die eine Unterkunft in Holstein suchte, übernahm dann mein Bett und meine Kinder. Wir wohnten damals in einer kleinen Kate mit fünf Zimmerchen – elf Kinder und fünf Frauen. Den Kindern sagte ich beim Abschied: Papa hat sich den Arm gebrochen, ich muß nach Berlin, ihn pflegen.

Da ich Sprecherlaubnis bekam, habe ich meinen Mann öfter gesehen – natürlich immer unter Aufsicht. Beim ersten Gespräch malte er mir heimlich einen kleinen Kreis auf den Tisch und tat, als schneide er ein Stück Torte heraus. Ich verstand sofort, was das heißt: so wenig wissen sie, und so tief stecke ich drin. Da hatte er noch Hoffnung. Mit Hilfe der Bücher, die ich ihm mitbringen durfte, entwickelten wir dann einen regen Briefverkehr. In einem der ersten Bücher hatte er vorne den Namen Bonhoeffer dreimal unterstrichen. Dem entnahm ich, daß in dem Buch irgend etwas sein mußte. Ich suchte und suchte, fand aber nichts. Nachts wachte ich auf und dachte wieder, irgend etwas muß in dem Buch sein, holte mir eine Lupe und unter der Nachtlampe fand ich auf der letzten Seite unter einem großen L einen ganz feinen Bleistiftpunkt. Auf der Seite vorher nichts, zwei Seiten vorher unter einem kleinen i, zwei Seiten vorher unter einem kleinen e usw. Da hatte ich den Schlüssel. Das Buch enthielt einen Bericht seiner Vernehmung, so daß ich wußte, wen ich wie zu informieren hatte. Ich antwortete ihm auf die gleiche Weise, und der Mann an der Pforte wunderte sich nur, wie schnell der Bonhoeffer die dicken Bücher las.

Um was handelte es sich bei diesen Informationen im einzelnen?

Ich konnte ein paar Leute warnen. An Hans John beispielsweise schrieb ich, er solle aus den und den Gründen seine Aussage im Prozeß widerrufen. Die Mitteilung legte ich in den doppelten Deckel eines Joghurts; um zu erfahren, ob er meine Nachricht erhalten hatte, bat ich ihn, sich beim nächsten mal Zahnpasta zu wünschen. So funktionierte das, aber es hat alles nichts genutzt. Mein Mann wurde am 2. Februar zum Tode verurteilt, zusammen mit Rüdiger Schleicher, Hans John und Justus Perels. Das war einen Tag, bevor Freisler bei einem Bombenangriff getötet wurde. Da geschah etwas sehr Merkwürdiges: Der Bruder von Rüdiger, der Arzt Rolf Schleicher, war zufällig in der Nähe des Volksgerichtshofs, weil er ein Gnadengesuch für seinen Bruder abgeben wollte. Er wurde an seiner Uniform als Militärarzt erkannt und zu einem Schwerverwundeten gerufen, von dem er nicht wußte, daß es Freisler war. Er konnte nur noch den Tod feststellen. Jetzt erst erfuhr er, daß es der gefürchtete Präsident des Volksgerichtshofs war. Er zeigte auf den Toten und sagte zu den Umstehenden »Dies ist der Mann, der gestern meinen Bruder unrechtmäßig zum Tode verurteilt hat«. Als der Justizminister Thierack davon erfuhr, war er so geschockt, daß er den Fall nochmal überprüfen wollte, aber es hat alles nichts geholfen. Zehn Wochen später setzte sich die Gestapo über alles hinweg und ließ die ganze Gruppe zusammen mit anderen Häftlingen erschießen. Aber zurück zum 3. Februar: Mit Hilfe eines Ministerialrats im Justizministerium, eines Herrn Pippert, konnte ich die Akte meines Mannes auf dem Weg vom Volksgerichtshof zum Justizministerium abfangen lassen, und Herr Pippert hat sie dann in seinem Schreibtisch verschwinden lassen. Von diesem Tag an schlief ich ruhiger, weil ich mir sagte, jetzt kann nichts mehr passieren.

Ihr Mann wurde am 23. April erschossen... So spät noch, kurz vor dem Ende der Naziherrschaft. Empfanden Sie das als besonders zerstörerisch für Ihr weiteres Leben?

Hm. Ja, wie gesagt, durch die Gestapo, zwei Wochen vor Kriegsende. Vom 2. Februar, dem Tag des Todesurteils, bis zum

23. April hat er noch gelebt. Nachdem die Akte verschwunden war, hatte ich fest damit gerechnet, daß er überlebt. Er hat ja auch damit gerechnet.

Sind Sie bei der Verhandlung vor dem Volksgerichtshof dabei gewesen?

Nein, das war nicht möglich, aber wir kannten den Termin. Kurz vor der Hauptverhandlung bin ich bei Freisler gewesen und habe ihm gesagt, die Aussagen meines Mannes seien gar nicht ernstzunehmen, denn sie wurden mit der Folter erpreßt. Da fragte er: »Wie kommen Sie darauf?« – »Ich habe die blutige Wäsche abgeholt!« Darauf guckt er in die Akten und sagt: »Ja, das kann stimmen, hier ist ein Vermerk «verschärfte Vernehmung».« Dieser Vermerk ist später nicht gefunden worden, was mich gar nicht wundert. Sie haben ja möglichst viel vertuscht.

Wenn man sich Photos aus den zwanziger und dreißiger Jahren betrachtet, stellt man fest, daß es sich bei den am 20. Juli Beteiligten um junge, strahlende Männer handelt. Innerhalb kürzester Zeit, in zwei, drei Jahren scheinen die meisten von ihnen immens gealtert. Und wenn man dann gar die Aufnahmen vor dem Volksgerichtshof sieht, hat man den Eindruck, als hätten sie nicht nur mit dem Leben abgeschlossen, sondern als hätten sie in dieser kurzen Spanne ein ganzes Leben durchlebt. In den Briefen von Helmuth von Moltke an Freya wird ja zum Teil sehr ausführlich der Alltag geschildert, und da begreift man dann, wie viele Arbeiten erledigt, wie viele Gespräche geführt werden mußten, um den Staatsstreich vorzubereiten, und das alles neben der offiziellen beruflichen Tätigkeit.

Das hat meinen Mann in der Tat sehr viel Kraft und Zeit gekostet, die Menschen zur Mitarbeit zu gewinnen und die Kontakte zwischen den verschiedenen Kreisen herzustellen, zwischen Konservativen und Sozialdemokraten, Kirche und Kommunisten. Was den Tagesablauf betrifft, so würde ich lieber von einem Nachtablauf sprechen. Es mußte sich ja immer alles nachts abspielen, und alles lief mündlich, man konnte ja nicht einmal telefonieren oder Briefe schreiben. Alles basierte auf den nächtlichen persönlichen Kontakten. Mein Mann hat so wenig geschlafen, daß er einmal auf dem Schwarzmarkt ein halbes Monatsgehalt für ein Pfund Kaffee ausgegeben hat. Nachts hat er für die Verschwörung gearbeitet, und tags mußte er bei der Lufthansa sein. Das kann man sich gar nicht vorstellen, was für ein Leben diese Männer geführt haben. Und so erschöpft kamen sie nachher unter die Folter...

Wie haben Sie den 20. Juli erlebt?

Ich habe es im Radio in Schleswig-Holstein gehört und bin auf dem schnellsten Wege nach Berlin, um zu sehen, was jetzt wird. Ich fand meinen Mann und meinen Bruder beim Aufräumen eines zerbombten Nachbarhauses, sie holten da irgendwelche Sachen aus dem Keller. Sie machten eine Pause, wir setzten uns auf die Trümmer im Hof, und ich fragte meinen Bruder: »Kannst Du darin nun irgendeinen Sinn sehen, daß das Attentat schiefgegangen ist?«. Da hat er sehr lange vor sich hin geschaut und hat dann in seiner leisen Art gesagt: »Ich glaube, es war gut, daß es gemacht wurde, und vielleicht auch gut, daß es mißlang.«

Was meinte er damit?

Im Grunde hatte das Attentat zu diesem Zeitpunkt politisch keinen Wert mehr, es hatte nur noch moralischen Wert. Die Welt mußte sehen, daß sich nicht alle Deutschen das haben gefallen lassen. Mein Bruder und auch mein Mann sahen wohl auch die Schwierigkeiten voraus, die es bei der Bildung einer neuen Regierung gegeben hätte. Und nicht zuletzt fürchteten sie wohl, daß wir vielleicht zu billig davongekommen wären nach all dem furchtbaren Unrecht, das die Nationalsozialisten auf uns geladen hatten.

Während der Monate August und September 1944 war Ihr Mann noch auf freiem Fuß?

Ja, im August war er noch bei uns oben in Holstein gewesen. Er hatte ein paar Tage Urlaub gemacht. »Was kann ich tun, wenn du jetzt verhaftet wirst?« wollte ich von ihm wissen. Und da hat er gesagt: »Da kannst du gar nichts tun, das ist, wie wenn einer in einen Löwenkäfig fällt. Sieh zu, daß du dein Leben rettest für die

Kinder.« Aber als es dann passierte, als ich die Nachricht bekam, wußte ich sofort, daß er auf mich wartet. Man kann sich eine Situation halt nie so vorstellen, wie sie dann wirklich eintritt.

Würden Sie rückblickend sagen, daß Ihre Opposition gegen das Regime, Ihr Widerstand, langsam, allmählich und Stück für Stück wuchs, oder gab es da ein auslösendes Erlebnis?

Nein, ein auslösendes Erlebnis gab es nicht. Das entwickelte sich wie von selbst im Familienkreis – sie waren ja alle verschwägert. Das Ganze war eine von Anfang an als unheilvoll erkannte Geschichte; man sah immer mehr, daß man recht hatte, dieses Regime abzulehnen. Es läßt sich allerdings sagen, daß die Art, wie die Juden behandelt wurden, einem die Gewißheit gab, daß man sich unmöglich mit Hitler abfinden konnte.

Worin bestand denn Ihre Aufgabe?

Die beschränkte sich darauf, verschlüsselte Telefongespräche zu führen. So war zum Beispiel geplant, daß nach dem Attentat ein Generalstreik ausgerufen werden sollte. Zur Mitfinanzierung hatte unter anderem der Fuldaer Kaufmann Walter Bauer beigetragen, der später auch ins Gefängnis kam. Ein Teil der Gelder lag unter den Hemden meines Mannes und mußte über Ernst von Harnack an Wilhelm Leuschner gelangen. Mir oblag es, Harnack anzurufen und ihn zu fragen, ob er zum Musizieren komme und die Flöte mitbringe. Das war das verabredete Stichwort. Oder ich mußte nachts, wenn sie sich in unserer kleinen Bibliothek trafen, um den Block gehen und darauf achten, ob unser Haus beobachtet wurde. Bei den Gesprächen war ich nie dabei, ich war auch viel zu angestrengt durch meine drei Kinder, und später war ich evakuiert. Der Alltag war mühsam. Aber ich glaube, daß es für die Männer wichtig war, zu wissen, daß ihre Frauen ebenso empfanden wie sie. Wenn ich eine begeisterte Hitler-Verehrerin gewesen wäre, wäre das sehr schlimm für meinen Mann gewesen. Das wäre nicht gegangen. Nationalsozialist zu sein oder nicht, war eben nicht nur politische Ansichtssache, sondern auch eine Charakterfrage. Sich verstanden zu wissen, ist, glaube ich, sehr wichtig in einer solchen Lage.

Wie sind Sie mit Ihrer Angst umgegangen?

An Angst gewöhnt man sich, man empfindet sie nachher nicht mehr. Man kann fast sagen, man hat keine Zeit gehabt, Angst zu haben. Gefaßt sein ist alles.

Im übrigen hat mich mein Mann dadurch geschützt, daß er mir keine Details erzählte. Sonst hätte ich in meinem Leichtsinn vielleicht Dinge erzählt, die mich und andere in Gefahr gebracht hätten. Ich wußte natürlich in großen Zügen Bescheid. Das war bei den Dohnanyis anders, seine Frau Christel Bonhoeffer wußte alles bis ins Detail.

Hat Ihr Mann Sie bisweilen nach Ihrer Meinung gefragt, nach bestimmten Einschätzungen?

Nein, da war er sich sicher, da brauchte er nicht zu fragen.

Es gab also auch kein entscheidendes Gespräch zwischen Ihnen?

Das war von Anfang an klar, er suchte immer nach Wegen, etwas zu tun.

Aber das hatte doch auch Auswirkungen im Alltag?

Im Grunde hätte ich viel vorsichtiger sein müssen, als ich es war. Eines Tages rief mich der Lehrer von Thomas an: »Frau Bonhoeffer«, sagte er, »Sie müssen Ihren Kindern gegenüber etwas vorsichtiger mit Ihren politischen Äußerungen sein.« Was war geschehen? Herr Jung hatte die Schüler über den Einmarsch in der Tschechoslowakei schreiben lassen, und Thomas hat geschrieben: »Es wohnen dort nur ein paar Tausend Deutsche, die mit den Tschechen in Feindschaft leben. Hoffentlich setzt der Führer sich damit nicht eine Laus in den Pelz.« Das hatte er wohl irgendwann bei Tisch aufgeschnappt – und auch noch mißverstanden. Wir waren den Kindern gegenüber schon ein bißchen leichtsinnig.

Mußte Ihr Ältester nicht in die Hitler-Jugend?

Ich habe Thomas davor bewahren können, indem ich ihn die Aufnahmeprüfung zum musischen Gymnasium machen ließ. Er war musikalisch. Es wurden Gehörprüfungen gemacht, und er mußte komplizierte Intervalle nachsingen. Nachdem er die Prüfung bestanden hatte, ging ich wegen der Bomben auf Berlin mit den Kindern zu meinem Bruder nach Sommerfeld.

Das war der, der die Tuchfabrik übernommen hatte?

Ja, Justus.

Wurde er nicht später auch verhaftet?

Ja, im September 1944. Er hatte zunächst unglaubliches Glück. Von dem vernehmenden Kommissar, Günter Baumer, wurde er gefragt, ob er bei einem bestimmten konspirativen Treffen dabei gewesen sei. Er war dabei gewesen, sagt aber nein und findet in seiner Jackentasche zufällig eine Fahrkarte nach Sommerfeld von besagtem Tag. Der Kommissar hatte sich im Datum geirrt, das Treffen hatte einen Tag später stattgefunden. Mein Bruder bekam keinen Prozeß und ist am 25. April 1945 aus der Lehrter Straße entlassen worden, zusammen mit Steltzer und Bethge. Während der letzten Kriegstage saßen wir alle gemeinsam im Bonhoefferschen Keller. Der Bonhoeffersche Keller war gerammelt voll. Im Mai 1945 haben dann die Russen meinen Bruder abgeholt, angeblich als Zeugen für den 20. Juli. Ende 1946 erfuhren wir, daß er schon im Oktober 1945 im russischen Lager an Diphterie gestorben war. Da war ich dann wirklich am Ende meiner Kraft.

Das war dann der Sechste aus der nächsten Verwandtschaft: Klaus und Dietrich Bonhoeffer, Hans von Dohnanyi, Rüdiger Schleicher, Ihr Vetter Ernst von Harnack und zuletzt Ihr Bruder Justus Delbrück. Haben Sie es da nicht manchmal bereut, sich politisch nicht mehr zurückgehalten zu haben?

Nein, man hatte doch gar keine Wahl. Und was wäre denn geworden, wenn das Attentat geglückt wäre? Wenn sie die Verantwortung hätten übernehmen müssen? Das ganze Land wäre voller enttäuschter Nazis gewesen. Es hätte eine neue Dolchstoßlegende gegeben; die Wunderwaffe, hätte es geheißen, ist ja bloß nicht eingesetzt worden, weil sie boykottiert wurde. Und von den Alliierten wäre auch nichts zu erhoffen gewesen, sie haben den deutschen Widerstand in keiner Weise unterstützt. Die Schuld des Auslands schien uns damals ziemlich groß. Als Hitler kam, hatte man doch das Gefühl, daß sich die Welt das nicht auf Dauer gefallen lassen würde. Aber was war? 1936 kam die ganze Welt angereist zur Olympiade, und so ging das weiter bis zum September 1939, sie machten doch alle Kotau vor ihm.

Von heute aus ist Churchills skeptische Haltung gegenüber dem deutschen Widerstand und die Forderung der Alliierten nach bedingungsloser Kapitulation eher verständlich.

Sehr verständlich nach allem ... Sie wollten uns nicht billig davonkommen lassen. Man kann nicht wie ein toller Hund um sich beißen und dann auf Nachsicht hoffen. Goerdelers außenpolitische Vorstellungen waren wohl eher naiv, aber die Wirklichkeit hätte ihm das sicher abgewöhnt.

Deshalb hat mich ja auch jüngst die ganze Diskussion um die polnische Westgrenze so aufgeregt. Was stellt man sich denn vor? Zum Glück haben wir Weizsäcker, der immer wieder ein klärendes Wort findet. Ich selbst bin ja nach dem Krieg auf Drängen von Steltzer Mitglied der CDU geworden; als Herr Adenauer von »Brandt alias Frahm« sprach, bin ich jedoch wieder ausgetreten. Nach den Erfahrungen der Hitler-Diktatur wollten viele nach 1945 den Staat auf eine sittlich-moralische Grundlage stellen, und dazu brauchten sie das Christentum. Aber es ist sehr zweifelhaft, ob man das Christentum auf diese Weise in die Politik reinziehen kann – und gar eine so enge Verknüpfung mit einem Parteinamen. Politik kann ja oft gar nicht »christlich« sein ...

Hat das Christentum denn nicht auch im Widerstand eine große Rolle gespielt?

Natürlich hat es eine große Rolle gespielt, es war das ethische Fundament, von dem aus der Kampf gekämpft wurde. Aber denken Sie nur an die Rolle der Bekennenden Kirche. Dietrich war damit sehr unzufrieden, er fand die Herren viel zu weich, viel zu schwach. Mit dem Widerstand der Bekennenden Kirche war es nicht weit her, viele haben immer mit einem Fuß noch am sicheren Ufer stehen wollen.

Ich habe einmal einen Vortrag in der Schweiz halten müssen, und in der anschließenden Diskussion sagte ein junger Schweizer Theologe: »Ich glaube, nur ein Volk, das der Versuchung widerstanden hat, durch einen Verbrecher frei und stark zu werden, hat das Recht, über die Deutschen den Stab zu brechen.« Das empfinde ich als wirkliches Christentum.

Haben Sie angesichts der immensen Opfer, die der Widerstand gefordert hat, manchmal das Gefühl, daß diese Opfer umsonst waren?

Das ist eine sehr schwer zu beantwortende Frage. Die Auffassung, daß Deutschland überhaupt nur auf Grund dieser Tatsache wieder Ansehen erlangt hat in der Welt, wird zwar immer wieder vorgebracht, aber ich bin davon nicht überzeugt. Vielleicht bedeutete es am Anfang für Adenauer eine Hilfe. Aber ich glaube, daß Deutschland deshalb wieder angesehen ist, weil es politisch in den Westen eingebunden ist und weil es wirtschaftlich stark ist, nicht aus moralischen Gründen, und weil wir wohl auf überzeugende Weise bemüht sind, einen Rechtsstaat, eine Demokratie zu verwirklichen. Also, im ganzen ist die Entwicklung über den 20. Juli 1944 hinweggegangen, und heute haben wir es mit völlig neuen Problemen zu tun. Der Preis für unseren Lebensstandard ist die Umweltzerstörung. Das wird meines Erachtens noch immer nicht klar genug gesehen. Es ist das große Verdienst der Grünen, daß sie diese Problematik ins allgemeine Bewußtsein gebracht haben, bei allen Fehlern, die sie machen, und trotz ihrer Zankereien.

Was vom Widerstand bleibt, sind nicht die großen Entwürfe, nicht das Politische – schließlich ist der Widerstand gescheitert. Was bleibt, ist das Menschliche. Insofern werden diese Persönlichkeiten vielleicht Leitbilder bleiben. Auch das Scheitern hat ja irgendwo einen Sinn, obwohl ich nicht soweit gehen möchte, mich der Theorie anzuschließen, daß die Menschheit sich überhaupt nur über das Märtyrertum weiterentwickelt hat. Auf jeden Fall ist es nicht billig, geradeaus zu gehen, und es lohnt sich immer zu wissen, was das an Opfern kosten kann. Schon deshalb waren die Opfer nicht umsonst.

Woher haben Sie, Ihr Mann, Ihre Freunde den Maßstab genommen,
wie haben Sie zwischen Gut und Böse unterschieden?

Das ist, glaube ich, einfach überliefertes Wertebewußtsein. Das ist nicht an Stände oder an Bildung gebunden, das gab es in allen Schichten. Ein Mensch, der hurra schreit, wenn er hört, daß politische Gegner zu Tode getrampelt worden sind – da ist doch klar, mit wem man es zu tun hat. Auch mißbrauchter Darwinismus, das Recht des Stärkeren, spielte immer wieder eine schreckliche Rolle.

Hitler wirkte wie eine Wasserscheide. An ihm trennten sich diejenigen, die sich den Instinkt nicht verschütten ließen für Gut und Böse, und diejenigen, die sich von den vordergründigen Erfolgen verunsichern ließen.

Als Sie heirateten, waren Sie fünfundzwanzig Jahre alt.

Ein spätes Mädchen, wie man damals sagte. Ich hatte vorher viele gute Freunde, mit denen ich musizierte, tanzte, Schlittschuh lief und diskutierte.

Obwohl Ihr Mann sich längst für Sie entschieden hatte?

Ja. Er behauptete später, er habe das alles mit großer Ruhe beobachtet und immer das Gefühl gehabt, enden tut sie bei mir.

Was ja stimmte!

Ja. Nach der Schule wollte ich Musik studieren, fiel aber schon bei der Aufnahmeprüfung für die Hochschule durch. Ich hatte viel zu spät angefangen, mit zwölf, dreizehn Jahren erst, das war in der Zeit, als es keine Kohlen gab, und nur das Zimmer meines Vaters geheizt war. Dort durfte ich Geige üben, während er arbeitete. Anfänger-Geige ist etwas Entsetzliches. Aber es störte ihn nicht; er sagte lediglich: »Du darfst nicht aufhören, dann gewöhne ich mich an das Geräusch.« Tatsächlich, aber so war er. Ich nahm dann in Frankfurt Geigenstunden und Musikkurse bei einem Herrn Holde. In den Weihnachtsferien verlobten sich Klaus und ich, und da Herr Holde darauf bestand, daß ich seinen Kurs bis zum Ende bezahlen müsse, fuhr ich noch einmal nach Frankfurt, um wenigstens etwas davon zu haben. Was der

Deutsche bezahlt hat, das lernt er auch. Damals fing Yehudi Menuhin an, als Wunderknabe aufzutreten.

Dietrich Bonhoeffer hatten Sie beim Schlagballspielen auf der Straße kennengelernt. Erinnern Sie sich noch an die erste Begegnung mit Ihrem späteren Mann?

Nein, eigentlich nicht, ich nahm sozusagen die ganze Familie auf einmal wahr, alle waren interessant für mich. Ich habe jahrelang zwischen den beiden Brüdern gestanden und war mit beiden gleichermaßen befreundet. Es war mir oft nicht klar, wen ich eigentlich lieber mochte. Sie waren beide faszinierende Kerle. Der eine groß und blond, der andere untersetzt und stark, aber sehr charaktervoll, sehr sensibel beide. Klaus war einfach der Ältere, er war vier Jahre älter als ich, und er war der beste Freund meines Bruders Justus.

Mehr sein als scheinen, das war das Motto in beiden Familien. Und das ging bis zu »schlechten Manieren« – bei uns jedenfalls. Von meinem Bruder Justus hieß es noch in Heidelberg, wo er studierte: den Delbrück kann man nicht einladen, der hat keine Manieren. Was war gewesen? Wenn er keine Smoking-Fliege fand, nahm er einfach einen Schlips. Er nahm das nicht so wichtig. »Ich kann auch in Wickelgamaschen gehen«, sagte er. Er habe sich bei Sokrates informiert, daß es immer nur auf das Urteil der Edlen ankäme, und die, die seine Wickelgamaschen nicht schön fänden, seien eben nicht edel. Sehr oft wurde bei uns zitiert: Das stört keine großen Geister und kleine geht es nichts an. Ein gewisser Hochmut war schon da, wurde aber immer rechtzeitig gedeckt.

Mein Mann war musisch, sehr großzügig – dazu gehörte auch sein Umgang mit Ordnung – und gab gerne mehr aus, als wir hatten. Wenn er länger verreist war, als Rechtsanwalt Klienten in Rumänien oder Finnland aufsuchte, ging mir meistens das Geld aus. Ich mußte dann bei meiner Schwiegermutter um Geld bitten, und da kam es immer wieder zu entsetzlichen »Verhören«. Das gab natürlich Spannungen, aber in den wesentlichen Dingen habe ich mich mit meinem Mann sehr gut verstanden. In der Gefängniszeit kam das Eigentliche heraus, das uns zusammengehören ließ. Es war alles so selbstverständlich, es konnte nicht anders sein, als es war. Wenn ich nochmals leben müßte, könnte ich vieles nicht anders machen. Nur würde ich mir mehr Zeit für meine Kinder nehmen. Ich habe einen Mann gehabt, der ein Kerl war, und das ist das Entscheidende. Er war eine Persönlichkeit, die ich respektieren konnte, von der ich viel gelernt habe.

Was waren Ihre glücklichsten Momente?

Ich bin immer sehr vorsichtig mit dem Ausdruck »glücklich«. Was heißt Glück? Ich meine, im Kampf zu sein, in Gefahr zu sein für eine gute Sache, macht ja nicht unglücklich. Ich möchte kein anderes Leben gehabt haben, ich habe nie jemanden beneidet, der weniger Gefahren ausgesetzt war. Aber wenn Sie mich so fragen, möchte ich antworten: wunderschön war es, zu erleben, wie die Kinder aufblühten, wenn der Vater nach Hause kam. Ich will ein Beispiel geben für seine Art, mit Kindern umzugehen. Thomas, unser Ältester, spielte sehr früh kleine Menuetts von Händel und Bach. Mein Mann hörte sich sein Spiel an, ging dann in seine Bibliothek und zog einen Band heraus, um Thomas zu zeigen, wie die Leute zur Zeit von Bach und Händel angezogen waren, wie sie tanzten, wie sie sich bewegten. Er schilderte ihm das Leben zu jener Zeit und sagte dann: »Spiel's doch jetzt noch einmal.« Da spielte Thomas schon ganz anders. Klaus konnte wunderbar auf die Kinder eingehen. Wenn ich sie abends im Bett hatte – sie schliefen zu dritt in einem kleinen Zimmer –, und sie hörten unten das Gartentor ins Schloß fallen, kein Halten, alle drei raus und runter, und da kam er dann wie ein Baum behangen mit allen Dreien wieder die Treppe rauf und klemmte sich auf das kleine Bänkchen im Kinderzimmer, wo ich ihm dann seine Brühe und Bratkartoffeln hinstellte, und da unterhielt er sich mit ihnen, und da wurde gesungen, immer gesungen, sehr bald zwei- und dreistimmig. Er liebte seine Kinder über alles und freute sich über jeden Fortschritt, den sie machten, ohne sie zu trietzen.

Mein Mann hatte ein sehr sicheres Urteil. Und er strahlte viel Vertrauen aus, weil er sich selbst im Hintergrund hielt und sich in andere hineindenken konnte. Er war eminent klug, aber nicht penetrant intelligent, nicht von der Art, daß er immer Recht zu behalten suchte. Er war ein Mann, zu dem ich gehen würde, wenn ich Skrupel hätte oder schwierige Entscheidungen treffen müßte – beruflich oder menschlich.

Erzählen Sie doch bitte noch einmal von den letzten April-Tagen 1945.

Am 22. April war Lutz Heuss, der Sohn von Theodor Heuss, bei mir gewesen und hatte gesagt: »Morgen hole ich deinen Mann.« Er hatte sich Brote gehamstert und zweihundert Liter Benzin in Kanistern im Garten vergraben, um in den Tagen des Chaos weiterarbeiten zu können. Am Morgen des 23. April erhielt unser Häuschen in Eichkamp einen Volltreffer. Ich war gerade im Garten, bereitete alles vor für den Empfang meines Mannes. Hinter mir fing die Flak an zu schießen, und so rannte ich mit der Flak um die Wette ins Haus. Wäre besser draußen geblieben, denn kaum war ich zur Kellertür rein, schlug die Granate ins Haus. Ich wurde eingeschlossen, zusammen mit zwei einquartierten Leuten, einer Eisenbahner-Frau und einem belgischen »Fremdarbeiter«. Die stürzten zur Haustür, und der Mann schrie »Ça brûle, ça brûle!« – die Gasleitung war getroffen, und es brannte, aber der Ausgang war bereits zugeschüttet, und keiner kam mehr raus. Da erinnere ich mich, daß ich von dem Gedanken besessen war, das darf nicht sein, wenn er heute abend nach Hause kommt und ich bin tot, das gibt es nicht, das kann nicht sein, und da habe ich mit letzter Kraft mit den Fingern eine Rille gegraben, so daß wir die Haustür wegreißen und rausschlüpfen konnten.

Draußen war so dichter Schuttnebel, daß man gar nichts erkennen konnte. Wir stolperten über den umgebrochenen Zaun auf die Straße. Ich wußte, daß in dem Haus gegenüber Arbeiter von der Organisation Todt einen schönen Splittergraben gegraben hatten. Er war schon ziemlich voll, und ein Nachbar von uns, ein alter Rentner, saß da und weinte ununterbrochen: »Mein Rasierspiegel ist kaputt, mein schöner neuer Rasierspiegel ist kaputt.« Das war so makaber, so grotesk, daß ich die Fassung wiederfand. Ich stolperte dann rüber ins Haus meiner Schwiegereltern, ganz verdreckt. Und meine Schwiegermutter – eine enorm fürsorgliche Frau – fragte nur: »Hast du deine Lebensmittelkarten?« – »Nein.« – »Dann mußt du zurück und sie suchen, anders können wir dich nicht ernähren.«

Wie haben Sie vom Tod Ihres Mannes erfahren?

Durch Eberhard Bethge, der am gleichen Tag zusammen mit Justus und Theodor Steltzer entlassen wurde. Bethge hat fünf Wochen später in der Nähe des Gefängnisses einen Herrn Kosney getroffen, den einzigen Überlebenden von insgesamt 16 Menschen, die in dieser Nacht zur Erschießung geführt wurden. Kosney konnte den Kopf wenden und hat nur einen Backenschuß abbekommen. Er hat sich totgestellt und nachher berichtet, daß er gehört habe, wie der Leutnant sagte: »Rasch, rasch, meine Herren, wir haben noch mehr zu tun.«

Von da an gab es für mich keine andere Aufgabe mehr als zurück zu den Kindern. Mein Mann tot, das Haus kaputt, was sollte ich in Berlin? Meine Kinder waren in Holstein, also mußte ich nach Holstein. Mein Schwiegervater wollte mich ungern gehen lassen, er meinte immer, ich solle noch warten, aber es hielt mich nichts mehr. »Weißt du, Karl«, sagte ein alter Freund zu ihm, »eine Mutter, die zu ihren Kindern will, die kommt immer an.« Und so war es auch. Nach vierzehntägiger Wanderung erst mit dem Rad, dann zu Fuß, kam ich in Stawedder an. Da guckte ich durch die kleinen Fensterscheiben in der Haustür und sah meine Kinder gesund am Tisch sitzen. Da war es aus mit meinen Kräften.

Die erste Frage war natürlich: »Wo ist Papa?« Das war der Moment, vor dem ich immer die größte Angst hatte, meinen Kindern sagen zu müssen . . . Und ich sagte: »Papa ist uns weit voraus, der wartet auf uns mit offenen Armen im Himmel.« – »Ist er tot?« – »Sterben tun nur Körper, Seelen nicht. Papa war soviel Seele.« Thomas drehte sich dreimal um sich selbst und rannte aus dem Zimmer, die beiden Kleinen weinten. Nie habe ich Trauer stärker erlebt als damals in den Augen meiner Kinder. Der Kleine, Walther – er war damals sechs – kletterte mir später einmal auf den Schoß und fragte: »Mama, kann man eigentlich zweimal heiraten?« Ich sagte: »Ja, Jungchen, das kann man, theoretisch, aber kannst du dir vorstellen, daß ich nach unserem Vater irgendeinen anderen Mann heirate?« – »Aber ich möchte doch wieder einen Papa haben...« Das waren die harten Momente, die wirklich harten Momente.

Ich habe nicht das Gefühl gehabt, daß ich besonders stark bin, und fand es sehr merkwürdig, daß mein Mann in seinem Abschiedsbrief an die Kinder von der »starken Seele eurer Mutter« spricht. Er hat es wohl so empfunden während der Stunden der Sprecherlaubnis, wo die meisten Frauen dann Tränen gezeigt haben. Das ist mir nie passiert, das hat er vielleicht als stark empfunden.

Einmal mußte ich ihn im Auftrag des Kommissars Baumer fragen, ob er es bevorzuge, erschossen oder gehenkt zu werden. Ich habe ihn das mit einem ironischen Lächeln gefragt, und er antwortete – auch lächelnd –: »Schuß ist schon besser.« Ich weiß nicht, ob es Stärke ist oder Kaltblütigkeit, so etwas über die Lippen zu bringen, Stärke und Kälte liegen da wohl dicht beieinander.

Dieser große Abschiedsbrief enthält eine Fülle von pädagogischen Ratschlägen und Hinweisen an die Kinder. Er ist ein sehr bewegendes Dokument, wirklich das, was man unter einem Vermächtnis versteht.

Ja, ich habe ihn durch alle Wirren des Frühjahrs 1945 hindurch gerettet. Als ich die Elbe durchschwimmen mußte, um nach Holstein zu gelangen, hatte ich nichts als zweihundert Mark und den letzten Brief meines Mannes, beides in einem Gummisäckchen auf meine Brust gebunden. Für den Fall, daß ich nicht lebend durchkomme, hatte ich das Original des Briefes bei meinem Schwiegervater hinterlassen. Mein Schwiegervater wiederum hat eine Abschrift gemacht und sie an meinen Schwager Leibholz nach England geschickt. Der gab sie an eine Zeitschrift für gefangene deutsche Offiziere. Von da an war der Brief vogelfrei, und ich hatte keinen Einfluß mehr darauf. Und eines Tages erschien er dann im Schulbuch meiner Tochter. Meine Tochter wurde darauf angesprochen. »Wie konnte meine Mutter den hergeben«, empörte sie sich. Es war entsetzlich. Ich war außer mir, daß mein Schwiegervater und mein Schwager so etwas gemacht haben, ohne mich zu fragen.

Wie sehen Sie das im nachhinein?

Der Brief bedeutet vielen Menschen etwas, das ist wohl das Entscheidende.

Ich würde gern noch einiges über die unmittelbaren Nachkriegsjahre in Holstein erfahren. Was war Ihre materielle Basis?

Zuerst half uns die Familie. Von 1947 an bekamen wir Pakete aus Amerika, zunächst natürlich von meinem Bruder, bald auch von wildfremden Leuten, Kirchenleuten. Ich wurde deshalb besonders gut versorgt, weil, was ich nicht wußte, ein Pfarrer in New York sich eine Liste mit den Namen der Familien von Widerstandskämpfern hatte geben lassen. Ich verteilte vieles an meine Umgebung – es herrschte ja unsagbares Elend – und bedankte mich in Briefen nach Amerika, indem ich die Situation bei uns anschaulich schilderte. Ohne daß ich es wußte, wurden die Briefe in der Zeitschrift der Unitarier publiziert, was eine Flut von Kleiderpaketen auslöste. Es sprach sich immer schnell herum, wenn wieder ein Paket angekommen war, und dann glich mein Zimmer einem Taubenschlag. Gegen den Kaffee aus den Care-Paketen tauschte ich dann Speck beim Bauern usw., so daß die Kinder nicht gehungert haben. Außerdem kriegten die Kinder von Widerstandskämpfern die doppelte Lebensmittelration. Das war sehr viel wert.

War das denn auch unter der deutschen Bevölkerung bekannt, daß Ihr Mann im Kampf gegen Hitler sein Leben gelassen hatte?

Ja, das wußte man. Wir waren für sie Leute, die auf der anderen Seite gestanden hatten. Bezeichnend ist vielleicht eine Geschichte, die meiner Tochter widerfuhr, die nach Eutin in die Schule ging. Sie hatte ihren Zug verpaßt und fuhr per Anhalter. Da hat der Fahrer sie gefragt, wo denn ihr Vater sei, und da hat sie geantwortet, ihr Vater lebe nicht mehr. »Ja, ist er im Krieg gefallen?« – »Nein, er ist nicht im Krieg gefallen«, sagte Cornelie. »Er ist von den Nazis umgebracht worden, weil er gegen Hitler gearbeitet hat.« – »Armes Verräterkind!« hat der Fahrer da gesagt.

War Ihre Tochter damals schon stark genug, eine solche Geschichte einzuordnen, oder allgemein gefragt: Welche Rolle spielte der Vater bei der Erziehung Ihrer Kinder, hat der Tod nicht auch auf sie seine Schatten geworfen?

Schatten geworfen – ja, das war schlimm, ganz schlimm. Ich verstand ja nichts von Psychologie. Ich hatte aus einem geretteten Paßbild eine fast lebensgroße Fotografie des Vaters machen lassen, die in unserem einzigen Zimmer hing, und daneben hatte ich einen kleinen schmiedeeisernen Kerzenhalter angebracht. Wenn ich die Kerze anzündete, machte das die Fotografie ungeheuer lebendig, ich fand das wunderschön. Ich ahnte ja nicht, wie erdrückend dieser »Übervater« für die Kinder war. Es sah aus, als ob ich meinen Mann gewissermaßen zum Heiligen gemacht hätte, es fehlte nur noch der Weihrauch. Das war der eine Fehler, den ich gemacht habe. Und dann habe ich ihnen wahrscheinlich zu oft diesen Abschiedsbrief vorgelesen, immer zu Sylvester, weil ich das pädagogisch für wichtig hielt und weil ich meinen Mann lebendig halten wollte. Er ist ja sehr lebendig in diesem Brief. Erst später habe ich begriffen, daß dies für die Kinder äußerst belastend war. Ich hätte viel mehr auf Normalität und Alltäglichkeit hinwirken müssen als auf Außerordentlichkeit. Immer, wenn sie irgendwo ihren Namen nennen mußten, ging die Stimme auf Halbmast. Sie fühlten sofort, daß der Vater dazwischen stand, und hatten den Eindruck, mit ihm verglichen zu werden.

Der zweite Fehler war, daß ich zuwenig Zeit für meine Kinder hatte. Ich war den ganzen Tag beschäftigt. Die Briefe, die ich nach Amerika schrieb, hatten nämlich zur Folge, daß immer mehr Pakete kamen und ich mir überlegen mußte, wie man am sinnvollsten damit umgeht. Es stellte sich bald heraus, daß viele Leute bereit waren, für einen Mantel oder ein paar Schuhe zu arbeiten; ich brauchte nur mit offenen Augen durch das Dorf zu gehen, um zu wissen, wo was fehlte, und wenn dann einer kam und wollte einen Anzug, nannte ich ihm eine Witwe, für die er im Gegenzug Holz hacken oder Teppiche klopfen konnte. Bald wurde eine richtige Buchführung notwendig, weil ich mehr Kleidung hatte, als es Arbeit gab; als ich zweihundert bezahlte Arbeitsstunden gut hatte, ließ ich die Straße von Gronenberg nach Stawedder ausbessern. Den Unitariern erstattete ich regelmäßig Bericht, welche Arbeiten für die von ihnen geschickten Sachen geleistet worden waren. So war ich rund um die Uhr beschäftigt, und meine Kinder litten darunter. Wenn Cornelie in dieser Zeit nach ihrer Mutter gefragt wurde, antwortete sie: »Das ist schrecklich, immer kommen fremde Leute und schlecken den Rahm von unserer Mutter, und für uns bleibt nachher nur der saure Quark.« Ich war müde, ungeduldig und anspruchsvoll mit ihnen. Das ist nicht wieder gutzumachen.

1952 haben Sie Ihre Tätigkeit in Holstein aufgegeben. Wie ging es dann weiter?

Ich wurde zunächst auf den Heilsberg nach Bad Vilbel gerufen, um dort, in der Nähe von Frankfurt, beim Aufbau einer Flüchtlingssiedlung meine Erfahrungen mit der Kleiderhilfe zur Verfügung zu stellen. Der Grundgedanke war, die Gemeinde in christlichem Sinne aufzubauen, gleichsam rund um die Kirche. Das war eine ziemliche Fehleinschätzung. Die Leute versprachen zwar, sich aktiv am kirchlichen Leben zu beteiligen, aber kaum hatten sie ihre Gardinen aufgehängt, zogen sie sie zu und interessierten sich nur noch für ihr eigenes Fortkommen. Da ich selbst auch ganz unkirchlich bin – genau wie mein Mann, der zwar im tiefsten Herzen Christ war, aber kein Kirchgänger –, kam es bald zu Auseinandersetzungen mit den Pastoren. »Was bildet die sich ein«, munkelten sie, »nur weil sie Bonhoeffer heißt, kann sie uns doch hier nicht in unser Gemeindeleben reinreden.« Naja, und dann kam auch sehr bald schon Neckermann mit billigen Kleidchen auf den Markt, und da wollte niemand mehr für alte Kleider aus Amerika arbeiten.

Das nächste, was mir dann vor die Türe gelegt wurde, war die Arbeit für den »Hilfsring«.

Das war die die Organisation, die den Päckchenversand in die soge-
nannte Ostzone durchführte?

Ja, die Idee stammte von Anneliese Dittmann aus Heidelberg.
Sie meinte, so wie uns in der unmittelbaren Nachkriegszeit die
Amerikaner mit den Care-Paketen geholfen hätten, so müßten
wir jetzt unseren Landsleuten in der Zone helfen. Im Laufe der
Zeit haben wir in der Bundesrepublik sehr viele Hilfsringe ge-
gründet, und ich habe dort viele Jahre gearbeitet. Dann kamen
die Auschwitz-Zeugen.

Darüber haben Sie ein kleines Buch publiziert, in dem Sie Ihre Be-
gegnungen mit Überlebenden von Auschwitz schildern. Der
Auschwitz-Prozeß begann im Dezember 1963. Wie kam es zu Ihrem
Engagement, und worin bestand Ihre »offizielle« Aufgabe?

Zu diesem Prozeß wurden Hunderte von Zeugen aus aller Welt
geladen; die kamen in Frankfurt an und standen dann da. Es war
ein Skandal. Ich ging zum Staatsanwalt und sagte ihm, ich hätte
in der Zeitung gelesen, daß sich kein Mensch um diese Zeugen
kümmere, während irgendwelche Important Persons einen Studenten an die Hand bekämen, der ihnen für hundert Mark am
Tag alles zeige und ihnen alle Unbequemlichkeiten abnähme.
Wir seien es den Zeugen des Auschwitz-Prozesses doch eigentlich schuldig, daß man sich um sie kümmere, und ob es ihm recht
sei, wenn ich und Frau Wirth – die mich auf den Skandal aufmerksam gemacht hatte – uns der Leute ein bißchen annehmen
würden. Der Staatsanwalt war sehr froh über diesen Vorschlag.
Die Staatsanwaltschaft gab uns dann jeweils den Namen durch,
wir suchten ein Hotel, holten die Leute am Bahnhof ab – es waren viele Behinderte dabei, die mit dem Rollstuhl abgeholt werden mußten –, halfen ihnen beim Gang zu den Ämtern und sorgten dafür, daß sie ordnungsgemäß ihre Zeugengebühren bekamen. Den einen oder anderen konnte ich einladen, anschließend
noch ein paar Tage bei mir zu wohnen und sich zu erholen. Die
erschütterndste Begegnung war die mit einem vierzigjährigen
Polen. Wir gingen in Königstein spazieren, vorbei an den Gär-
ten der Villen, die dort stehen, und beobachteten ein paar Kinder, die im Sandkasten spielten und Blümchen auf die von ihnen

gebackenen Torten setzten. Der Pole schaute sich das eine Weile an und sagte dann traurig: »Als ich gesehen habe, wie die Kinder in Auschwitz abgespritzt wurden, konnte ich an keinen Gott mehr glauben.« – »Das kann ich verstehen«, antwortete ich, »aber als der Richter Sie fragte, ob Sie in der religiösen oder in der weltlichen Formel schwören wollen, haben Sie gesagt, in der religiösen.« – »Ja«, sagte er, »bei so ganz wichtigen Dingen, da will ich doch von Gott sprechen. Es gibt keinen Gott. Aber es gibt auch nicht keinen Gott.« Und während er das so vor sich hinspricht, kommt eines der Kinder und reicht ihm so ein Blümchen durch den Zaun und sagt: »Da, schenk ich dir . . .«

Ich hatte immer das Gefühl, daß man es den Überlebenden des Holocaust schuldig ist, sich ihre Geschichte genau anzuhören, zumindest den Versuch zu unternehmen, ihr Leid nachzuempfinden. Das ist das einzige, was man noch tun kann, daß man sich davor nicht drückt. Das Vertrauen, das sie brauchen, um mit ihrer Erinnerung fertigzuwerden, bekommen sie doch nur, wenn sie merken, daß man wirklich ganz mitgeht und mitfühlt. Es gibt bei ihnen eine wahnsinnige Angst davor, in diesen Dingen nicht verstanden zu werden. Ich glaube, ein Menschenleben ist nur wirklich erfüllt, wenn man in alle Falten tief hineingeht, sich nicht abwendet angesichts von Entsetzen und Schmerzen. So kann man auch die große Freude wirklich empfinden. Da kommen wir wieder auf die Frage: Was ist Glück? – Ich glaube Intensität ist Glück. Und ich habe sehr viele Möglichkeiten gehabt, intensiv zu leben.

Heute sind Sie bei amnesty international engagiert. In meinen Augen ist das eine konsequente Fortsetzung dessen, was Sie ein Leben lang getan haben. Und es hat mit Widerstand zu tun, oder?

Naja, das ist Widerstand gegen Menschenrechtsverletzungen, aber ohne Risiko. Wenn Sie wollen, können Sie das mit dem Widerstand gegen Hitler vergleichen, ich selbst tue das nicht gern. Im übrigen bin ich bei amnesty nur an der äußersten Peripherie tätig, mit Briefeschreiben, kleinen Demonstrationen. Ich habe die sogenannten urgent actions übernommen, das sind Fälle – einer liegt gerade auf dem Schreibtisch –, wo sofort per Telegramm oder Brief gehandelt werden muß, weil Folter oder Todesurteil droht. Dann geht eine Kopie an die Botschaft in Bonn, eine andere an die Oppositionspresse des jeweiligen Landes. Einer der wenigen Staaten, die auf solche Briefe überhaupt reagieren, ist Israel; da bekommt man sehr prompte und eingehende Antworten. Einmal im Jahr mache ich hier für Amnesty einen »Fischzug«. Da kommen dann immer so zwei- bis dreitausend Mark an Spenden heraus.

Da wir schon beim Geld sind, doch noch eine Frage. Ich nehme an, daß die Tätigkeiten, von denen Sie berichtet haben, ehrenamtliche Tätigkeiten waren. Wovon haben Sie nach dem Krieg eigentlich gelebt?

Als erstes bekam ich die Kriegswitwenrente und die vierzig Mark Kopfgeld, die es zur Währungsreform im Juni 1948 für jeden gab; dann monatlich DM 280,- Wiedergutmachung. 1952 kamen auch die ersten Gelder vom »Hilfswerk 20. Juli«; ich investierte das Geld in die Wohnung, die ich damals in Frankfurt fand. Bis dahin hatte ich mit meinen drei Kindern sieben Jahre lang in einer Mansarde gelebt, die nicht größer als 16 qm war. In den ersten Monaten hatten wir nicht mehr als eine einzige Schüssel, die für alles benutzt wurde, zum Heringe waschen, zum Kartoffeln waschen, zum Wäsche waschen, zum Essen holen ...

Die Bundesrepublik hat ja insgesamt sehr lange gebraucht, bis sie ein einigermaßen passables Verhältnis zu den Männern des 20. Juli und damit auch zu den Überlebenden gefunden hat?

Erste Entschädigungsregelungen hat Hans Lukaschek durchgesetzt, der Vertriebenenminister im ersten Kabinett Adenauer, der Kontakte zu Goerdeler und den Kreisauern hatte. Ich glaube, Adenauer hatte dem Widerstand gegenüber ein sehr schlechtes Gewissen, weil er seinerzeit Goerdeler abgewiesen hat, als der ihn für den Widerstand gewinnen wollte. Er hielt sich vermutlich an das Motto von Talleyrand.

Als Talleyrand gefragt wurde, was er während der Französischen Revolution gemacht habe, antwortete er: »J'ai vécu« – ich habe überlebt. War ja auch vielleicht ganz richtig. Wer soll's denn machen, wenn alle dabei draufgehen?

Es kann natürlich auch gut sein, daß Adenauer zu Goerdeler kein Vertrauen hatte und die anderen erst gar nicht kennenlernen wollte.

Aber man kann doch sagen, es wurde beim Aufbau der Bundesrepublik viel versäumt, verdrängt, verleugnet. Für die Ideen und Ideale des Widerstands hat sich damals doch eigentlich auch kein Mensch interessiert.

Es war schrecklich. Mit Ärger und Unruhe beobachtete ich, wie viele Nazis wieder in die alten Stellen kamen – denken Sie nur an die Richter, an dieses dumme Wort von Filbinger: Was damals Recht war, kann heute nicht Unrecht sein! Das hat mich furchtbar aufgeregt, da habe ich manchmal gedacht, die sind vollkommen umsonst gestorben. Andererseits kann man nicht von jedem verlangen, daß er sein Leben einsetzt. Der Boden, auf dem wir stehen, ist so getränkt mit Blut und Unrecht, daß ich mich manchmal frage, ob es eigentlich etwas bewirkt, für eine gerechte Sache einzustehen.

Wie begegnen Sie den Ewig-Gestrigen?

Denen begegne ich selten, es hat auch keinen Sinn, mit ihnen zu diskutieren. Ich gehe lieber in Schulen und berichte im Geschichts- oder Religionsunterricht.

Ich habe es im übrigen immer abgelehnt, vom »tragischen Tod« meines Mannes zu sprechen. Ich halte es für tragisch, wenn ein Soldat fällt, der weiß, daß er für einen Verbrecher kämpfen muß. Aber wenn einer sein Leben verliert im Kampf für eine Sache, zu der er ja sagt, dann ist das nicht tragisch, sondern traurig. Das ist ein großer Unterschied. Genau so traurig ist auf der anderen Seite der Tod von Männern, die bis zum Schluß an Hitler geglaubt haben.

Ich möchte Ihnen gern eine abschließende Frage stellen. Wenn Sie einen Satz weitergeben sollten, der für Sie wichtig war und der für andere Leute wichtig sein sollte, welcher Satz wäre das?

»Liebe deinen Nächsten wie dich selbst.« 3. Mos. 19, 18. Es tut mir leid, daß ich kein anderes Fazit für Sie formulieren kann. Man muß eben durch sein Leben sagen, was es bedeutet hat.

Elisabeth Baronin Freytag von Loringhoven, geb. von Rauch

Elisabeth Freytag von Loringhoven wurde 1909 in Neustrelitz in Mecklenburg als einzige Tochter des kaiserlich russischen Premierleutnants Georg von Rauch und seiner Frau Helene geboren und wuchs mit ihren vier älteren Brüdern in St. Petersburg, Berlin und Salzburg auf. Ihr Vater starb bereits 1914. Nach Hausunterricht und einer Zeit als Gastschülerin belegte sie Pflegekurse an der Lette-Schule in Berlin.

Im Februar 1933 heiratete sie Wessel Baron Freytag von Loringhoven und brachte vier Söhne zur Welt: Nicolai 1934, Axel 1936, Wessel 1941 und Andreas 1943.

Wessel Freytag von Loringhoven wurde 1899 als Sohn des baltischen Barons Reinhard Ernst Heinrich Freytag von Loringhoven und seiner Frau Elisabeth in Großborn geboren. Als Offizier der Reichswehr diente er zunächst im 4. Preussischen Reiterregiment und in der Nachrichtenabteilung 44, ab 1940 wurde er dann als Major im Generalstab des XI. Armeecorps eingesetzt. 1943 wurde er zum Oberst ernannt und war zuletzt Oberst im Generalstab des Heeres und Chef der Heerwesen-Abteilung im OKH.

An dem Attentat auf Hitler hat er sich durch die Beschaffung des Sprengstoffs und des Zünders beteiligt. Am 26. Juli beging er Selbstmord im Lager Mauerwald in Ostpreussen, nahe dem Führerhauptquartier Wolfschanze. Am 4. August 1944 wurde er aus der Armee ausgestoßen.

Baronin Freytag von Loringhoven lebt bis heute in Salzburg.

*Oberst Wessel
Freytag von Loringhoven*

*Elisabeth Baronin
Freytag von Loringhoven
1990 mit ihrem Sohn
Wessel in Glendorf*

Sie stammen aus einer baltischen Familie?

Ja, mein Vater war Balte, stammte aus Reval. Meine Mutter war eine geborene Schierstedt, ihre Mutter eine Bülow. Meine Eltern und meine Brüder haben viele Jahre in St. Petersburg gelebt, sind aber rechtzeitig vor Kriegsausbruch nach Deutschland gegangen. Ich selber bin in Neustrelitz, Mecklenburg, geboren, hatte aber zuerst eine russische Njanja und sprach nur russisch. Später bekam ich eine englische Nurse, die mich sehr unglücklich machte - aber ich machte sie wahrscheinlich auch unglücklich; ich habe jede Gelegenheit wahrgenommen, um auszurükken.

Sie meinen den Kriegsausbruch 1914?

Ja, natürlich. Ich erinnere mich noch heute an den Tag der Kriegserklärung. Wir waren in Neustrelitz, und ich spürte allenthalben eine gewisse Aufregung. Irgendwann traten dann alle auf den Balkon, und am Markt wurde eine Fahne hochgezogen: Das war die Kriegseröffnung im August 1914.

Erinnern Sie noch andere Details aus dem Krieg?

Wir zogen ziemlich bald nach Berlin. Dort kam ich in die Schule und fing an, mich an das Deutsche zu gewöhnen. Ich erinnere mich an den Tod meines Vaters - er starb 1915 -, und ich erinnere mich, daß meine Mutter und meine englische Nurse sich als »feindliche Ausländer« regelmäßig bei der Polizei melden mußten. 1918, bei Kriegsende, hat meine Mutter wieder geheiratet, Paul von Hinze. Das war ein Freund der Familie aus Petersburger Tagen, der Patenonkel meines jüngsten Bruders. Wir zogen dann nach Schlesien, in die Grafschaft Glatz, wo die Familie eines Onkels einen Besitz hatten.

Wie würden Sie das politische Klima in diesem Teil Schlesiens während der zwanziger und dreißiger Jahre beschreiben?

Die Grafschaft Glatz war im Laufe der Jahrhunderte immer wieder einmal an Böhmen gelangt, und mein Stiefvater hatte deshalb Angst, die neugegründete Republik Tschechoslowakei könnte Ansprüche auf Glatz erheben und mit Truppen einmarschieren. Also zogen wir nach Salzburg. Dort kauften meine Eltern später ein Haus.

Ich bin dann allerdings nach Berlin gegangen, weil ich dort selbständiger leben konnte. Mein große Passion war das Reiten, und ich hatte die Möglichkeit, mir bei Mutter das Geld für ein Pferd zu leihen. Bald kannte ich die ganze Clique, fuhr nach Aachen zum Turnier und verbrachte die meiste Zeit im Stall. Ich bin auch abends kaum ausgegangen, weil ich schon ziemlich früh wieder bei den Pferden war.

Aber was haben Sie »offiziell« in Berlin gemacht?

Ich bin zunächst auf die Letteschule gegangen, habe dort einen Schneiderkurs belegt und anschließend einen Kurs für Pflege und Kinderpflege. Aber ich habe das nicht lange gemacht, weil die Pferde eben vorgingen, und dann habe ich mich auch verlobt. Mein Mann wollte eigentlich seine Beförderung zum Rittmeister abwarten, bevor wir heirateten, weil er sagte, erst dann könne er eine Familie ernähren. Aber ich sagte ihm, daß ich etwas Geld hätte, um mich selbst durchzubringen, und wenn er genügend habe und wir zusammenlegten, müßte es eigentlich gehen. Das war eine Lösung, die ihm gefiel, und so ist er losgezogen und hat um meine Hand angehalten.

Wie alt waren Sie da?

Da war ich 21. Die Hochzeit fand in Salzburg statt, im Februar 1933. Das war sehr aufregend. Die deutschen Herren mußten anfragen, ob sie hier in Uniform auftreten dürften, und natürlich wurde es ihnen genehmigt. Es war eine sehr illustre Gesellschaft. Wir zogen zunächst nach Breslau – dort stand unser Regiment, Reiter 7 –, von dort ging es dann in die Dresdner Gegend. Gleich zu Anfang in Breslau hatte mein Mann einen schweren Unfall:

er ist von einem Tritt gefallen, erlitt einen Schädelbasisbruch und biß sich ein kleines Stück von der Zunge ab. Das war der Beginn unserer Ehe, eine sehr schwere Zeit. Dann bekam ich meinen ersten Sohn – der Umzug war schon in vollem Gange –, und in Meißen wurde dann der zweite Sohn geboren. Das war 1936. Dann folgte Kriegsakademie in Berlin. Dann kam Hannover. 1941 räumten wir dort unsere Sachen zusammen und gingen wieder nach Salzburg. Hier wurde dann mein dritter geboren, zu einer Zeit, als schon die ersten Luftangriffe auf deutsche Großstädte erfolgten.

Wie entwickelte sich in all diesen Jahren Ihr politisches Denken? Würden Sie sich eher als eine unpolitische Frau bezeichnen, oder machten Sie sich Sorgen?

Wir gehörten zu den Leuten, die sich von Hitler faktisch etwas versprachen, und waren von der ganzen Entwicklung sehr angetan. Wir fanden es zum Beispiel auch ganz nett, wenn wir mit unserem deutschen Wagen an einer Tankstelle in Österreich vorfuhren und der Tankwart uns zu Ehren das Horst-Wessel-Lied pfiff. Von Hitler erhoffte man sich, sagen wir einmal, den richtigen Weg. Erst die Röhm-Affäre im Juli 1934 ließ einen aufhorchen. Damals entstand ein Klima, das einen mißtrauisch machte, von da an hat man die Ohren gespitzt.

Können Sie ein Beispiel geben?

Die meisten Dinge habe ich ja erst nach dem Krieg erfahren, aber je mehr die Zeit fortschritt, desto besorgter war man, sich nicht laut zu äußern. Mein Mann wußte natürlich sehr viel durch seine Stellung bei Canaris. Wenn wir vertraulich miteinander sprachen, legte er dann plötzlich ein Kissen auf das Telefon, oder er bat mich, im Ort korrekt mit Heil Hitler zu grüßen, damit ich nicht auffiel. Ich wußte genau, wer im Ort »Verstöße« meldete. Am schlimmsten war es, wenn Balten uns besuchten und davon schwärmten, wie wunderbar alles sei; da mußte man sehr auf der Hut sein, ihnen nichts von der Wirklichkeit zu erzählen, weil es ihnen unglaubhaft erschienen wäre und ihnen außerdem hätte schaden können. Es ging ja immer gleich ums Ganze. Und so war man stets besorgt, daß andere nicht das erfahren, was man selber inzwischen wußte. Ich mußte auch vorsichtig sein wegen meiner Mutter, die nicht unterrichtet war. In meiner Familie kam noch hinzu, daß einer meiner Brüder sich kommunistisch orientiert hatte und 1938 nach Kuba emigrierte.

Wann haben Sie zum ersten Mal den Namen Hitler gehört?

Das war Anfang 1929. Mein Stiefvater, mein ältester Bruder und ich hatten eine große Reise nach Ägypten gemacht – wir waren ein halbes Jahr unterwegs –, und auf dem Rückweg war mein Stiefvater in Rom mit einem Fräulein Hanfstaengl verabredet. Da habe ich den Namen Hitler das erste Mal gehört; ich wußte nichts damit anzufangen, aber irgendwo im Hinterkopf habe ich mir den Namen damals notiert. Mein Stiefvater hat dann sehr bald beschlossen, daß man auf diesen Mann aufpassen müsse; im Gegensatz zu uns, meinem Mann und mir, hat er sich nie auf die Nationalsozialisten eingelassen und ist keinen Moment in diese neue Ära hinübergegangen. Ich weiß noch, daß er nach 1933 seine Postkarten mit einem großgeschriebenen »Heil Hitler« begann. Wenn wir bei ihm am Tisch saßen, waren mein Mann und ich mit politischen Äußerungen sehr zurückhaltend.

Dieses Fräulein Hanfstaengl, war das die Schwester von Hitlers Pressechef?

Ja, die Schwester von Putzi. Sie hatte einen unglaublichen Bekannten- und Freundeskreis. Einmal habe ich mit dem Sohn Churchills an ihrem Tisch gesessen. Ich kann menschlich nichts Nachteiliges von dieser Frau sagen und schulde ihr viel Dank. Im übrigen glaube ich nicht, daß sie eine passionierte Nationalsozialistin gewesen ist.

Sie sagten, daß Sie und Ihr Mann in gleicher Weise Hoffnungen an Hitler knüpften. Hängt das vielleicht auch damit zusammen, daß Sie als Balten anfälliger waren als viele andere? Gerade in den sogenannten Grenzmarken fand Hitler ja besonders starken Zulauf.

Ich glaube in der Tat, daß nicht viele Balten die Möglichkeit hatten, die Zusammenhänge zu verstehen. Wir sind herrlich als Nazissen durch die Gegend gewandert und haben uns vieles von Hitler versprochen. Seit den Tagen der Revolution von 1905 stand den Balten der Bolschewismus mit all seinen schrecklichen Zerstörungen drohend vor Augen. Mein Mann, der nach dem Ersten Weltkrieg bei der Befreiung von Riga in der baltischen Landeswehr gegen die Bolschewisten gekämpft hatte, wußte nur allzugut, was einen erwartete, wenn man den Bolschewisten in die Hände fiel. Seine eigene Mutter war von den Roten als Geisel genommen und mit vielen anderen Verwandten bis nach Sibirien verschleppt worden. Auf Grund dieser Erfahrungen beklagte mein Mann später immer wieder, daß die Deutschen nicht konspirativ seien. Er meinte, wenn man aus Rußland komme und mit den Bolschewisten zu tun gehabt habe, dann verstehe man das Handwerk, aber die Deutschen könnten so etwas nicht. Ich weiß, daß er Stauffenberg für den Fähigsten hielt. Erzählt hat er mir natürlich nichts.

Sie wußten also gar nichts?

Nichts. Manchmal kam er auf Durchreise kurz hier in Salzburg vorbei. Dann schlief er hier, und einmal fragte er mich am Morgen, was er eigentlich anziehen solle, Zivil oder Uniform. Da richteten sich meine inneren Ohren auf, und ich fragte mich, was das wohl bedeute. Ich sagte aber nichts. Als er zwei Tage später in guter Stimmung aus Wien zurückkehrte, fragte ich ihn, ob das, was sie vorgehabt hätten, gelungen sei. Es war gelungen, aber um was es sich handelte, habe ich nie erfahren.

Und auch am 20. Juli wußten Sie nicht mehr?

Nein, nichts. Ich hatte 1944 meinen Jüngsten bekommen und war mit den Kindern vollkommen ausgefüllt. Mein Mann war um diese Zeit oben im Baltikum, ich glaube, seit dem Winter. Ich wußte gar nichts, hörte nur am 21. Juli, daß ein Attentat stattgefunden haben sollte. Ein oder zwei Tage später rief jemand an, der mir einen Gruß von meinem Mann bestellte. Also nahm ich an, daß er am Leben war. Aber wieder einen oder zwei Tage später kam dann die Nachricht vom Tod meines Mannes, in Form eines Beileidstelegramms von einer Verwandten aus Königsberg.

Ihr Mann hat am 23. Juli 1944 Selbstmord begangen. Die Gestapo war bis zu diesem Tag offensichtlich noch nicht dahintergekommen, daß er in die Verschwörung eingeweiht war.

Das weiß ich nicht. Später habe ich von einem Freund erfahren, daß mein Mann, als er vom Fehlschlag unterrichtet wurde, eine Maschine bestellte, um in die Heimat zu fliegen und dort an der Front zu fallen. Diese Maschine war von Soldaten umstellt worden. Deshalb ging er in den Lehndorffschen Wald, um sich selbst das Leben zu nehmen.

Um näheres zu erfahren, wandte ich mich an die SS: Ich hätte ein Telegramm bekommen, daß mein Mann umgekommen sei, und wüßte gern näheres. Die SS hat wohl erst nach meiner Anfrage Erkundigungen über meinen Mann eingezogen und mich dann abholen lassen; sie waren wohl ziemlich enttäuscht, daß sie aus mir nichts herausbekamen. Das Ganze spielte sich in Himmlers Hauptquartier ab, ein paar hundert Meter von hier.

Sie meinen Hitlers »Berghof«?

Nein, Himmler hatte die frühere Villa der Trapp-Familie gegenüber vom Bahnhof Aigen bezogen, das war eine Art Nebenhaus unseres Anwesens. Eines Tages erschien sein Generalquartiermeister bei uns und fragte sehr höflich an, ob es möglich sei, Himmlers Zug auf ein Nebengleis zu schieben, das auf unserem Grundstück lag; das sei wichtig für die Tarnung. Glücklicherweise fiel mir prompt eine überzeugende Antwort ein: Es sei mir klar, sagte ich, daß man uns nicht zu fragen brauche, aber da man uns schon frage, wolle ich zu bedenken geben, daß eine solche Aktion für meine Buben in höchstem Maße aufregend sei, und man könne ihnen schlecht verbieten, überall voller Stolz davon zu berichten. Auch würden wohl die vielen Soldaten, die dann bei uns aus und ein gingen, mit unseren Hausmädchen anbändeln, und das sei für mich als Hausfrau nicht sehr angenehm. Ich weiß noch, daß mein Ältester und ich tagelang SS-Dienstgrade studierten, um uns auf diese Invasion vorzubereiten. Zum Glück hat sich die Sache dann zerschlagen.

Wie ging es für sie nach diesem erschreckenden Telegramm und dem Gespräch mit der Gestapo weiter? Wurden sie dann in Sippenhaft genommen?

Ja, irgendwann Ende Juli, Anfang August wurde ich abgeholt. – Und noch etwas. Das gehört eigentlich gar nicht hierher, aber ich will es doch erwähnen. Als ich nach dem Tod meines Mannes seine Aktentasche ausräumte, entdeckte ich ein Kästchen mit Patiencekarten, und obenauf lag die Herz-Dame. Und als ich jetzt vor zwei Tagen zur Vorbereitung auf unser Gespräch alles noch einmal durchging, hatte ich plötzlich wieder diese Herz-Dame in der Hand. Ich bin kein Anhänger solcher Art von Geschichten, aber es ist die Wahrheit. Irgendwie bilde ich mir ein, daß er mir diese Karte in die Hand gab.

Das deutet auf große Verbundenheit. Was bewegt Sie, wenn Sie an Ihren Mann denken?

Ich habe es immer als einen unerhörten Segen empfunden, daß sie ihn nicht anrühren konnten. Wenn er der Gestapo in die Hände gefallen wäre, das wäre unerträglich für mich gewesen. Sein Freitod war für mich ein unerhörter Trost, und ich war dem Schicksal dankbar, daß er die Kraft dazu aufgebracht hatte.

Hatten Sie damit gerechnet, mit seinem Tod, meine ich?

Das geht nicht, mit so einem plötzlichen Ende rechnet man nicht. Ich weiß noch, wie erschrocken ich war, als ich eines Tages in seinem Portemonnaie ein Viertel von einer Rasierklinge entdeckte. Da kann man schnell drei und drei zusammenzählen, zumal man ja wußte, welche Methoden von der Gestapo angewendet wurden.

Was wäre anders gewesen, wenn Sie mehr gewußt hätten?

Es gab sehr viele Dinge, die mein Mann schon auf Grund seiner beruflichen Stellung nicht mit mir besprechen konnte. Wenn ich nichtsahnend irgendwelche heiklen Fragen stellte, wußte er mich immer abzulenken, so daß ich die Sache nicht für besonders wichtig nahm. Aber im Laufe der Jahre hatte ich immer häufiger das Gefühl, bis hierher und nicht weiter, und da er mich sonst gern an allem teilnehmen ließ, spürte ich sehr schnell, »Achtung, Gefahr«.

Hätten Sie rückblickend nicht gern mehr gewußt oder auch mehr getan?

Das kam gar nicht in Frage. Es gab ja genügend Leute für diese Aufgaben, und außerdem war ich bis obenhin eingedeckt; das fing schon mit den Futterfragen an.

Wenn Sie mehr gewußt hätten, hätten Sie dann versucht, Ihren Mann zurückzuhalten?

Bestimmt nicht. Einmal, in einem Moment großer Sorge, habe ich ihn gefragt, ob er sich nicht krankschreiben lassen und in ein Krankenhaus legen lassen könnte. Aber das hat er weit von sich gewiesen. Ich ahnte, daß auch ein Krankenhaus Gefahr für ihn bedeutete. Er sagte: »Wenn Du wüßtest, was in Krankenhäusern geschieht...«

Wie würden Sie Ihren Mann charakterisieren?

Ich habe nie wieder einen Mann getroffen mit so viel Charme, mehr kann ich nicht sagen. Frauen waren sehr geneigt, mit ihm zu flirten. Ich habe ihn 1932 in Hannover kennengelernt, und er gefiel mir enorm, aber ich wäre niemals auf die Idee gekommen, daß ich ihn kriegen könnte. Freunde fanden jedoch, daß wir sehr gut zusammenpaßten, und sie haben wohl auch ein bißchen gekuppelt. Jedenfalls sind wir am nächsten Tag Arm in Arm gesichtet worden, und das hat sich schnell herumgesprochen.

Ich würde gern noch einmal auf Ihre Verhaftung zu sprechen kommen. Wie haben Sie die Haft, die Umstände der Haft ertragen?

Meine Söhne spielten im Garten, als ich abgeholt wurde. Ich erinnere mich dann zunächst an die unerhört menschliche Gefängnisvorsteherin von Moabit. Das war eine prachtvolle Frau, leider habe ich ihren Namen vergessen. Die größte Gnade, die sie uns erwies, bestand darin, daß sie uns bei Fliegeralarm erlaubte, zusammen zu sein. Und zwar nicht nur die Frauen des 20. Juli, sondern auch Frauen, die aus ganz anderen Gründen eingesperrt waren. Ich erinnere mich an eine Mutter, deren Sohn Butter verschoben hatte, an ein junges Mädchen, das beim Klauen erwischt worden war, und an eine Frau, die bei der Post Dienst machte und dort wohl ein Paket verschwinden ließ. Das waren so die Schicksale damals. Um mich zu beschäftigen, hat man mir einen Korb mit Strümpfen in die Zelle gestellt, dazu gab man mir Stopfzeug, und da habe ich Strümpfe gestopft. Als ich das erste Mal eine Gefängnismatratze sah – eine Strohmatratze, hart wie ein Brett, auf der meine Vorgängerin ein paar Druckstellen hinterlassen hatte –, dachte ich, da kannst du nie drauf schlafen. Aber ich habe geschlafen. Und es ist mir deshalb im Gedächtnis geblieben, weil es mich so erstaunte, daß das möglich war.

Welche von den Frauen des 20. Juli haben Sie in Moabit getroffen?

Eigentlich alle: Marion Yorck, Mika Stauffenberg, Bärbel Haeften, die waren ja alle da. Wenn man sich zum Baden meldete, konnte man mehr oder weniger frei miteinander reden, und so gingen wir möglichst oft zum Baden. Da stürzte man dann aufeinander los, und es sprudelte nur so von Fragen, ob eine Nachricht hätte, ob eine etwas von ihren Kindern gehört hätte und so weiter. Eine Frage vergesse ich bis an mein Lebensende nicht: »Glaubst Du auch«, fragte mich Mika Stauffenberg, »daß man die Kinder zu medizinischen Zwecken gebrauchen wird?« Ich habe versucht, ihr das auszureden, aber als ich zurück in die Zelle kam, arbeitete das natürlich in mir.

Marion Yorck hat mir übrigens auch erzählt, daß man uns möglicherweise umbringen werde. Darauf wäre ich von selbst nicht gekommen. Als ich das von Marion Yorck hörte, hatte ich vor allem den Wunsch, anständig zu sterben, und versuchte mir bildhaft vorzustellen, wie das ist, wenn man den Kopf in die Schlinge stecken muß, und was es heißt, anständig zu sterben. Ich nahm mir vor, stur geradeaus zu gehen und innig zu beten. Dann habe ich aber doch lieber an die Familie gedacht und mich auf das Verhör konzentriert.

Sie saßen nicht lange in Einzelhaft, sondern wurden zu Gräfin Yorck »verlegt«?

Ja, die war unglaublich standhaft. Ich war dabei, als Pfarrer Poelchau ihr den Tod ihres Mannes mitteilte; ich hätte mich am liebsten aufgelöst, aber sie blieb eigentlich ganz ruhig. Marion Yorck war sehr mit Bärbel Haeften befreundet; die beiden verständigten sich durch Klopfzeichen – Bärbel Haeften saß in der Nachbarzelle. Mir war das sehr peinlich, weil ich das Gefühl hatte, zu stören, und so bin ich seelisch auf Fußspitzen gegangen. Andererseits war ich für diese Zellengemeinschaft sehr dankbar, denn mich überfiel oft das Gefühl »durchzudrehen«. Es war schwer, das alles allein zu bewältigen. Ich kann nur sagen, daß ich Herzklopfen hatte und oft Sternchen vor den Augen sah. Es wurde mir immer schwerer, etwas zu mir zu nehmen. Ich bekam dann Zahnweh und durfte deswegen das obere Stockwerk besuchen; dort saß ich stundenlang an der Heizung, obwohl ja Sommer war. Und da steckte mir eine Frau eine Zeitung zu, und aus dieser Zeitung erfuhr ich, daß mein Mann »aus dem Heer verstoßen« war.

Als ich entlassen wurde, schenkte ich einer der Aufseherinnen meinen Schirm. Die war vollkommen perplex, denn das paßte so gar nicht ins Bild. Auf der Fahrt nach Salzburg mußte ich öfter umsteigen und hatte lange Wartezeiten. Das war normalerweise nicht mein Fall. Aber auf dieser Reise habe ich das Wartendürfen in der Freiheit unendlich genossen. Es gab hier in Aigen eine 150prozentige Nazisse, vor der mein Mann und ich immer auf der Hut gewesen waren. Als ich der das erste Mal wieder begegnete, grüßte ich sie übertrieben freundlich und sagte: »Sie wissen, daß ich nicht mit Heil Hitler grüßen darf?«

Sie durften nicht mit Heil Hitler grüßen?

Nein, als ich entlassen wurde, wurde mir gesagt, ich sei nicht würdig des Deutschen Grußes. Und so ein junger, eleganter Mann vom SD drohte mir, ich solle zu Hause nur nicht anfangen, Trauer zu tragen. Solche Dinge sagten sie einem.
Diese Nazisse war übrigens im Mai 1945 die erste, die bei mir anklopfte und einen »Persilschein« wollte. Habe ich selbstverständ-

lich abgelehnt; ich würde ihr nicht schaden, aber ich würde auch nicht für sie lügen, habe ich gesagt.

Wurden Sie mehrmals verhört?

Ich wurde ein einziges Mal verhört. Hinterher habe ich mich furchtbar geniert, daß ich mich dazu herabgelassen hatte, einen dieser Kerle um eine Zigarette zu bitten. Ich hätte mich dafür verhauen können. Es war nur aus Nervosität. Ich saß auf dem Flur und mußte warten, bis ich an die Reihe kam.

Was war mit Ihren Kindern geschehen?

Ich wußte nichts von ihnen. Als ich nach etwa zwei Monaten entlassen wurde und nach Salzburg zurückkam, zeigte mir meine Mutter einen Brief Himmlers, in dem es hieß, daß die Untersuchung abgelaufen sei und abzuwarten bleibe, ob ich nicht auch in das Komplott verstrickt gewesen sei. Der Schwiegersohn habe sich ja bereits selber gerichtet – das war der Ausdruck, den sie benutzten. Die Kinder, hieß es in dem Schreiben abschließend, würden an sie, die Großmutter, überstellt. Da zählte ich dann die Stunden, und immer wenn es klingelte, sauste ich wie der Blitz zur Tür. Eines Tages standen sie dann da, und alles war wie selbstverständlich.

Was haben die Kinder von dem Zwangsaufenthalt im Kinderheim Bad Sachsa erzählt?

Sie bekamen dort den Namen Braun. Man hat ihnen Schauergeschichten erzählt, damit sie nicht weglaufen, aber ansonsten wurden sie wohl nicht schlecht behandelt. Meine beiden Älteren fanden dort sofort Anschluß und Freunde. Wir waren kaum zusammen, da stürzten die Buben über mich und sprudelten mit Namen heraus von Kindern, mit denen sie zusammengewesen waren, Stauffenberg, Hansen...

Haben Sie mit Ihren Kindern über den Tod des Vaters geredet?

Habe ich nicht getan.

Die Kinder haben auch nicht gefragt?

Bis heute nicht. Ich warte eigentlich noch immer. Die wissen sehr wenig von dieser Zeit. Ich habe öfter gedacht, ich sollte ihnen einmal mein Leben mitteilen, indem ich anfange, auf Tonband zu sprechen. Aber man kommt ja nicht dazu. Man möchte sie auch der eigenen Familie nicht wegnehmen. Und wenn sie mich besuchen, gibt es doch so viel anderes zu reden. Es wäre denkbar, daß die Beschäftigung mit der Vergangenheit mir hilft, aber ich bin mit Gegenwart reichlich eingedeckt.

Und unmittelbar nach dem Krieg?

Da waren die Kinder im Internat, und außerdem habe ich mich gehütet, mit ihnen über Dinge zu sprechen, die sie nicht hätten verstehen können und bei denen sie überfordert gewesen wären. Auch wollte ich sie nicht deprimieren. Nur eins ist ihnen wahrscheinlich klar, daß ich ihren Vater sehr geliebt habe, das wissen sie bestimmt.

Die Jüngeren haben ja ihren Vater im Grunde auch kaum gekannt?

Mein Jüngster war beim Tod meines Mannes noch nicht einmal ein Jahr alt. Ich erinnere mich, wie mein Mann ihn einmal mit so einem traurigen Ausdruck anschaute, überglücklich über das Kind, das da im Wagen hüpfte. Das werde ich nie vergessen, wie der ihn ansah. Das war wenige Wochen vor dem Attentat.

Wie denken Sie heute über den 20. Juli?

Ich glaube, niemand wird es mir verübeln, wenn ich sage, daß der 20. Juli für mich in erster Linie das Ende des Zusammenseins mit meinem Mann bedeutet. Und danach war mein wichtigstes Ziel, meine vier Söhne nach Kräften zu unterstützen, damit etwas aus ihnen wird. Und es scheint mir, sie haben ihr Ziel erreicht.

Brigitte Gerstenmaier, geb. von Schmidt

Brigitte Gerstenmaier wurde 1911 als Tochter des Rittergutsbesitzers Georg von Schmidt und seiner Frau Else, geb. Zwingenberger, auf der estnischen Insel Oesel geboren. Bei Ausbruch des Ersten Weltkriegs wurde sie mit ihren Eltern und ihren Geschwistern als Deutsche nach Jaroslaw verbannt; 1919/20 floh die Familie nach Hohenstein/Ernstthal in Sachsen, wo der Vater das theologische Examen nachholte und Pastor wurde.

Nach dem »Einjährigen« – d. h. der Mittleren Reife – im Altenburger Stift absolvierte sie in Berlin eine Ausbildung als Fürsorgerin, wo sie 1938/39 auch Eugen Gerstenmaier begegnete – als ihrem Dozenten. 1941 heirateten sie; 1943 wurde ihre erste Tochter geboren, Cornelia.

Eugen Gerstenmaier wurde 1906 als Sohn eines Werkzeugmachermeisters in Kirchheim Teck in Schwaben geboren. Nach der mittleren Reife und einer kaufmännischen Tätigkeit holte er 1931 das Abitur in Stuttgart nach und studierte Philosophie und Theologie in Tübingen, Rostock und Zürich; seine Habilitation von 1935 beschäftigte sich mit dem Verhältnis von Kirche und Schöpfung. Er erhielt aus politischen Gründen keine Lehrerlaubnis für die Universität.

1936 arbeitete er unter Bischof Theodor Heckel als wissenschaftlicher Hilfsarbeiter im kirchlichen Außenamt in Berlin, das keine offene Kritik am nationalsozialistischen Regime übte; Gerstenmaier nahm daraufhin Verbindung zum Ökumenischen Rat in Genf auf. Während des Kriegs bemühte er sich um die geistliche Betreuung von Kriegsgefangenen und Zwangsarbeitern. 1939 wurde er zum Konsistorialrat und zum Leiter des Ökumene-Referats im Außenamt befördert. Schon zu Beginn des Krieges traf er als Mitarbeiter für besondere Aufträge der Abteilungen Information und Kulturpolitik im Auswärtigen Amt auf Hans-Bernd von Haeften und Adam von Trott, die ihn 1942 in den Kreisauer Kreis einführten.

Dort nahm er nicht nur zu kirchenspezifischen Themen Stellung, sondern beteiligte sich auch an verfassungs- und außenpolitischen Pla-

Brigitte Gerstenmaier mit ihrem Sohn Albrecht in den fünfziger Jahren

Eugen Gerstenmaier Anfang der fünfziger Jahre

Die Familie Gerstenmaier 1959: in der Mitte Eugen Gerstenmaier, zu seiner Linken die Tochter Cornelia und der Sohn York, zu seiner Rechten seine Frau Brigitte und sein jüngster Sohn Albrecht

nungsdiskussionen des Kreises; außerdem bildete er die Kontaktstelle zu wichtigen Vertretern der Ökumene im Ausland und zu dem württembergischen Landesbischof Theophil Wurm, dem Wortführer der evangelischen Kirche im Kampf gegen den Nationalsozialismus. Politisch stand er dem eher konservativen Peter Graf von Yorck sehr nahe. Nachdem seine Berliner Wohnung 1943 ausgebombt worden war, zog er zu Yorcks in die Hortensienstraße, in der die meisten Treffen der Kreisauer stattfanden.

Noch am 20. Juli wurde Gerstenmaier in der Bendlerstraße verhaftet. Am 11. Januar 1945 verurteilte ihn der Volksgerichtshof unter dem Vorsitz von Roland Freisler zu sieben Jahren Zuchthaus; im April 1945 wurde er von den Amerikanern aus dem Gefängnis in Bayreuth befreit.

Im selben Jahr wurde er Leiter des von ihm gegründeten Hilfswerks der evangelischen Kirchen in Deutschland, das im Ausland für Sympathie und Beistand für die Deutschen warb; er gehörte außerdem zu den Gründern des »Hilfswerks 20. Juli«, das sich um die Hinterbliebenen des Widerstands verdient machte. Brigitte Gerstenmaier bekam 1947 ihren Sohn Albrecht, 1950 ihren Sohn York.

1949 wurde Eugen Gerstenmaier Abgeordneter der CDU im Bundestag in Bonn und 1954 Bundestagspräsident. 1969 mußte er von seinem Amt zurücktreten; man kritisierte ihn wegen Wiedergutmachungsleistungen auf Grund von Benachteiligungen in der Zeit des Nationalsozialismus.

Seit dem Tod ihres Mannes lebt Brigitte Gerstenmaier mit ihrer Tochter in Oberwinter in der Nähe von Bonn.

Würden Sie sagen, daß Sie Hitler gehaßt haben?

Ja, und zwar von Anfang an. Ja! Ich habe mir alle möglichen Kenntnisse verschafft, soweit ich konnte. Als ich zum ersten Mal wählen durfte – das war 1932 –, kaufte ich mir ein paar Nummern des »Angriffs«, und was in diesem braunen Blatt zu lesen war, genügte mir ein für allemal. Da stand schon viel darin, was ich idiotisch fand. Vor allem ging es gegen die Juden, aber auch »Slawen gleich Sklaven«. Auch über »Mein Kampf« habe ich mich damals informiert, mutterseelenallein. Kein Mensch hat das ja sonst gelesen. Angesichts dieser Ideen und der Macht, die diese Ideen erlangten, habe ich nachgedacht, wie man davon wieder frei werden kann.

Damals machte ich eine Ausbildung zur Fürsorgerin, und die Mädchen meiner Schule gingen hin und wieder zu irgendwelchen Naziveranstaltungen; die meisten kamen dann immer ganz verklärt zurück und fanden den Hitler fabelhaft. Ein sehr nettes Mädchen sagte: »Du mußt aber doch soviel Disziplin haben, daß wir auch dabei zusammenhalten.« Aber ich konnte nichts daran finden und kam mir vor wie ein Nashorn bei Ionesco: Das muß an mir liegen, daß ich nichts kapiere, dachte ich, denn alle fanden das bravourös. Ich fand seine Stimme ebenso abstoßend wie das, was er sagte. Andererseits war es natürlich so, daß Hitler es fertigbrachte, die Karre aus dem Dreck zu ziehen.

Und davon haben sich ja Millionen Deutsche blenden lassen . . .

Ja. Ich hatte zum Beispiel eine Kusine, deren Mann, ein wunderbar nordisch aussehender junger Hüne, im Grunde wider Willen zum Luftwaffenadjutanten bei Hitler ernannt wurde. Die beiden waren öfter bei Hitler eingeladen, und meine Kusine war vollständig fasziniert. Anscheinend war die Aura der Macht für viele unwiderstehlich, nicht nur für Frauen. Ich dachte immer, bei mir muß wohl ein Defekt vorliegen, daß ich das nicht kapiere. In dieser Frage wußte ich mich eins mit meinem Mann, und das war mit ein Grund zu heiraten.

Wann haben Sie Ihren Mann kennengelernt?

Das war gegen Ende des Jahres 1938. Ich hatte mich für einen Katechetenkurs an meiner sozialen Frauenschule in Berlin eingetragen. Als der Dozent Gerstenmaier den Vorlesungsraum betrat, fiel mir auf, daß er nicht so lang war, wie ich das von meinen Brüdern gewöhnt war, aber daß er wunderschöne Augen hatte. Und was er sagte, leuchtete mir sofort ein. Man merkte gleich, daß er mit den Nationalsozialisten nichts im Sinn hatte. Auf dieser Basis haben wir unsere ersten Gespräche geführt und waren uns sehr schnell einig. Ich lernte dann seine Freunde kennen, die mich so weit akzeptierten, daß ich bei vielen Gesprächen dabeisein durfte.

Wie würden Sie die Rolle Ihres Mannes im Widerstand beschreiben?

Oh, er war ein großer Formulierer und ein nachdenklicher Stratege. Er vermochte sich immer etwas vorzustellen. Dieses Talent, zu formulieren und Pläne und Ziele in konkrete Anordnungen umzusetzen, war in Kreisau sehr gefragt. Die Entwürfe, die sie vorbereiteten, betrafen natürlich allesamt die Zeit nach Hitlers Tod. Für mich selbst dachte ich manchmal, daß die Kreisauer da über Dinge reden, die meilenweit von der Wirklichkeit entfernt sind. Bisweilen war mir das sogar etwas unheimlich.

Mit anderen Worten: Die Kreisauer machten sich mehr Gedanken über die Neuordnung als über die Frage, wie die Voraussetzungen dafür geschaffen werden könnten. Was wäre Ihrer Meinung nach anders gelaufen, wenn die Vorstellungen der Kreisauer nach dem Krieg mehr berücksichtigt worden wären?

Es wäre sicher vieles anders gelaufen, obwohl es unter Adenauer nicht schlecht lief. Der war ein kluger Mann, voller Mutterwitz, unendlich erfahren in der Frage, wie man mit Oppositionen fertig wird. Fritzi Schulenburg wäre sicher jemand gewesen, der viel auf die Beine gestellt hätte. Auch andere, aber es ist müßig, über diese Dinge nachzudenken. Das Hauptproblem hätte darin bestanden, die Deutschen davon abzubringen, für alles, was nicht so gut lief, die »Mörder Hitlers« verantwortlich zu machen. Das hat Moltke schon richtig gesehen, daß die Deutschen, instinktlos und spinnig, wie sie im Durchschnitt sind, eine neue Dolchstoßlegende erfunden hätten. Die Deutschen sind eben von alters her ein Untertanenvolk.

Wie standen Sie selbst zum Attentat?

Für mich war es keine Frage, ob es aus christlicher Sicht verboten war oder nicht, einen solchen Großverbrecher zu töten; das Problem war nur, daß man die Tat von keinem Menschen verlangen konnte. Nicht jeder will sich selbst zum Opfer bringen. Dennoch sind genug aufgestanden und haben es versucht. Aber der Kerl hat sich immer irgendwie zu retten gewußt. Der Teufel schützte ihn.

Schließlich kam es so, daß mein Mann nicht verhindern konnte, daß auch ich die schrecklichen Nachrichten von den Judenverfolgungen erfuhr. Er hatte mir nichts gesagt von dem, was auch schon vor Auschwitz passierte; das hörte ich von den anderen und erst danach von ihm, soweit das Ausmaß damals erkannt wurde.

Was wußten Sie über Auschwitz?

Zunächst war das ein unbekanntes Wort. Ich wußte nur, daß die Menschen nicht etwa an die Arbeit gebracht, sondern umgebracht wurden. Aber das habe ich erst sehr spät erfahren.

Haben Sie selbst gelegentlich auch den Wunsch gehabt, aktiv einzugreifen?

Nun, es war ein langer und komplizierter Weg, den Eugen und ich gingen. Wir dachten oft, wenn wir Hitler ermorden könnten, würden wir vielleicht unser Leben dafür hingeben. Dieses Gefühl teilte ich durchaus; als ich dann jedoch mein erstes Kind erwartete, hatte ich keine Lust mehr, draufzugehen. Außerdem koche ich sehr mäßig, und der Kerl, dachte ich, läßt bestimmt alles vorschmecken, bevor er etwas ißt.

Solche Phantasien hatten Sie also?

Ja, ich dachte an Vergiften, denn anders wäre ich ja gar nicht an ihn rangekommen. Ich war damals jung und sah mit meinen langen rötlichen Haaren sehr nordisch aus; Fremde dachten dann auch, ich müsse eine Nazi sein. Aber zunächst einmal hätte ich mit jemandem anbändeln müssen, den ich gar nicht kannte, und das konnte ich nicht. Im Grunde war ich eine ganz gewöhnliche Hausmieze, die ab und zu ein Baby kriegte.

Erinnern Sie sich an die eine oder andere Aktion, an der Sie konkret beteiligt waren?

Im Frühjahr 1943 bot ich im Kreis unserer Freunde an, Nachrichten über die Geschwister Scholl und die Hintergründe der »Weißen Rose« in die Schweiz zu befördern. Da man an den Grenzen sorgfältig durchsucht wurde, war das nicht ganz risikolos. Diese Aufgabe hat dann Hans Schönfeld übernommen. Mehr fällt mir eigentlich nicht ein.

Wie ist für Sie der 20. Juli abgelaufen?

Am Tag zuvor waren wir aus dem Urlaub in Kärnten zurückgekommen. Nachdem wir im November 1943 völlig ausgebombt worden waren, hatte Eugen eine Bleibe bei Peter Yorck gefunden. Wir fanden dort am 19. Juli einen Brief von Peter vor, daß morgen der Tag X sei, und daß er selbst von Weimar aus direkt in die Bendlerstraße fahren werde. Wir sollten warten. Er rief dann am Nachmittag des 20. an, das Attentat hätte stattgefunden, Stauffenberg sei dort, und mein Mann solle kommen. Mein Mann steckte seine Bibel in die eine Tasche und eine Pistole in die andere, ich brachte ihn zur Straßenbahn, und er fuhr zur Bendlerstraße. Das war das letzte, was ich von ihm sah – elf Monate lang –, wenn man die Besuchserlaubnis nicht zählt.

Wie ging es dann weiter?

Ich wußte nicht, ob mein Mann noch lebt, und ging in die Prinz-Albrecht-Straße ins Gestapo-Hauptquartier. Dort hörte ich, daß Eugen noch lebte und daß Dr. Neuhaus in der Meinekestraße für ihn zuständig sei. Bei dem war ich dann öfter und habe mir große Mühe gegeben, schön zu lügen. Am 25. Juli morgens besuchte ich Adam von Trott; der lag noch im Bett. »Brigitte«, sagte er, »sie kennen uns alle.« Am gleichen Tag wurde er selber festgenommen, wie ich später von Clarita hörte. Ich war eigentlich überall, lief von Pontius zu Pilatus, sprach bei Staatsminister Meißner vor und war mehrfach im Volksgerichtshof. Einmal begegnete ich dort im Treppenhaus dem Freisler, der mich argwöhnisch und verdutzt anschaute und dann in einer Tür verschwand. Ich hätte ja eine Pistole haben können! Die meiste Zeit verbrachte man freilich damit, zu hoffen, auch wenn man völlig ins Leere hinein hoffte. Ich weiß noch, wie ich mich einmal an die Küchenschrankwand lehnte und dachte: Also gut, man muß es eben hinnehmen; aber am nächsten Tag versuchte man schon wieder irgend etwas und hoffte, gegen alle Vernunft. Als ich nach langen Wochen des Harrens meinem Mann zum ersten Mal etwas zu essen bringen durfte – er saß im SS-Gefängnis Lehrter Straße –, nahm ich belegte Brötchen mit und steckte unter die Wurst ein Stück Seidenpapier, das ich mit winzigen Buchstaben eng beschrieben hatte. Ich packte es so in Cellophan ein, daß man sehen konnte, wie das Brötchen aussah. Ich habe furchtbar viel gebetet, daß der lange Knuth – das war der Leiter – das Brötchen nicht durchschnitt. Er tat es nicht, sondern er sah mich freundlich an und reichte mein Brötchen weiter.

Was stand auf dem Kassiber?

Nun, vor allem, wer noch lebte, damit man bei Aussagen über Lebende Vorsicht bewahrte, außerdem, in welchen Fragen besondere Wachsamkeit geboten war. Ich weiß nicht mehr, was ich genau darauf schrieb – das, was mir in diesem Moment wichtig schien.
Ich habe alles mögliche gemacht, um für meinen Mann etwas herauszuschlagen, und vielleicht hat es geholfen. Freisler wollte dem Ehepaar Sündermann einen Gefallen tun. Sündermann war Hitlers oberster Pressechef und mit einer sehr netten, ganz unpolitischen Österreicherin verheiratet. Die wiederum war befreundet mit meiner reizenden Schwägerin, Eugens Schwester, Hanna Schwarz. Freisler schwärmte wohl etwas für Frau Sündermann,

oder er verehrte sie. Jedenfalls hat das Ehepaar Sündermann Freisler am Tag vor der Verhandlung gegen meinen Mann – irgendwie hatten wir erfahren, wann das sein würde – zum Abendbrot eingeladen und ihm erzählt, daß mein Mann ein weltfremder Theoretiker sei, dem es vollkommen fern liege, etwas gegen die Nazis zu unternehmen. Freisler hatte die Akten und wußte es besser, aber er wollte Sündermanns einen Gefallen erweisen. Kurz nach der Verhandlung hat er bei Liesl Sündermann angerufen und gefragt, ob er es richtig gemacht habe. Er hatte ihn milde behandelt.

Wohnten Sie damals noch immer in der Yorckschen Wohnung?

Nein, die war von der Gestapo versiegelt worden. Ich wohnte bei einem Freund meines Mannes am Südende Berlins, in der letzten Straße von Lichterfelde. Das Gefängnis Tegel, wo mein Mann seit September untergebracht war, liegt, wie Sie wissen, ganz im Norden Berlins, und die tägliche Fahrt quer durch die Stadt und der lange Fußmarsch waren eine abenteuerliche Sache. Abends ging ich meist zu Pfarrer Poelchau und seiner Frau, die Freya von Moltke und mich mit einer Kanne Tee aufwärmten, das war herrlich. Wir tauschten dann die Briefe aus – mein Mann schrieb, genau wie Helmuth von Moltke, jeden Tag. Diese Verbindung war eine große Hilfe für uns. Ich erinnere mich noch genau, wie ich am Abend des 11. Januar 1945 zu Poelchaus kam, angstvoll und zitternd – es war der letzte Tag der Verhandlung gegen Moltke und meinen Mann, Delp und andere –, und wie mir Freya von oben die Tür aufmachte und durchs ganze Treppenhaus rief: »Sieben Jahre, Brigittchen!« Das war das Urteil für meinen Mann, ihr eigener war zum Tode verurteilt worden.

Gräfin Moltke gratulierte Ihnen, während ihr eigener Mann gerade zum Tode verurteilt wurde? Eine bewundernswürdige Haltung. Wann haben Sie Ihren Mann wiedergesehen?

Anfang Februar war er von Berlin aus in das Zuchthaus Bayreuth überstellt worden. Sein Glück war es, daß die Akten nicht mitkamen. Das Zuchthaus war eine staatliche Einrichtung der guten alten Art, nur gänzlich überfüllt. Mein Mann mußte dort Kartons kleben. Das war auf jeden Fall besser, als weiterhin der Gestapo ausgeliefert zu sein. Nach der Befreiung durch die Amerikaner im Mai kam er nach Wiesbaden, lernte dort Eric Warburg kennen, und der stellte ihm einen amerikanischen Leutnant mit Jeep zur Verfügung, so daß sich mein Mann frei bewegen konnte. Er fing sofort an, gemeinsam mit Schönfeld das evangelische Hilfswerk aufzubauen. Ich selbst bin im März 1945 von Mecklenburg mit drei kleinen Kindern, zwei Schwägerinnen und dem armen, alten Großvater sechs Tage und Nächte quer durch Deutschland gefahren, bis wir das Vaterhaus meines Mannes in Kirchheim/Teck erreichten. Auf dieser »Reise« wurde noch mein Koffer geklaut – mit allem Schmuck, mit Erinnerungen und Briefen und dem Nötigsten zum Anziehen. So stand ich da, in einem Sommerkleid mit einem schäbigen Pelzmantel darüber. Aber das Allerwichtigste hatte ich gerettet: eine Aktenmappe mit den Briefen meines Mannes aus Tegel und seinem Bericht über die Verhandlung vor dem Volksgerichtshof, die ich in diesen Wochen des Chaos Tag und Nacht um meinen Hals trug.

Ihr Mann hat sich nach dem Krieg sehr für das Erbe des Widerstands eingesetzt und verschiedene Initiativen ergriffen.

Natürlich, im Hilfswerk und dann als Abgeordneter. Aber er war ja nie in seinem eigenlichen Metier tätig. Der Traum seines Lebens war es gewesen, Professor für Theologie oder Philosophie zu werden. Da war er wirklich fabelhaft, er konnte einem aus dem Stegreif ein Kolleg über Leibniz oder andere Philosophen halten. Außerdem hat er sich immer für Außenpolitik interessiert. 1954 wurde er Bundestagspräsident, weniger aus Neigung als aus Loyalität zu Konrad Adenauer. Für Eugen bedeutete dies einen Verzicht auf die eigentliche politische Arbeit; im übrigen hielt Adenauer die Zügel der Außenpolitik fest in der Hand. Dennoch hat Eugen das Amt des Bundestagspräsidenten geprägt – und das mit einem Bruchteil des heutigen Apparats.

Was waren Ihrer Meinung nach die Gründe dafür, daß der Einfluß Ihres Mannes nach dem Krieg beschränkt blieb?

Mein Mann wurde schon früh verleumdet. So wurde behauptet, daß er seine akademischen Titel zu Unrecht trage. Das konnte widerlegt werden. Dann wurde ihm die aus diesem Prozeß resultierende Wiedergutmachungszahlung wahnsinnig übelgenommen. Dabei hatte er fast alles gleich wieder verschenkt. Insgesamt war es eine Viertelmillion DM gewesen, davon hat er DM 150 000,- an ein Erziehungsheim gegeben, und stattliche Summen an andere. Aber das alles half ihm nichts. Der »Spiegel« machte eine große Kampagne daraus – es war ja vor der Wahl –, wie geldgierig dieser Mann sei. Zu allem Überfluß kam dann auch noch dieses Pamphlet aus der Ostzone auf den Markt. Das ging schon ins Abstruse, denn darin wurde behauptet, mein Mann sei ein Gestapospitzel gewesen. Das war schlimmer als alles andere, diese Behauptung, daß mein Mann, der sich – mit einem genagelten Stock auch noch – hatte prügeln lassen müssen, ohne auch nur das Geringste preiszugeben, ein Verräter gewesen sei. Er wurde damals eben kein bißchen weichgemacht. Man konnte solche Verleumdungen natürlich nicht auf sich beruhen lassen, aber es fing alles immer wieder von vorne an.

Ich frage Sie jetzt ganz direkt: Haben Sie etwa gegenüber Gräfin Yorck oder Freya von Moltke Schuldgefühle gehabt, weil deren Männer umgekommen sind und Ihr Mann lebte?

Nein, warum sollte ich Schuldgefühle haben? Mein Mann war ja bereit, mit den anderen zu sterben, wenn es denn so hätte kommen sollen. Nein, Schuldgefühle hatte ich nicht, aber es war natürlich nicht leicht, besonders für Eugen, die Freunde zu verlieren. Wichtig für mich war, daß mein Mann niemanden verraten hatte, und wichtig war mir vor allem der Zuspruch von Freya, die, wenn ich so sagen darf, mit mir glücklich war, weil ich Hoffnung haben konnte. Sie freute sich mit mir, obwohl sie das schwere Schicksal hatte, ihren Mann zu verlieren.

Im übrigen hat mein Mann sehr früh dafür gesorgt, daß den Witwen des 20. Juli eine Rente gezahlt wurde, was ohne ihn sicher nicht so schnell gegangen wäre. Die meisten von ihnen hatten ja mehrere Kinder, zum Teil noch kleine Kinder.

Auch das »Hilfswerk 20. Juli« ging auf die Initiative Ihres Mannes zurück.

Ja, er gehörte zu den eifrigsten Befürwortern einer solchen Stiftung. Das ganze endete freilich für ihn mit einem großen Krach. Denn als dieses ostzonale Pamphlet auftauchte, hat sich das Hilfswerk in keiner Weise für meinen Mann verwendet. Viele Leute haben es anscheinend sehr genossen, daß ein Mann, der bis dahin als Ehrenmann galt, plötzlich unmöglich gemacht wurde. Das war, wie ich schon sagte, die schlimmste Phase in unserem Leben, beinahe schlimmer als der Tod. Mein Mann ist damals schweren Herzens aus dem Hilfswerk ausgetreten. In solchen Situationen fehlten ihm natürlich die Freunde, die nach dem 20. Juli umgekommen waren.

Wie würden Sie Ihren Mann charakterisieren?

Als einen hartköpfigen, außerordentlich begabten Schwaben, mit dem es nicht immer ganz leicht war. Aber wenn es darauf ankam, war alles richtig, was er tat. Wir haben eine nicht immer leichte Ehe geführt, weil er mir zuweilen nicht genug Freiheit ließ. Ich jaulte immer, wenn mir etwas fehlte, das konnte er nicht leiden, denn er selber war wahnsinnig tapfer. Er hatte einen schweren, langsamen Tod und hat sich nie beklagt, sondern hat es immer schweigend erduldet. Er war so imposant in seinem Leiden, diesem unerträglichen Leiden. So war er eben in Wirklichkeit.

Hätten Sie gern eine aktivere Rolle gespielt, bezogen auf den Widerstand, meine ich?

Was hätten wir Frauen denn machen sollen? Mit Fremden konnte man über diese Dinge nicht sprechen. Man konnte doch nicht im Milchladen anfangen, politische Gespräche zu führen. Ich würde also sagen: die Frauen waren aktiv, indem sie eine Herberge boten für die Gespräche, indem sie vertrauenswürdig waren, indem sie nicht mit ihrer Gesinnung hausieren gingen. Das war schon sehr viel, und wenn Sie glauben, daß mehr möglich gewesen wäre, dann sind Sie ein Kind dieser Zeit.

Ich gestehe, daß es nicht ganz leicht ist, sich den Alltag im Dritten Reich vorzustellen. Heute ist der Widerstand gegen Maßnahmen des Staates sehr viel umfassender.

Alles, was heute als Widerstand ausgegeben wird, ist nicht mit dem Widerstand von damals zu vergleichen, das ist lächerlich. In einem demokratischen Rechtsstaat gibt es keinen Widerstand, der auch nur annähernd mit dem Widerstand in einer Diktatur zu vergleichen wäre. Man braucht nicht alles gut zu finden, man kann sich gegen alles wehren, was einem nicht paßt, gegen Atomkraftwerke und Schnellbahntrassen und dergleichen mehr, aber der Widerstand gegen solche Projekte ist gleichsam Bestandteil unserer demokratischen Ordnung.

Sie unterscheiden da sehr streng. Liegt das nicht vielleicht auch daran, daß Sie damals Kopf und Kragen riskierten für das, was Sie taten?

Naja, was taten wir? Wir machten uns Gedanken über die Zukunft, entwarfen ein neues Modell. Das allerdings war bereits ein todeswürdiges Verbrechen. Diejenigen, die wirklich etwas taten, wie Gersdorff, Axel Bussche und vor allem Stauffenberg, die bereit waren, sich gemeinsam mit Hitler in die Luft zu sprengen, die waren die Ausnahme.

Margarethe Gräfin von Hardenberg, geb. von Oven

Margarethe von Hardenberg wurde 1904 als Tochter des Königlich-Preussischen Oberstleutnants Ludolf von Oven und seiner Frau Margarete, geb. von Jordan, in Berlin geboren. Sie wuchs dort mit drei Geschwistern auf. Ihr Vater fiel 1914.

Schon ab 1920 mußte sie zum Unterhalt der Familie beitragen, zunächst als Sekretärin. 1925 erhielt sie ihre erste Stelle im Reichswehrministerium, 1928 wurde sie in geheimer Mission und unter fremdem Namen für sechs Monate nach Moskau versetzt; dort kooperierten Reichswehr und Rote Armee. Von 1930 bis 1935 arbeitete sie wieder im Reichswehrministerium in Berlin, zunächst im Truppenamt, dann bei General von Hammerstein, Chef der Heeresleitung, zuletzt bei General von Fritsch. 1938 ging sie nach Budapest, 1940 als Sekretärin des Militärattachés nach Lissabon. Von dort holte sie Henning von Treschow im Sommer 1943 als Sekretärin des Nachkommandos Heeresgruppe Mitte zurück nach Berlin; für ihn schrieb sie u. a. die den Umsturz vorbereitenden »Walküre-Pläne«.

Henning von Treschow wurde 1901 als Sohn des Kavalleriegenerals i. R. Hermann von Treschow auf dem Gut Wartenberg in der Neumark geboren. 1917 trat er in das traditionsreiche Erste Garderegiment zu Fuß, IR 9, in Potsdam ein; 1918 nahm er an den Abwehrschlachten im Westen teil. Ab 1920 studierte er einige Semester Jura und übte verschiedene kaufmännische Tätigkeiten aus. 1926 heiratete er Erika von Falkenhayn, die Tochter des Kriegsministers und Generalstabschefs des Ersten Weltkriegs, die von Kindheit an die beste Freundin Margarethe von Ovens gewesen war.

Im selben Jahr kehrte Treschow in sein altes Regiment IR 9 zurück. 1936 wurde er in den Generalstab ins Reichskriegsministerium versetzt. In preussisch-konservativem Elternhaus erzogen, lehnte Treschow die Weimarer Republik ab und begrüßte die NSDAP zunächst als eine konservative und nationale Partei mit modernen Zügen, die die »Schmach von Versailles« zu revidieren versprach. Nachdem er der Aufrüstung

Henning von Tresckow

Margarethe Gräfin von Hardenberg 1988 in Göttingen

nach 1933 anfangs zugestimmt hatte, entwickelte sich Tresckow später zu einem strikten Gegner von Hitlers Kriegspolitik und war schon vor dem Ausbruch des Krieges davon überzeugt, daß der Diktator beseitigt werden müsse.

So baute er das Hauptquartier der Heeresgruppe Mitte an der Ostfront, wo er ab 1941 als Erster Generalstabsoffizier mit den Vorbereitungen zum Angriff auf die UdSSR beschäftigt war, zu einem Zentrum des Widerstands aus. Er verschaffte sich Kenntnis von den Kriegsverbrechen und warb gezielt gleichgesinnte, jüngere Offiziere an. Mehrfach scheiterte er bei dem Versuch, die Generalfeldmarschälle von Manstein, von Bock und von Kluge für den Umsturz zu gewinnen. Ab September 1941 verbanden ihn Kontakte mit den konspirativen Kreisen in Berlin um Oberst Oster, um den zurückgetretenen General Ludwig Beck und den früheren Bürgermeister von Leipzig, Carl Goerdeler. Im März 1942 reifte dann der Entschluß zum Attentat, das er mit der Heeresgruppe Mitte ausführen wollte, während der Putsch im Inneren vom Ersatzheer bewerkstelligt werden sollte. Zwei Attentatsversuche im März 1943 mißlangen.

Zeitgleich mit der Versetzung Tresckows in die Führerreserve nach Berlin zerfiel 1943 das Koordinationszentrum der Verschwörung in der Berliner Abwehrzentrale, vor allem durch die Verhaftung Dohnanyis und die Entlassung Osters. Daraufhin leitete Tresckow in Berlin neue Umsturzvorbereitungen ein: Generalstabsplanungen über den Einsatz des Ersatzheeres bei bürgerkriegsähnlichen Unruhen, Deckname »Walküre«, nutzten er und Stauffenberg ab September 1943 für ihre Staatsstreichpläne.

Im Oktober 1943 wurde Tresckow als Regimentskommandeur erneut an die Front gerufen und dort zum Chef des Stabes der Zweiten Armee ernannt. Er forcierte wesentlich die Suche nach einem geeigneten Attentäter, drängte auf die Durchführung des Attentats. Von ihm sind die Worte überliefert: »Es kommt darauf an, daß die deutsche Widerstandsbewegung vor der Welt und vor der Geschichte den entscheidenden Wurf gewagt hat.« Am 21. Juli 1944 hat Generalmajor Henning von Tresckow an der Front den Freitod gewählt.

Margarethe von Oven wurde nach dem 20. Juli 1944 verhaftet und nach zwei Wochen wieder in ihre Dienststelle entlassen, die noch immer eine Verbindung zur Heeresgruppe Mitte bilden konnte. Nach dem Krieg arbeitete sie zunächst ein Jahr in der Schweiz, dann bis 1954 wieder in Deutschland als Sprechstundenhilfe. Danach nahm sie eine Tätigkeit als Mitarbeiterin in der Vermögensverwaltung des Hauses Brandenburg-Preussen an. 1955 heiratete sie Wilfried Graf von Hardenberg, den Bruder von Carl Hans von Hardenberg. Bis zu ihrem Tode am 5. Februar 1991 lebte Margarethe von Hardenberg in Göttingen.

*Mit Henning von Tresckow, Ihrem Vorgesetzten, verband Sie eine
enge Freundschaft, er war der Mann Ihrer besten Freundin. Wann
haben Sie von seinen konspirativen Planungen erfahren, oder hat er
Sie zu einem bestimmten Zeitpunkt eingeweiht?*

Nageln Sie mich nicht auf das Datum fest, ich weiß es nicht mehr
so genau, aber es muß im Sommer 1943 gewesen sein. Ich war in
Portugal, stand mit Henning in Verbindung und erhielt eines Tages einen Brief von ihm, ob ich kommen könnte, er brauche
mich. Da bin ich rübergeflogen.

Wußten Sie, was er meinte?

Ich konnte es mir denken. Er erzählte mir dann von Stauffenberg und weihte mich ein. Ich habe mich innerlich gesträubt, ich
hatte Angst, Hundejungen-Angst. Ich habe zum Himmel gebetet, daß ich mir die Hand breche, damit ich mit Anstand aus der
Sache rauskomme. Ich will das gar nicht beschönigen.

Wovor fürchteten Sie sich?

Das war ganz schlicht die Angst, an den Galgen zu kommen, und
ich hatte doch noch allerhand vor in meinem Leben. Ich war
dem Leben sehr aufgeschlossen, das muß ich wohl so sagen.

Und wie ging es dann weiter?

Nachdem ich mich einmal entschlossen hatte, Henning zu unterstützen, hatte ich die erste Zeit das Gefühl, es könnte gut gehen,
es könnte gelingen, Hitler zu beseitigen. Ich weiß noch genau,
wie ich das erste Mal diesen Befehl getippt habe, der mit den
Worten anfing: »Der Führer Adolf Hitler ist tot...« Da blieb mir
das Herz stehen. Tresckow hat verlangt, daß ich mit Handschu-
hen schrieb, damit das Dokument nicht identifiziert werden
konnte. Es war sehr mühsam, immer wieder das Papier mit den
Durchschlägen einzuspannen.

Wo wurden diese Befehle für den Tag X aufbewahrt?

An verschiedenen Orten. Wenn Fliegeralarm war, nahm ich die Papiere unter den Arm und habe sie irgendwo im Keller versteckt, unter alten Kisten oder hinter Weinflaschen. Einmal war mir sehr ungemütlich zumute: Auf der einen Seite ging Treskow, auf der anderen Seite Stauffenberg und ich in der Mitte, die Mappe mit dem Erlaß »Der Führer Adolf Hitler ist tot« unter dem Arm. Da kamen uns plötzlich SS-Leute entgegen. Ich habe einmal links und einmal rechts geguckt, die beiden Männer waren auch blaß – und das war mir eine gewisse Beruhigung. Das war die Situation, die ich immer gefürchtet hatte, und ich dachte: Jetzt wird's passieren.

Aber es ist nichts passiert?

Nein.

Sie erwähnten eben, daß Sie in Portugal waren. Was haben Sie dort gemacht?

Ich war Sekretärin des deutschen Militärattachés in Lissabon. Drei Jahre habe ich diesen Posten bekleidet. Es war wohl ein Vertrauensposten, den man mir zugeschanzt hatte, weil ich sehr gut mit meinen Chefs stand, denn eigentlich habe ich ja gar keine Fähigkeiten besessen, konnte auch ganz schlecht Sprachen. Heinrich Stülpnagel wurde einmal etwas neidvoll gefragt, warum bekommt Fräulein von Oven denn so gute Auslandsstellen, spricht sie denn so gut Sprachen? Woraufhin er antwortete, nein, sie spricht ein ausgezeichnetes Deutsch.

Wann begannen Sie politisch zu denken?

Als ich zu Kurt von Hammerstein kam; dessen Anschauungen haben mich nachhaltig geprägt. Ich war damals ein junges unerfahrenes Ding, völlig unpolitisch aufgewachsen, in einem männerlosen Haus, und habe mich gar nicht für Politik interessiert. Weil meine Mutter mit vier Kindern alleine dasaß und für eine Ausbildung kein Geld vorhanden war, bin ich ohne Vorbildung direkt in den Beruf. Über Umwege kam ich ins Reichswehrministerium, und da erwachte, eigentlich ohne mein Zutun und ohne mein Wollen, mein politisches Interesse. Ich bin damals übrigens auch ein halbes Jahr in Rußland gewesen – unter falschem Namen. Das war ziemlich abenteuerlich für mich; all die Onkels, die sich für mich verantwortlich fühlten, haben meiner Mutter gesagt, um Gottes Willen, du kannst doch das Kind nicht nach Moskau schicken, da sind doch die Bolschewisten. Die Reichswehr hat damals unter Umgehung der Bestimmungen des Versailler Vertrages Übungen in der Sowjetunion durchgeführt.

War das der »rote Hammerstein«?

Rot wurden sie beide genannt, der eine wegen seiner roten Haare, der andere wegen seiner Gesinnung. Das war meiner, der spätere Chef der Heeresleitung.

Hammerstein trat 1933 zurück. Sein Nachfolger wurde Werner Freiherr von Fritsch. Haben Sie auch unter Fritsch gearbeitet?

Ja, das ging nahtlos über, von Hammerstein zu Fritsch. Dann habe ich noch aushilfsweise bei Blomberg gearbeitet und kurze Zeit auch bei Beck. 1936 bin ich ins Ausland gegangen. Als Brauchitsch kam, habe ich auf Wiedersehen gesagt und bin ins Ausland gegangen.

Generaloberst Beck gehörte schon früh zu den schärfsten Gegnern Hitlers. Haben Sie auch mit ihm politische Gespräche geführt, so wie mit Hammerstein?

Ja, ja, aber Beck war sehr verschlossen. Ich habe ihn menschlich und als Chef sehr verehrt, aber begriffen habe ich ihn erst in der Freundschaft mit Tresckow. Obwohl der zunächst sehr angetan war vom Dritten Reich. Ich erinnere mich zum Beispiel an den Tag von Potsdam, den ich von seiner Wohnung aus sozusagen miterlebte, er wohnte im Eckhaus an der Garnisonkirche. Ich war vollkommen fasziniert und hingerissen. Alle hatten gefürchtet, es würde schiefgehen zwischen Hindenburg und Hitler, und viele waren verzweifelt. An diesem Tag aber kamen die beiden und haben sich die Hand gegeben; es folgte eine Zeremonie in der Kirche, und da hatte man das Gefühl, jetzt wird alles gut. Auch Tresckow war von dieser Begegnung des greisen Reichspräsidenten mit Hitler angetan. Als ich am nächsten Tag in high spirits zu Hammerstein ging und ihm begeistert erzählte, brummte der nur: »Nun sind Sie dem also auch auf den Leim gekrochen.« Hammerstein hat sich nicht täuschen lassen.

Sie genossen das Vertrauen Ihrer Chefs. Für welche Art von Arbeit setzte man Sie ein?

Nun, sie ließen mich teilnehmen, ich wußte vieles. Selbst die sogenannten Chefsachen und die Geheimen Kommandosachen, die eigentlich nur die Herren selbst schreiben durften, wurden mir anvertraut. Damit es glaubwürdig aussah, mußte ich möglichst viele Tippfehler machen. Es war in der Tat eine ausgesprochene Vertrauensstellung, aber eingeweiht im eigentlichen Sinne war ich nicht.

Das wurde erst mit Tresckow anders?

Ja. Als ich aus Portugal zurückkam, im Sommer 1943, verschaffte mir Tresckow eine an sich recht nichtssagende Stelle in der Kaiserallee, im früheren Wachkommando I.
Damit verbunden war die Möglichkeit, in der Bendlerstraße ein und aus zu gehen, ohne Aufsehen zu erregen. Ich übernahm gewissermaßen in Berlin die Vermittlung zur Heeresgruppe Mitte draußen im Feld; ich führte die Telefonate, verteilte die Post, benachrichtigte die Männer, wenn ihre Frauen ein Kind gekriegt hatten, und dergleichen mehr.

Als Tresckow Ihnen eröffnete, daß ein Staatsstreich geplant sei, hatten Sie Angst. Mit wem haben Sie darüber sprechen können?

Ich wohnte mit meiner Mutter zusammen, zu der ich ein sehr enges Verhältnis hatte. Die Bedingung von Tresckow war aber, ich dürfte niemandem, auch meiner Mutter nicht, irgend etwas davon sagen. Meine Mutter hätte auf alle Fälle dichtgehalten, sie stand ganz auf unserer Seite, und wir hätten uns auf sie verlassen können. Daß Stauffenberg und Tresckow von mir verlangten, ich dürfe meiner Mutter nichts sagen, war für mich ein hoher Preis. Diese von mir geforderte Geheimhaltung hat mich im Gefängnis am meisten gequält: Ich mußte meine Mutter, zu der ich ein solches Vertrauensverhältnis hatte, hintergehen. »Das wird sie mir niemals verzeihen«, sagte ich mir immer wieder, »daß ich das allein abgemacht habe.« Das war furchtbar, das hat mich mehr bedrückt als die Vorstellung, daß mir möglicherweise der Tod bevorstand. Und dann wurde ich entlassen, aber sie zeigte keine Spur von Verärgerung . »Selbstverständlich durftest du nichts sagen«. Sie hatte volles Verständnis.

Ausgetauscht habe ich mich eigentlich nur mit Henning, aber dem wollte ich das Herz nicht schwerer machen, als es schon war. Sehr viel habe ich mit seiner Frau gesprochen, mit der ich seit meinem sechsten Lebensjahr befreundet war. Sie verbrachte allerdings die meiste Zeit auf dem Land, um den Bomben zu entgehen.

Was wußten Sie von anderen Widerstandsgruppen?

Ich wußte, daß es sie gab, aber wir waren ganz gesondert. Henning begründete das mir gegenüber mit Geheimhaltung, er sagte: »Nie einen Namen nennen, vor allen Dingen den Namen Stauffenberg nie nennen. Der Kreis muß so klein wie möglich sein, sonst kommt es raus.« Ich habe das für notwendige Geheimhaltung gehalten, aber heute beschäftigt mich doch die Frage, ob es nicht besser gewesen wäre, man hätte untereinander mehr Kontakt gehabt. Wenn man zum Beispiel den Kreis um Henning mit den Kreisauern vergleicht, kommt man zu dem Ergebnis, daß die Wurzel die gleiche war. Beide wurzelten tief im Religiösen, aber während Henning zur Tat drängte, warteten die Kreisauer auf den Umsturz.

Wie war denn Ihre Haltung in dieser Frage?

Ich kann nicht beurteilen, welches der richtige Weg war. Sie haben beide von oben gehandelt. Wie ist es möglich, daß Gott dem einen sagt: ohne Gewalt, und den anderen zur Tat zwingt? Ich weiß nur, daß auch innerhalb des militärischen Widerstands die Meinungen hin und her gingen. Stand man einmal kurz vor dem Attentat, dann kam irgendein Zufall, der Hitler in die Hände spielte, so daß die Männer, die fest entschlossen gewesen waren, plötzlich wieder zweifelten: »Dürfen wir einen Mord auf uns nehmen? Ist das nicht ein Fingerzeig Gottes, daß wir doch auf dem falschen Wege sind?« fragten sich manche, nachdem mehrere Attentatsversuche an Kleinigkeiten gescheitert waren. Man war ja immer wieder dicht davor, und dann bekam man einen Schlag aufs Genick. Es sollte wohl nicht sein.

Wie sehen Sie das heute, ein halbes Jahrhundert später? Hing das in Ihren Augen mit der Suggestion zusammen, die von Hitler ausging?

Ja, ich denke wohl. Henning hat mich manchmal gefragt: »Was meinst du, wird die Masse Mensch mit uns mitmachen, oder wird sie sich uns in den Weg stellen?« Und dann gab er sich gleichsam selbst die Antwort, indem er sagte, er glaube, wenn das Radio erst einmal vierundzwanzig Stunden andersherum gehe, bekäme man die Masse auch in die Hand. Am 20. Juli ist es freilich gar nicht erst dazu gekommen, daß man das hätte überprüfen können. Die Tatsache, daß Hitler so schnell wie möglich über Rundfunk sprechen wollte, bestätigt Hennings Prognose indirekt.

Können Sie Ihre Rolle im Widerstand kurz beschreiben?

Nun – das möchte ich hier einmal betonen –, ich war Schreibhilfe, eine bessere Schreibhilfe, und deshalb will ich mich auch nicht unter die Frauen des 20. Juli einreihen. Gut, ich habe auch meinen Buckel hingehalten, das schon, aber verstehen Sie, daß ich da einen Unterschied mache, zwischen Freya, Marion...

Ich glaube, daß alle Frauen ihren Teil dazu beigetragen haben, und ich denke...

Ja, mein Teilchen habe ich schon beigetragen, aber ich möchte das nicht unterstrichen haben.

Das ist eine Bescheidenheit, die Sie ehrt, aber Tatsache bleibt doch, daß man Sie ins Vertrauen ziehen konnte, daß man sich sicher war, Sie würden dichthalten und mitmachen.

Ja, das konnte man schon, auf mich war Verlaß, aber das war auch schon alles.

Das ist schon sehr viel in einer so extremen Situation.

Aber ich glaube, Sie verstehen, in welchem Sinn ich das meine.

Ich verstehe genau, was Sie meinen, aber ich finde das zu bescheiden.

Ich habe die Poststelle verwaltet, die Verbindungen hergestellt. Wie nannte das Henning? »Warenhaus für kleines Glück. Du bist das Warenhaus für kleines Glück.« Wenn jemand ein Federbett benötigte oder eine Salbe gegen das Reißen oder wissen wollte, wie es seiner Frau ging, dann wurde eben telefoniert. Also, das waren wirklich ganz harmlose Sachen. Allerdings weiß man ja nie, wie andere das sehen. In der Kaiserallee gab es zum Beispiel einen Werkmeister namens Schmadke. Ihm unterstanden alle Telefonleitungen zwischen Berlin und den Heeresgruppen, ein wichtiger Mann also. Er war ein Urberliner, erschreckend häßlich und ordinär, herzerfrischend ordinär, ein Kommunist, dem das linke Herz auf der rechten Seite schlug. Damit hat er manchem von uns wohl das Leben gerettet. In seiner Pfiffigkeit durchschaute er nämlich mehr, als wir ahnten; er hörte die Flöhe husten und hat blitzschnell kombiniert. Am 21., also am Tag danach, empfing er mich in der Früh: »Ick würde man heut nich in die Bendlerstraße gehen.« Und von da an ertönte bis zum Ende täglich, ja stündlich seine warnende Stimme: »Ick würde jetzt man nich auf dem und dem Apparat telefonieren«, oder: »Ick würde jetzt man den und den Ausgang benutzen.« Schmadke wußte genau, welche Apparate abgehört und welche Portale bewacht wurden. Diese Gunst kam der Heeresgruppe in mancherlei Weise zustatten. Dabei war Schmadke eine richtige Giftnudel. Henning hatte mich darauf vorbereitet: »Der Werkmeister legt sich mit jedem an, mit dem wirst du nicht fertig werden.« So kann man sich in einem Menschen täuschen. Das Erstaunliche aber war, daß Schmadke all die Monate, die er Hilfestellung leistete, nicht ein einziges Mal eine Andeutung machte, daß er Bescheid wußte. Als ich aus dem Gefängnis entlassen wurde und zum ersten Mal wieder ins Büro kam, stand da ein großer Blumenstrauß auf dem Schreibtisch. Das war Schmadke, ein Engel mal anders. Der hat mir sehr geholfen, dieser ordinäre kleine Giftzwerg.

Das kann ich genau sagen. Das Datum des ersten Attentatsversuchs vom 11. Juli stand ja schon ein paar Tage vorher fest, die Pläne waren fix und fertig. Da hat Henning gesagt: »In den Tagen, wo das passiert, will ich dich nicht in Berlin haben. Das Attentat ist Männersache. Da will ich dich raushaben. Wenn wir dich brauchen, schicke ich dir ein Flugzeug. Geh doch acht Tage auf die Elmau. Da bist du doch immer gern gewesen.« Ich hatte strikten Befehl, zu bleiben, bis ich gerufen würde. Am 20. Juli früh wachte ich auf und empfand eine merkwürdige Unruhe. Ganz egal, sagte ich mir, jetzt fährst du nach Berlin. Also setzte ich mich in den Zug. Bei München gab es einen ziemlich heftigen Fliegerangriff. In München bestieg ich dann den Nachtzug, und während ich so ein bißchen einnicke, sagt plötzlich ein Mann neben mir laut und deutlich: »Stauffenberg... Attentat... Vorsehung... kleine Clique... alle umgelegt.« Das waren so die ersten Worte. Ich hatte in meiner Handtasche Briefe von Henning. Ich bin aufs Klo gegangen und habe die Briefe sofort zerrissen und weggespült. Als ich in Potsdam ausstieg, überlegte ich, ob es sinnvoll wäre, in die Tresckowsche Wohnung zu gehen. Meine Mutter und ich wohnten ja in der Tresckowschen Wohnung, nachdem unsere eigene ausgebombt worden war. Meine Mutter war zu der Zeit in Schlesien. Es hilft ja alles nichts, sagte ich mir, du mußt jetzt in die Tresckowsche Wohnung. Verbergen hat keinen Sinn. Also schleiche ich mich ran an den Burggrafenplatz und gucke immer: Stehen schon Autos vor der Wohnung, ist irgend etwas verdächtig? Ich renne in die Wohnung, schließe auf, schreie: »Wer ist da?« War aber niemand da. Die Nacht war furchtbar. Bei jedem Auto zuckte man zusammen und dachte, jetzt kommen sie. In der Nacht ruft mich Berndt von Kleist vom Stab der Heeresgruppe Mitte an, um mir mitzuteilen: »Tresckow ist gefallen. Fahren Sie bitte nach Neu-Hardenberg und besprechen Sie dort, wer seiner Frau die Nachricht überbringen soll, Sie oder Hardenberg, das überlasse ich Ihnen. Nehmen Sie sich den Dienstwagen.« Da bin ich am 22. Juli morgens rausgefahren nach Neu-Hardenberg, habe mich mit meinem späteren Schwager besprochen – damit keiner mithören konnte, gingen wir im

Park spazieren –, und Hardenberg hat mir genau erzählt, was in der Bendlerstraße am 20. losgewesen war. Er bat mich, ich solle Frau von Tresckow die Nachricht überbringen. Das tat ich und bin noch am selben Tag wieder zurück, um im Büro zu vernichten, was zu vernichten war. Dann kam das Begräbnis von Tresckow, noch mit vollem Zeremoniell.

Ahnten Sie denn, daß sich Tresckow das Leben genommen hatte?

Als mich Kleist anrief, habe ich geglaubt, Henning sei gefallen. Das gehört zu den glücklichen Fügungen, dachte ich, zu den Dingen, die von oben geleitet sind. Es war dumm von mir. Aber das war wohl ein Schutz, der mir geschickt wurde. Ich habe es geglaubt, und ich war dankbar, daß ich es meiner Freundin aus vollem Glauben überbringen konnte, so daß wir beide sagten: Gott sei Dank, was ist ihm für eine Gnade geworden. Erst allmählich ist mir aufgegangen, daß das so wohl nicht stimmen konnte. Zunächst jedoch bin ich unter dem Schleier des Glaubens gewesen, daß ihn ein gnädiges Geschick getroffen habe.

Und wie haben Sie dann die Wahrheit erfahren?

Henning hatte sich ja von Schlabrendorff verabschiedet, und eines Tages stand es dann auch in der Zeitung, Tresckow gehöre auch zu den Verrätern. Sie haben ihn exhumiert und seine Asche verstreut. Frau von Tresckow, Eta, war auf dem Lande, ich war in Potsdam in der Tresckowschen Wohnung; Eta telegraphierte mir, ich solle zu Mark gehen – das war Tresckows ältester Sohn und mein Patenkind – und ihm die Nachricht beibringen. »Ich will nicht, daß er es von anderen erfährt.« Das war für mich einer der schwersten Momente, denn die Kinder, die ich auf der Beerdigung zuletzt gesehen hatte, ahnten natürlich nichts. Mark war bei der Flak in Finkenbuch, ich rief seinen Vorgesetzten an, einen Oberleutnant, und fragte ihn, ob er mir den Tresckow für ein paar Stunden freigebe. »Gott sei Dank«, sagte der Oberleutnant, »daß Sie rauskommen; ich dachte schon, ich muß es ihm selber sagen. Er weiß es noch nicht.« Also bin ich nach Finkenbuch gefahren, und bei einem Spaziergang im Finkenbuchenwald habe ich es ihm gesagt. Da guckte er mich mit seinen blauen

Augen an, ganz strahlend, und sagte: »Tante Övchen, das stimmt nicht, Vater bricht seinen Eid nicht.« Ich war wie gelähmt. Wie bringst du es fertig, fragte ich mich, daß der Junge die Achtung vor seinem Vater behält; ich konnte ja nicht die Karten auf den Tisch legen, konnte nicht sagen, Vater hat die und die Gründe gehabt, denn dann wären wir alle an den Galgen gekommen. Ich bin dann jeden Tag zu ihm rausgefahren, und auf langen Spaziergängen habe ich versucht, ihm die Motive seines Vaters nahezubringen. »Weißt Du«, sagte ich, »ich könnte mir denken, daß Vater dies und das gedacht hat«, und es war imponierend, zu sehen, wie schnell der Junge begriff und wie gründlich er es verarbeitete. Eines Tages telegraphierte mir Eta und bat mich, den Jungen für ein paar Tage zu mir zu nehmen, da sie nicht wolle, daß er mit ihrer Mutter zusammenkomme. Etas Mutter war eine Vollnazisse, »die Verräter, die Verräter«, schimpfte sie immer wieder. Ich rief Mark an und sagte ihm, um was mich seine Mutter gebeten hatte. Da meinte er: »Ach was, ich kann jetzt zur Großmutter gehen. Das macht mir gar nichts aus.« Da hatte er die Sache bereits so verarbeitet, daß das ganze Gerede von der Verräterei an ihm abprallte.

Wie alt war der Junge damals?

Er ist 1927 geboren, also siebzehn. Ein ganz entzückender Junge. Eta hat nie wieder ein Wort von ihm gehört. Wir wissen nur, daß er zu einem Himmelfahrtskommando abkommandiert wurde.

Sie waren zu jener Zeit wahrscheinlich häufiger mit Henning von Tresckow zusammen als seine Familie, sie haben ihn häufiger gesehen und gesprochen.

Das kann ich eigentlich nicht sagen. Naja, dadurch, daß Eta mit den Kindern viel auf dem Lande war, dadurch schon. Aber ich bin ja auch mit den Kindern sehr zusammengewachsen, mit Uta vor allem und mit Rüdi.

Wie haben Sie Tresckow in Erinnerung? Wie würden Sie seinen Charakter schildern?

Er war eine unerhört mitreißende Persönlichkeit. Er hatte eine unglaubliche Gabe, auf einen einzugehen und einen für sich einzunehmen. Er hatte etwas – wie soll ich sagen? Kennen Sie Bilder von ihm? Er übte einen sehr starken unmittelbaren Einfluß aus, er hatte großen persönlichen Charme, Charme und Überzeugungskraft. Man vertraute ihm.

Haben Sie ihn bewundert?

Bewundert ist nicht der richtige Ausdruck. Ich habe unerhörte Achtung vor ihm gehabt, unerhörte Achtung. Nun haben wir uns auch sehr nahegestanden.

In der Literatur wird er als ein sehr unbedingter Charakter, als geradlinig und aufrecht geschildert, mit starker preußischer Moral.

Das Preußische war bei ihm sehr ausgeprägt, aber auch seine Liebe zur Natur und die Liebe zur Schöpfung.

Was heißt preußisch für Sie?

Reiß dich zusammen, reiß dich mal ganz schnell zusammen, ja? Disziplin, die Sache über die Person stellen. Viele haben Tresckow für ehrgeizig gehalten, und bis zu einem gewissen Grade war er das auch. Aber nicht in einem negativen Sinne, nicht mit den Ellenbogen, sondern mit eisernem Willen. Das, was er als richtig erkannt hatte, wollte er auch durchsetzen. Er war sehr hart gegen sich, verlangte von sich unendlich viel. Die Kinderfrau von Uta hat uns nach dem Krieg erzählt, daß er sich abends Wasser in die Badewanne laufen ließ, nur damit es am Morgen möglichst kalt war. So war er: hart bis zum Äußersten gegen sich selbst, aber unendlich fürsorgend für andere. Einmal wurde ich schwer krank und hatte ziemliche Schwierigkeiten; er saß mitten in der Offensive und sagte: »Du, wenn du willst, komme ich rübergeflogen.« So war er auch zu anderen.

Sie sagen, er ist hart mit sich selbst gewesen. Aber sein Gesicht drückt doch eigentlich etwas Melancholisches aus.

Ja, etwas Melancholisches, etwas Trauriges eigentlich. Trotzdem konnte er strahlend sein. Seine Bilder sind oft melancholischer, als er war. Wenn er einen Raum betrat, stand er, ohne daß er es wollte, sofort im Mittelpunkt. Er beherrschte die Menschen. Das tut kein typisch melancholischer Mensch. Einen Zug ins Melancholische, das hatte er, gewiß.

Und er hat immer wieder gezweifelt.

Ja, er hat immer wieder gezweifelt, ob sein Weg der richtige Weg war. Das hat ihn bis zum Schluß sehr umgetrieben. Die vielen Rückschläge, die es gab ... Aber ich höre ihn noch sagen: »Wir können doch nicht auf den letzten Dummen warten.« Der letzte Dumme ist bis heute nicht ausgestorben.

Die jüngeren Tresckow-Kinder gehörten zu denen, die in Sippenhaft genommen wurden. Was wissen Sie darüber?

Oh, ich war diejenige, die den Kindern die Puppen ins Gefängnis gebracht hat. Dann wurden die Kinder von der Mutter getrennt; die Mutter saß im Gefängnis, und die Kinder kamen in ein Kinderheim im Harz. Da wurden ihnen aus den Hemdchen die Namen rausgeschnitten, weil sie nicht wissen durften, wie sie hießen.

Und wie hat die Familie wieder zusammengefunden?

Ich war wieder einmal auf dem Kommissariat, um meiner Freundin ein Paket zu bringen, und da sagte der Kommissar zu mir: »Nein, das Paket für Frau von Tresckow nehme ich nicht mehr an.« Er sagte das mit einem wohlwollenden Schmunzeln und fügte hinzu: »Wenn Sie um sechs Uhr da und da sind, können Sie Ihre Freundin abholen.« Und so war es dann auch: Ich stand vor dem Portal des Gefängnisses, und meine Freundin konnte es gar nicht fassen, daß ich da stand. Wir sind dann zusammen in die Tresckowsche Wohnung, und unmittelbar darauf, so von heute auf morgen, standen plötzlich die beiden Mädelchens vor der Tür.

Ich denke, daß die Kinder schon deshalb besonders an Ihnen hängen,
weil Sie viel vom Vater erzählen konnten.

Ja, die Kinder haben viel gefragt.

Was wollten sie vor allem wissen?

Wir haben viel über die Schmach gesprochen, die einem ange-
heftet wurde. Das hatte mir Henning gleich am Anfang gesagt:
»Du mußt dir im klaren darüber sein, daß kein Schmutz schmutzig genug ist, um nicht auf uns geworfen zu werden.« Das haben
sich, glaube ich, nur wenige klar gemacht. So wie ja auch nur wenige von Anfang an ein Scheitern einkalkulierten. Henning hat
das immer mit einbezogen und mir schon früh praktische Rat-
schläge gegeben, woraus ich ersah, daß er fest damit rechnete,
daß es schiefgehen könnte. Eine seiner Regeln lautete: »Fang so
spät zu lügen an, wie du kannst, lüge bloß nicht zu früh, dann
verhedderst du dich.« Und eine andere Devise lautete: »Lege in
deinen Schreibtisch soviel Liebesbriefe, wie du auftreiben
kannst, denn die Leute von der Gestapo interessieren sich für
nichts so sehr wie für das Privatleben.« Meine Mutter saß daneben, als die Gestapo im August 1944 seinen Schreibtisch durch-
suchte; sie hatte keinen Schimmer und wurde immer gefragt:
»Wer ist denn Ännchen, wer ist denn Mariechen?« Nach eige-
nem Rezept hat Henning lauter Liebesbriefe in die Schublade gelegt. So durchdacht war bei ihm alles.

Was haben Sie bei Ihrer Verhaftung gedacht?

Es ist merkwürdig, auf die Verhöre kann ich mich gar nicht so
genau besinnen. Ich war wie in Trance, weiß gar nicht, was ich
geantwortet habe. Sie können mich jetzt für überschwenglich
halten, aber ich hatte das Gefühl, Henning antwortet für mich.
Plötzlich war die Antwort draußen, ohne daß ich überlegt hatte.
Ich kann es Ihnen heute nicht mehr erklären, aber ich hatte gar
kein Gefühl von Angst; nicht einmal die Frage: »Wie windest du
dich jetzt heraus?« beschäftigte mich. Als ich das Protokoll unterschreiben sollte, war ich über meine eigenen Worte in höchstem Maße verwundert.

Haben Sie den Tod vor Augen gehabt?

Den eigenen? Ja, aber nicht als Schrecken. In dem Moment, wo ich dazu innerlich ja gesagt hatte, ging die Gefängnistür auf...

Wie lange waren Sie im Gefängnis?

Nicht sehr lange, weil sich der Kommissar wohl sagte, die nutzt uns draußen mehr als drinnen. Das stimmte auch, denn in meinem Büro in der Kaiserallee sammelten sich von nun an alle Angehörigen, um Nachrichten auszutauschen. Ohne Herrn Schmadke wäre da manches schiefgelaufen.

Wie sind Sie mit der enormen Anspannung dieser Tage um den 20. Juli zurechtgekommen?

Was einen quälte, das waren die Zweifel, die Frage nach dem richtigen Weg. Ich war glücklich, als ich im Gefängnis saß und die Tür hinter mir zu war. Da war die Spannung vorbei; nun ist es passiert, dachte ich, und wurde ganz ruhig. Im Gefängnis sitzt man da und wartet, was kommen mag. Da kannst du nichts machen, mußt nicht überlegen, ob du nun dieses oder jenes tun sollst. Draußen bei jedem Schritt beobachtet und überall bespitzelt zu werden, das war viel anstrengender, viel schlimmer, als in der Zelle zu sitzen. Das ist so wie ein Staffettenlauf: Man hat seinen Stab abgegeben, nun trägt ihn ein anderer, und man selbst braucht sich nicht mehr den Kopf zu zerbrechen. Man kann sich das nachträglich nur schwer vorstellen, wie wahnsinnig anstrengend und schwierig im Detail der Alltag war. Von heute aus kommt einem alles so selbstverständlich vor. Die junge Generation kann sich das gar nicht klarmachen. Da hat man mit wahnsinniger Mühe – ohne Telefon, ohne Post – einen Termin zustandegebracht, und dann kommt ein alliierter Luftangriff, alles ist kaputt und man fängt wieder von vorn an. Also Nerven hat das schon gekostet. Daß wir nicht mehr ganz gut mit den Nerven sind, ist eigentlich kein Wunder. Ich wundere mich nur, daß wir alle so alt werden. Wir haben zwei Weltkriege hinter uns und werden käsealt.

Wie denken Sie heute über Leute, die es besser hätten wissen müssen?

Sie meinen aber natürlich nicht die, die hinterher immer alles besser wissen! Auch der, der ehrlich sein will, vergißt nämlich manchmal, daß er zwischendrin vielleicht auch mal anders gedacht hat. Ich jedenfalls amüsiere mich über dieses »hab ich ja immer gesagt«. Die haben völlig vergessen, daß sie zwischendurch auch einmal etwas anderes gesagt und geglaubt haben. Also, zu Ihrer Frage: Vielen nehme ich es ab, wenn sie sagen, sie hätten nichts gewußt, aber sehr vielen nehme ich es nicht ab, da mache ich feine Unterschiede. Die ersteren halte ich für dumm, und für die empfinde ich einfach nur Mitleid; so doof möchte ich auch mal sein, sage ich mir dann. Für die anderen aber, von denen ich weiß, daß sie zu feige waren, für die habe ich nur Verachtung. Etwas dazwischen gibt es eigentlich nicht. Für viele, die den Weg zum Widerstand nicht gefunden haben, habe ich allerdings sehr großes Verständnis, denn hätte man selber den Weg gefunden, wenn man nicht Glück gehabt hätte, mit besonderen Menschen wie Hammerstein und Tresckow und einigen anderen befreundet zu sein? Weiß ich nicht, weiß keiner.

Die Frage, ob man für oder gegen Hitler war, sei eine Charakterfrage gewesen, sagen viele. Stimmen Sie dem zu?

Ja, das ist mir jetzt auch in diesem Gespräch wieder klargeworden. Es ist eigentlich merkwürdig, daß ich durch den Widerstand, durch den ich doch monatelang gebrandmarkt war, keine Freunde verloren habe. Normalerweise hätte ja ein Teil des Freundeskreises sofort abfallen müssen. Und so ist mir klar geworden, daß es eben kein Zufall war, daß die Freunde, mit denen ich wirklich verbunden war, für mich Verständnis hatten und keinen Stein auf mich warfen. Ob jemand Nazi oder nicht Nazi war, das hatte einen inneren Grund.

Was empfanden Sie als das größte Unrecht?

Vor allem natürlich die Judenverfolgungen. Als Henning von den Erschießungen hörte, ist er zu Manstein gegangen und hat ihm ganz klar gesagt, was da passiert. Manstein hätte wohl mitgemacht, wenn es gutgegangen wäre – nach dem Motto: Wenn's klappt, bin ich dabei.

Und die Pogrome im November 1938?

Wir hatten ein altes Faktotum, eine Gärtnerstochter von Mutter zu Hause, die uns alle großgezogen hat und die über dreißig Jahre bei uns war – einer der liebsten Menschen, die ich gehabt habe. Als sie in der Zeitung las, daß in ganz Deutschland die Synagogen gebrannt hätten und spontan die Feuerwehr erschienen sei, sagte sie nur: »Spontan erscheint keine Feuerwehr! Die haben das Feuer gelegt!« Mit dem common sense der einfachen Leute hatte sie die Wahrheit erfaßt. Wir anderen hielten uns zunächst an das, was in der Zeitung stand.

Warum kam das Attentat Ihrer Meinung nach so spät, warum sind alle Versuche, Hitler zu beseitigen, gescheitert? Wie sehen Sie das?

Weil sie keine gelernten Meuchelmörder waren, weil sie auf Meuchelmord nicht getrimmt waren. Sie waren diesen dunklen Gewässern nicht gewachsen, diesen Gemeinheiten und Hinterhältigkeiten. Man konnte gar nicht so schmutzig denken, wie die Nazis arbeiteten. Männer wie Tresckow haben unter diesen Bedingungen sehr gelitten, sie waren ja keine Heimlichtuer, eigentlich auch keine Verschwörertypen. Henning lag es, mit offenem Visier zu kämpfen, und daß er immer soviel lügen und verheimlichen mußte, das war seiner Natur gründlich zuwider. Das wird heute viel zu wenig berücksichtigt. Wie oft hat er nicht zu mir gesagt: »Wie ich mich darauf freue, wenn ich mal wieder mit freiem Blick durch die Straßen gehen kann!«

Und doch war Tresckow derjenige, der unbeirrbar zum Attentat trieb. Wie paßt das zusammen mit dem Bild vom Vorsichtigen und Zweifelnden?

Während sie einerseits den Staatsstreich vorbereiteten, mußten sie andererseits ihre Armeen einigermaßen heil durch die Gegend führen – das vereinen Sie mal! Auch hat man sehr geschwankt in der Einschätzung der Chancen des Attentats. In den letzten Wochen und Monaten wurden die Chancen immer geringer, und da habe ich von Henning oft gehört, was ich damals auch weitergegeben habe und was seither vielfach in allen möglichen Formulierungen an anderen Stellen zitiert wurde: »Wir müssen es tun, auch wenn es mißlingt, denn es darf nicht einmal heißen, es ist niemand gegen das Unrecht aufgestanden.« Das ist, glaube ich, die Antwort auf Ihre Frage.

Ein Wort noch über die Zeit nach dem Krieg. Wie war Ihr Leben nach 1945? .

Mühsam. Ich bin ein paar Jahre Sprechstundenhilfe bei einem Landarzt gewesen, es waren sehr schöne und erfüllte Jahre, dann habe ich geheiratet. Ich bin neunzehn Jahre verheiratet gewesen, und da mein Mann mit sehr vielen Leuten aus dem Widerstand befreundet gewesen war, haben wir in dem gleichen Kreis weitergelebt.

Haben Sie sich nach 1945 politisch noch engagiert?

Nein.

Einmal war Ihnen genug?

Ja.

Hatten Sie nach dem Tod Henning von Tresckows das Gefühl, ihm verpflichtet zu sein?

Nein. Ich hatte und habe das Gefühl, meine Aufgabe erfüllt zu haben.

Was sehen Sie heute anders als damals?

Vieles ist untergegangen, zu Recht untergegangen. Vieles hat sich nicht bewährt, anderes dagegen wohl. Das war schon auf dem Treck so: Es bewährten sich die, von denen wir es gar nicht erwartet hatten. Und viele von denen, auf die man glaubte bauen zu können, weinten einem verlorenen Koffer nach. Es hat in diesen Jahren nach dem Krieg eine sehr große Umschichtung gegeben. Und das war auch gut so.

Haben Sie die Nachkriegsentwicklung nicht manchmal bedauert?
Haben Sie nicht manchmal gedacht, daß das Opfer des Widerstands
umsonst war?

Nein, politisch gedacht habe ich gar nicht mehr. Als ich aus dem
Gefängnis zu meiner Mutter in die Wohnung zurückkam, habe
ich gesagt: »Den Rest meines Lebens möchte ich unter dem
Bauch einer Kuh verbringen.« Man hatte eben nur diesen einen
Wunsch, daß der Krieg aufhört, daß die Bomben aufhören. Es
sind nach dem 20. Juli mehr Menschen umgekommen als vorher, das wird oft vergessen. Diese große Freude, als es im Mai
1945 soweit war, die habe ich behalten. Es gibt wenige Abende,
an denen ich ins Bett gehe, ohne dieses Glücksgefühl, du liegst in
einem warmen Bett und kannst liegenbleiben, du brauchst nicht
auf den Alarm zu hören. Dieses Gefühl ist mir bis heute geblieben. Das haben wir Ihnen voraus. Die meisten Menschen ärgern
sich, wenn sie nicht schlafen können; wenn ich nicht schlafen
kann, sage ich mir, habe ich es gut, daß ich im Bett liege und
nicht in den Keller brauche. Das war nicht schön.

Gibt es noch etwas, was Sie sagen wollen, was ich nicht bedacht habe?

Eigentlich nur die Bitte, die ich vorhin schon ausgesprochen habe. Ich mache aus nichts ein Geheimnis, aber ich möchte kein
Kränzchen gewunden haben. Dagegen bin ich allergisch. Ich
kann es nicht leiden, wenn Menschen nachträglich noch was
rausholen wollen, und sei es nur ein Stück Eitelkeit. So nach dem
Motto: Und als man ihn dann wiederfand, da fand man ihn beim
Widerstand. Bitte ersparen Sie mir das.

Freya Gräfin von Moltke, geb. Deichmann

Freya von Moltke kam 1911 zur Welt. Sie wuchs mit zwei Brüdern in Köln auf. Ihr Vater, Carl Theodor Deichmann, leitete dort die Deichmann-Bank, bis er sie 1931 wirtschaftlich nicht mehr halten konnte. Ihre Mutter war Ada Deichmann, geb. von Schnitzler.

Noch vor dem Abitur lernte sie 1929 in dem Kreis der Eugenie Schwarzwald Helmuth James von Moltke kennen, den sie im Oktober 1931 heiratete. Zuvor – 1930 – hatte sie das Studium der Rechtswissenschaften aufgenommen.

Helmuth James von Moltke, 1907 geboren und Urgroßneffe des Feldmarschalls Helmuth von Moltke, wuchs auf dem Gut seines Vaters in Kreisau auf. Schon während seines Jurastudiums – er gehörte zu den Befürwortern der Weimarer Republik – baute er gemeinsam mit seinem Vetter Carl-Dietrich von Trotha, Horst von Einsiedel, Hans Peters und dem Breslauer Rechtsgelehrten Eugen Rosenstock-Huessy die Löwenberger Arbeitsgemeinschaft auf, Treffpunkt von Arbeitern, Bauern und Studenten, die angesichts des Elends der Arbeiter in der Überwindung sozialer Unterschiede Lösungen zur Verbesserung regionaler Probleme zu erarbeiten suchte. 1929 übernahm er das Gut Kreisau von seinem Vater.

1932 übersiedelten Freya und Helmuth James von Moltke von Kreisau nach Berlin. Freya promovierte 1935 zur Dr. jur. und übernahm damals die Bewirtschaftung des Gutes Kreisau; Helmuth James eröffnete in Berlin eine Anwaltspraxis für Internationales Recht und Völkerrecht und ließ sich in England zum Barrister ausbilden. Er leistete juristische Hilfe für jüdische Verfolgte und andere Opfer des Nationalsozialismus. Mit dem Kriegsbeginn 1939 wurde er als Sachverständiger für Kriegs- und Völkerrecht in der Abwehr, Abteilung Ausland, dienstverpflichtet, wo er den Kriegsverbrechen der Nationalsozialisten an Gefangenen, Zivilisten und Juden entgegenzuwirken suchte.

1940 begegnete er Peter Graf Yorck von Wartenburg; damals begannen die regelmäßigen Gespräche und Planungen für einen Staat nach der

Freya und Helmuth James von Moltke 1931 nach ihrer Hochzeit mit Mutter und Schwiegermutter

Freya von Moltke in den dreißiger Jahren

Diktatur. Die sich erweiternde Gruppe wurde später der »Kreisauer Kreis« genannt, weil konspirative Treffen und Tagungen im Herbst 1942 und Pfingsten 1943 in Kreisau stattfanden. Zum inneren Zirkel der Kreisauer Gruppe zählt man etwa 20 Personen; Moltke und Yorck waren jedoch die einzigen, die über alle Kontakte informiert waren. Als Grundprinzipien galten die Lösung vom Nationalstaatsgedanken und die Überwindung des Obrigkeitsstaates sowie die Freiheit der Person und die Menschenwürde; Rechtsstaatlichkeit war dabei Grundbedingung. Ab 1941 erweiterte Graf Moltke den Widerstandskreis laufend, knüpfte Kontakte zu zivilen und militärischen Oppositionellen und lancierte Informationen über den deutschen Widerstand ins Ausland, wobei er alte Kontakte nach England nutzte.

Schon am 19. Januar 1944 verhaftete man Moltke aufgrund einer De-

Helmuth James von Moltke mit Eugenie Schwarzwald

Freya von Moltke in den siebziger Jahren

nunziation. *In den folgenden Monaten trugen einige Mitglieder der Gruppe dazu bei, das Attentat vorzubereiten. Erst nach dem mißglückten Attentat wurde der Kreis von der Gestapo entdeckt. Moltke wurde am 11. Januar 1945 vom Volksgerichtshof zum Tode verurteilt und am 23. Januar in Plötzensee hingerichtet.*

Freya von Moltke blieb mit ihren Söhnen Helmuth Caspar (geb. 1937) und Konrad (geb. 1941) von der Sippenhaft verschont und überdauerte das Kriegsende bis zum Sommer 1945 in Kreisau; sie rettete die Kreisauer Papiere und unzählige Briefe Moltkes. Mit anderen Familienmitgliedern lebte sie von 1947 bis 1956 in Kapstadt, der Heimat ihrer verstorbenen Schwiegermutter, wo sie in einer Behindertenorganisation arbeitete. Dann kehrte sie nach Berlin zurück, um sich der Rassenpolitik zu entziehen, übersiedelte 1960 nach Vermont zu Eugen Rosenstock-

Huessy, der als Professor in Harvard und im Dartmouth College Sozio-
logie und Sprachphilosophie lehrte.
In den letzten Jahren hat sie an der Herausgabe der Briefe von Helmuth
James von Moltke (»Briefe an Freya«) und an weiteren Veröffentlichun-
gen aus den Werken Eugen Rosenstock-Huessys mitgearbeitet.

An welche Gefühle, an welche Bilder erinnern Sie sich, wenn Sie an Hitler denken?

Ich habe ihn in Berlin zweimal gesehen, das muß 1931 oder 1932 gewesen sein, auf jeden Fall vor der sogenannten Machtergreifung. Ein jüdischer Kaufmann, der mit einer Cousine von mir befreundet war, hatte mich zu einer festlichen Filmpremiere eingeladen; es wurde irgendein nationaler Schinken uraufgeführt. Wir kamen etwas zu spät, wurden reingelassen, durften aber unsere Logenplätze noch nicht einnehmen. Es war dunkel. Neben mir, im Schein eines Lichtkegels, der durch die Stoffvorhänge fiel, stand ein Mann, von dem ich nur die Augen sah. Was sind das für schreckliche Augen, dachte ich bei mir. Dann ging das Licht an, und da erkannte ich, es war Hitler. Das war meine erste »Begegnung«, wenn Sie so wollen. Ein paar Tage später habe ich im Hotel »Kaiserhof« eine Bekannte zur Oper abgeholt, und da kam Hitler die Treppe herunter – an der Spitze eines riesigen Gefolges. Nachher saß er in den »Meistersingern«, wie ich.

Empfinden Sie Haß, wenn Sie heute an Hitler denken?

Nein, Haßgefühle kenne ich nicht, und ich empfinde keinen persönlichen Haß gegen Hitler. Ich halte ihn nur für ein schreckliches Verhängnis und bin unglücklich über die Deutschen, die sich haben verführen lassen, die nicht begriffen haben, worum es ging. Vielleicht hätte ich das ohne meinen Mann auch nicht so konsequent gemerkt. Ich hatte anfangs immer das Gefühl, ich könnte nichts machen, obwohl ich die ganze nationalsozialistische Entwicklung grauenhaft fand. Das ist eben der Unterschied zu den Frauen der Roten Kapelle; das waren Frauen, die etwas tun wollten, die nicht ertragen konnten, nichts zu tun. Die Leute der Roten Kapelle allesamt als Kommunisten abzustempeln, trifft die Wahrheit nicht. Ich bedaure, daß ich selbst nicht so weit gegangen bin und sehe das als eine Schwäche von mir. So war ich eben. Ich bedauere das, aber vielleicht wäre ich dann nicht mehr am Leben, und ich bin doch zu sehr eine normale Frau, als daß ich nicht wegen meiner Söhne am Leben bleiben wollte. Im nachhinein bin ich deshalb bereit, diejenigen zu entschuldigen, die sich haben reinlegen lassen, zumal ja von der Hitler-Regierung alles getan wurde, die Untaten des Regimes zu verheimlichen. Die Nazis haben die Deutschen wie Schafe behandelt – ich übertreibe ein wenig –, und diese Art Menschenverachtung, die im Nationalsozialismus lag, die habe ich gehaßt. Aber einen persönlichen Haß auf Hitler oder andere Nazis habe ich nie gekannt. Nicht einmal, als ich erfuhr, daß Helmuth tot war, weil ich verstand, leider verstand: Sie waren der Urfeind. Weil sie Mörder und Vernichter waren. Also war es nur völlig konsequent, einen Mann wie Helmuth umzubringen. Das habe ich immer so gesehen.

Aber haben Sie nicht manchmal mit dem 20. Juli gehadert? Wenn man bedenkt, daß sich Ihr Mann zunächst gegen ein Attentat ausgesprochen hatte und die Kreisauer Planungen vielleicht niemals aufgedeckt worden wären, wenn das Attentat nicht stattgefunden hätte ...

Hader ist ein ganz gutes Wort. Ich habe mit dem Attentat vom 20. Juli manchmal gehadert, das läßt sich so sagen. Aber man muß differenzieren. Mein Mann war gegen das Attentat und hat immer gesagt: »Wir werden es nicht schaffen.« Ich habe jedoch bald eingesehen, daß seinem Tod doch wohl eine höhere Bedeutung zukommt. Er hat am Ende noch sehr schwere Stunden gehabt. Kurz vor seinem Ende hat er mir einmal geschrieben, daß es vielleicht nur sein Tod wäre, was von ihm verlangt werde. Oder wie Sophie Scholl es einmal so schön ausgedrückt hat: »Es fallen so viele Menschen für dieses Regime, es ist Zeit, daß jemand dagegen fällt.« Das hat mein Mann wohl so ähnlich gesehen und akzeptiert. Und insofern habe auch ich nachträglich den 20. Juli akzeptieren gelernt, weil es der Welt gegenüber das einzige Zeichen gewesen ist, daß es in Deutschland Leute gab, die bereit waren, Hitler zu bekämpfen und ihr Leben dafür einzusetzen. Im übrigen sollte man die Bedeutung des Widerstands nicht allzusehr einschränken. Die Ehre Deutschlands und solche

Dinge, davon habe ich nie viel gehalten, solange es im Nationalen blieb. Aber was die Menschheitsgeschichte, das Menschengeschlecht insgesamt angeht, so ist der Widerstand eine wichtige Sache, und da kann auch Helmuth ruhig mit dazugehören. Zu dieser Einsicht habe ich mich bekehrt.

Ihr Mann saß seit dem Januar 1944 im Gefängnis, konnte also von den unmittelbaren Attentatsvorbereitungen nicht unterrichtet werden. Wußten Sie etwas davon, oder ahnten Sie etwas?

Nein, nichts. Nachdem mein Mann verhaftet worden war, hat man mir nichts mehr erzählt. Ich war nicht mehr auf dem laufenden. Der 20. Juli kam für mich aus heiterem Himmel. Ich war in Kreisau und las es am nächsten Tag in der Zeitung. Da wußte ich natürlich sofort, was das bedeutet.

Was ging in Ihnen vor?

Es war schrecklich. Meine Mutter war zu Besuch, ich las es in der Zeitung und war sprachlos. Meine Mutter, die eine sehr tapfere Frau und eine aufrechte Nazi-Gegnerin war, aber natürlich nicht viel wußte, fragte mich: »Betrifft dich das?« Und ich weiß, daß ich zu ihr sagte: »Mit Peter Yorck ist es genauso, wie wenn ich einen Bruder verliere.« Die Frage, die mir fortwährend im Kopf herumging, war, was passiert jetzt als nächstes?

Hatten Sie Angst?

Angst ist nicht das richtige Wort. Ich habe ja die merkwürdige Eigenschaft, die mir sehr viel im Leben geholfen hat – jetzt, wo ich alt bin, merke ich das –,daß ich im Grunde immer vertrauensvoll auf Menschen zugegangen bin. Das hat zur Folge, daß das Gute, das in einem Menschen steckt, und sei es noch so wenig, sofort herauskommt. Wenn man mit Mißtrauen auf die Menschen zugeht, hat das eine schlechte Wirkung. Sogar den Nazis bin ich vertrauensvoll begegnet, indem ich mir sagte, sie werden am Ende wohl doch ein Einsehen haben. Mit diesem Optimismus habe ich versucht, durchs Leben zu kommen. Daß ich mir dabei etwas vorgemacht hätte, kann ich nicht sagen. Ich wußte immer, daß es auf Leben und Tod geht.

Und Ihre Angst?

Ich hatte Helmuths Einsatz von Anfang an mitgetragen, und infolgedessen wollte ich, daß er weitermachte. Ich hoffte, er würde durchkommen, aber nach dem Attentat sah es dann sehr schlecht aus. Es waren natürlich schauerliche Momente, die schlimmsten meines ganzen Lebens, als ich einzusehen begann, daß es nicht gutgehen würde. Ich mußte mich dieser Wahrheit stellen, aber zwischendurch hoffte ich wieder, und so ging es bis zum letzten Tag. Ich klammerte mich an die Hoffnung, daß die Engländer etwas unternehmen oder daß sich die Gestapo für seine Situation interessieren und ihn deshalb nicht umbringen würde. So ging es auf und ab. Aber Angst ist, wie gesagt, nicht das richtige Wort. Eher Spannung, Angespanntheit, Kummer, Sorge.

Sie haben Ihren Mann in der Haft besuchen können. Auch nach dem 20. Juli?

Ja, auch danach. Helmuth war in Ravensbrück inhaftiert, und wenn ich ihn besuchen durfte – einmal im Monat –, wurde er von dort in die Polizeischule Drögen gebracht, von Ravensbrück wenige Minuten mit dem Auto Richtung Berlin. Da kam er mir entgegen und war ganz frei. Wir haben dann miteinander gesprochen, manchmal zwei Stunden; es war ein langgestreckter Barackenraum, und in der Ecke stand eine Eckbank mit Tisch. Ein paar Schritte entfernt saß ein Gestapo-Beamter und schrieb. Irgendwann sagte der dann: »So, jetzt müssen wir wohl wieder zurückfahren.« Er war sehr freundlich, und da er die Briefe, die ich meinem Mann schrieb, las, wußte er sehr gut über die Wirtschaft in Kreisau Bescheid: »Das tut mir sehr leid, daß Sie dieses Jahr so ein Pech mit den Gänsen haben.« Irgendwann sagte ich einmal zu Helmuth: »So schlimm sind die ja gar nicht.« – »Außer, daß sie Fingernägel ausreißen«, gab er zur Antwort. Ihm nicht, Gott sei Dank.

Wie hat Ihr Mann auf das Attentat reagiert?

Ende Juli ging ich zu Huppenkothen, das war der für mich zuständige SS-Führer, und sagte, ich müsse unbedingt meinen Mann sprechen, weil es Schwierigkeiten mit der Wirtschaft in

Kreisau gebe und ich nicht allein entscheiden könne. Das habe ich immer gesagt. Ich nahm dann auch die Bücher und sonstigen Unterlagen mit, aber wir haben natürlich nicht über Buchführung und solche Dinge gesprochen. Huppenkothen gab meinem Antrag statt, und so habe ich Helmuth am 5. oder 6. August gesehen, also zwei oder drei Tage vor dem großen Prozeß gegen Peter Yorck und die anderen. Da hat mir Helmuth gesagt, daß er nicht hinter dem 20. Juli stehe.

Gab es Momente, in denen Sie Ihren Mann für die Kinder und für sich festhalten wollten?

Das haben Sie mich vorhin schon gefragt, das dürfen Sie mich nicht wieder fragen. Das habe ich ganz eindeutig beantwortet. Was mein Mann getan hat, habe ich bejaht von Anfang bis Ende. Ich habe ihm niemals geraten, davon abzulassen, sondern habe ihm zugeredet, weil ich überzeugt war, daß das zur Erfüllung seines Lebens der richtige Weg war, und deshalb habe ich auch seinen Tod auf mich genommen – das muß ich so sagen. Und was das Glück angeht, so habe ich bis zur Verhaftung meines Mannes viele glückliche Stunden mit ihm erlebt. Das war das Beste, was ich hatte auf der Welt. Wenn er für ein paar Tage nach Schlesien kam, dann sind wir stundenlang über die Felder gegangen, und das waren sehr erfüllte Stunden. Oder ich denke an die vielen friedlichen Sonntagnachmittagsstunden mitten im Krieg, in seiner kleinen Berliner Wohnung in der Derfflinger Straße 9; da lasen wir dann meist. Im Widerstand leben bedeutete ja nicht, daß man fortwährend der Gefahr ausgesetzt war, auch wenn das vielleicht von heute so aussieht. Aber solange die Nazis nicht dahinterkamen, was man tat, konnte man doch recht unbehelligt leben. Man kann in solch einer Zeit nur agieren, wenn man das, was man nicht tun darf, das Illegale, als selbstverständlichen Teil des Alltags ansieht. Insofern haben wir so getan, als ob gar nichts passieren könnte. Aber gleichzeitig waren wir sehr vorsichtig.

Ihr Mann hat in seinen Briefen eigentlich immer schon Ahnungen gehabt.

Schon, als ich eine junge Frau war, hat er manchmal zu mir gesagt – das war schrecklich –, er werde nicht alt und er werde in einer Revolution umkommen. Sehr drastisch hat er mir das geschildert, aber das will ich Ihnen nicht wiedererzählen.

Hat Sie das erschreckt damals?

Ja, ich habe es zurückgewiesen und habe gesagt: »Sage doch nicht immer so schreckliche Sachen.« Aber ich hatte immer das Gefühl – leider –, daß es stimmte. Ich habe empfunden, daß es nicht lange dauern werde. Trotzdem kann ich nicht behaupten, daß ich in dieser Zeit einmal gedacht hätte, das ist es nun, jetzt geht es schlecht aus. Da war ein Vorhang davor.

Also nicht der Kurs auf den Abgrund zu.

Nein, überhaupt nicht.

Welche Gründe waren für Ihren Mann ausschlaggebend, ein Attentat auf Hitler abzulehnen?

Das war für ihn eine große Gewissensfrage. Kann die neue Ära mit einem Mord beginnen, nachdem das Morden die Haupttätigkeit der Nationalsozialisten war? Das wurde immer wieder erörtert. Ich erinnere Mierendorff, dem Helmuth sich sehr nahe fühlte. Der sagte einmal lachend zu ihm: »Lange brauchen Sie uns ja nicht zu geben, zwei, drei Tage genügen, und dann kommen Sie zum Zuge. Erst müssen wir mal Ordnung unter all diesen gräßlichen Kerlen schaffen.« Wir, das waren für Mierendorff die Sozialdemokraten und die Arbeiterschaft. Mein Mann hat demgegenüber anhaltend den Standpunkt vertreten, daß ein Umsturz von innen kaum gelingen würde, daß man das besser den Alliierten überließe. Aber mein Mann hat das Kriegsende wohl zu früh veranschlagt. Der Krieg war nach Stalingrad zwar definitiv verloren, aber täglich forderte er neue, schreckliche Opfer. Das Warten auf den Sieg der Alliierten wurde von Tag zu Tag bedrückender, und so diskutierten die Kreisauer oft darüber, was man tun könne, um den Krieg zu verkürzen. Ein erfolgreiches Attentat freilich – und das war der Haupteinwand – hätte die Deutschen nicht davon überzeugt, daß Hitler ein Verbrecher war, der Deutschland ruinierte. Man fürchtete eine neue Dolchstoßlegende.

Obwohl Ihr Mann ein Attentat zunächst ablehnte, trieb er die Staatsstreichplanungen immer weiter voran, wie sich an seiner Enttäuschung zeigte, als die Hoffnungen, die er in den 18. Dezember 1941 gesetzt hatte, fehlschlugen – er hat Ihnen in einem Brief ja einmal davon berichtet. Das ist für mich ein Charakteristikum Ihres Mannes, diese moralische Entschiedenheit auf der einen Seite und eine große demokratische Beweglichkeit auf der anderen.

Ich sehe das ähnlich. Der ganze Mann war ja sehr komplex, wobei ganz strenge Prinzipien und die Fragen der Realität stark ineinandergriffen. Ich sehe darin ein angelsächsisches Erbe. Viele Leute, die ihn nicht verstehen oder nicht verstehen wollen, sagen, er sei in vielem ein Engländer gewesen. Ich habe dem immer sehr energisch widersprochen. Ein Engländer war er nicht, sondern eine interessante europäische Mischung. Das ist auch der Hintergrund für seine realistische Einschätzung: »Wir schaffen es nicht!« Dennoch hätte er sich – davon bin ich überzeugt – der Mehrheit nicht widersetzt, wenn er frei und bei den Gesprächen zur Vorbereitung des Attentats beteiligt gewesen wäre.
Ich bin ja übrigens, von heute aus gesehen, nicht mehr gegen das Attentat. Ich habe allerdings erst spät verstanden, daß, wer das Schwert ergreift – und Hitler hat ja viel Schlimmeres getan, als das Schwert zu ergreifen –, auch ruhig durch das Schwert umkommen soll, daß also das Attentat durchaus zu verantworten ist. Mit meinem Mann habe ich jedoch so nicht darüber gesprochen, ich habe ihm da nicht hereingeredet. Wohl, was den Alltag betraf, da habe ich mich immer wieder durchgesetzt, aber in allen grundsätzlichen Fragen schien er mir in seinem Urteil immer um vieles voraus. Da habe ich auch viel akzeptiert, und das würde ich heute wieder tun. Er war ein fabelhafter Mann, und obwohl ich inzwischen viel feministischer geworden bin, bin ich nach wie vor der Überzeugung, daß ein Leben mit einem hervorragenden Mann eine große Erfüllung für eine Frau sein

kann, und ich bin meinem Mann in vielem gefolgt. Ich habe ihn bewundert und ich habe ihn gleichzeitig kritisiert – er hat dann bisweilen gesagt: Meine Frau, die fällt mir immer in den Rücken. Es war mehr als Liebe, es war auch wirkliche Bewunderung.

Ich habe Ihnen ja bereits erzählt, daß jedes Zusammensein mit meinem Mann ein großes Glück für mich bedeutete. Meistens waren wir freilich getrennt. Aber das bedenke ich lieber nicht, denn man kann sich sein Leben auch rückwirkend zerstören. Aber sobald ich in Frieden mit ihm zusammensein konnte, war ich glücklich. Der Sinn dessen, was er tat, stärkte mich enorm. Ihn selbst natürlich auch; er wurde fast ein anderer Mensch, nachdem er sich einmal entschieden und die Sache in der Hand hatte. Aus einem Menschen, der so lebensunlustig war, daß er sich dem Leben gar nicht erst zuwenden wollte, war ein höchst aktiver Mann geworden.

Er hat unaufhörlich für die gerechte Sache gearbeitet und war manchmal, selten, zufrieden mit dem, was er erreichte, und ich trug daran mit. Aber es war nicht meine Last, sondern seine, das muß ich ehrlich sagen. Heute habe ich freilich ein stärkeres Bedürfnis, zu sagen, was ich damals alles gemacht habe. Wenn man älter wird, die Summe seines Lebens zieht und sozusagen die Ernte einfährt, möchte ich dann schon ganz gerne als »aktives« Mitglied des Widerstandes anerkannt werden, was mir eigentlich bisher nicht gelungen ist. Ich würde mich gern aktiver machen, aber wir alle waren doch mehr die Frauen unserer Männer. Ich habe zwar alles mitgetragen, aber das war doch eine andere Rolle, als sie die Männer hatten. Ich will das mal so formulieren: wenn die Männer geplant haben, haben wir zugehört. Für die Planung haben wir uns nicht kompetent gefühlt. Das gleiche gilt für Marion Yorck – auch sie war von Anfang an dabei – in noch stärkerem Maße, weil Marion keine Kinder hatte und deshalb nicht so eingespannt war wie ich. Ich habe ja mein Leben lang furchtbar viel am Hals gehabt, und Leute, die behaupten, es gäbe nichts zu tun, habe ich nie verstanden. Man muß nur mit anfassen. Das verlangte eben auch mein Mann von mir; der hat mich eigentlich dazu erzogen. Mein Mann hat sich nur ganz selten überfordert gefühlt. Er hatte immer Zeit. Menschen, die sehr viel leisten, haben ja meistens Zeit, denn sie kommen mit der Zeit irgendwie besser zurecht als weniger Begabte.

Aber Sie haben doch das meiste gewußt?

Alles. Es lag ja an meinem Mann, darüber zu befinden, was er mir erzählen wollte, und was nicht. Er war ein sehr verschlossener Mensch und hat mir viele Einzelheiten sicher gar nicht erzählt, Dinge, von denen er das Gefühl hatte, daß sie mich nur belasten und gefährden könnten. Es war unsinnig, mehr zu wissen, als man wissen mußte. Andererseits wollte er mich immer dabei haben und hat mir alles erzählt, was mit den Menschen zu tun hatte. Er hat sie mir sozusagen vorgestellt und dann gefragt: »Was hältst du denn von dem?« Es war wohl so, daß er mir mehr Menschenkenntnis zutraute als sich selbst; ob das stimmt, weiß ich nicht, aber ich habe ein schnelles und sicheres Urteil und meist kann ich mich auf meinen ersten Eindruck verlassen. Und deshalb wollte er immer meine Meinung, und deshalb hat er mir viel erzählt. Aber ich bin überzeugt, daß er mir auch viel verschwiegen hat. Und somit hat er mich geschützt. Ich empfinde es noch heute als eine Ehre, daß er mich in diese Sache mit hineingezogen hat, von Anfang an. Er hat mir explizit die Frage gestellt: Jetzt kommt die Zeit, daß man etwas dagegen tun kann; ich möchte das machen, aber das kann ich nur, wenn du es mitträgst, und ich sagte, ja, das lohnt sich. So hat die Sache angefangen, der Einsatz für das Recht gegen den Unrechtstaat der Nazis. Heute stellt man sich ja unter Widerstand meist etwas ganz Außergewöhnliches, etwas Heroisches vor. Wir selbst haben das Wort Widerstand überhaupt nicht benutzt, sondern haben uns als Gegner des Naziregimes empfunden. Aber wir haben uns überhaupt nicht benannt, sondern wir haben etwas getan. Heute gibt es das Wort Widerstand; und alle Welt diskutiert darüber, was ist bereits Widerstand, und was ist noch nicht Widerstand. Ich meine, daß nicht nur unbedingt das Widerstand ist, was mit dem Tode bestraft wird, sondern daß Widerstand etwas ist, das man üben muß – in der Diktatur genauso wie in der Demokratie. In der Demokratie ist das natürlich ein wenig einfacher. Unter Umständen muß man dafür einmal für einige Zeit ins Gefängnis gehen.

Man tat, was selbstverständlich war, kümmerte sich um den Betrieb, schrieb Briefe und dergleichen mehr. Unsere Lage war die der Gegnerschaft, und darüber dachte man nicht mehr nach. Das war Alltag, der Widerstand war Alltag. Das ist vielleicht die beste Beschreibung. Im übrigen waren wir gar nicht immer so gefährdet, wie das im Nachhinein vielleicht den Anschein hat. Die Tätigkeit meines Mannes im Oberkommando der Wehrmacht war ja völlig legitim. Zwar hat er als Völkerrechtler auch an seinem Arbeitsplatz gegen die Nazis gekämpft, aber dort arbeitete er aus einer sicheren Position, und gegenüber den Nazis war er kolossal geschützt durch seinen Namen. Das muß man wissen. Die Nazis sahen in ihm nun einmal den Rechtsnachfolger des Feldmarschalls von Moltke, was er ja auch war. Und den Feldmarschall, den fanden die Nazis natürlich fabelhaft, da sie Kriegsleute waren. Es ist also nicht so, als ob die ganze Zeit des Widerstandes für uns nur Schrecken gewesen wäre. Das war es nicht, sondern es war ein Leben mit Sinn, und so haben wir es empfunden.

Und doch ist es heute schwer, sich vorzustellen, daß in einer solchen Zeit, in der Denunziationen an der Tagesordnung waren, nichts passiert sein soll, was Sie beunruhigte.

Sie dürfen nicht vergessen, daß Kreisau ein ganz kleines Dorf war. Es gab dort eine latente Sympathie für die Moltkes – das kann man wohl nicht anders ausdrücken –, zumal wir uns überhaupt nicht herrschaftlich aufführten. Die Leute im Dorf wunderten sich wohl, daß wir keine Nazis waren, aber mehr nicht. Ich habe niemals etwas Feindliches erlebt. Wenn ich »guten Morgen« sagte, antwortete der eine oder andere demonstrativ mit einem zackigen »Heil Hitler« – aber das war ja wirklich harmlos.

Heute fragen mich viele, wie es denn möglich war, daß mein Mann und ich täglich solche Briefe wechseln konnten, in denen ja sehr offen gesprochen wurde. Wir konnten den Briefwechsel zwischen Berlin und Kreisau sehr gut kontrollieren; wir wußten genau, wann die Briefe abgingen und wann sie ankamen. In

Kreisau gab es ja nur die Postfrau, die die Briefmarken verkaufte und die Briefe in Empfang nahm, und ihren Sohn, der sie austrug. Und auf die Laufzeit von und nach Berlin konnte man sich ebenfalls verlassen. Die Deutschen sind ja – wie wir alle wissen – tüchtige Leute, und die Post hat bis zum Schluß funktioniert. Im übrigen stand in meinen Briefen ja nur drin, wieviel Milch die Kühe gaben, auf welchem Acker wir gerade mit der Dreschmaschine beschäftigt waren, wie sich das Wetter entwickelte und wie es meinen Söhnen ging – es war ja ein Riesenbetrieb. Alles das interessierte meinen Mann ungeheuer und die Gestapo nicht im geringsten. Die Briefe, die er mir schrieb, konnte ich, wie gesagt, kontrollieren, und nach der Verhaftung meines Mannes habe ich sie in meinen Bienenstöcken versteckt. Ich habe im Krieg nämlich Bienen gehalten, weil wir keinen Honig mehr kaufen konnten. Ich habe diese Briefe als meinen größten Schatz empfunden, und als ich Kreisau verließ, im Oktober 1945, unter verhältnismäßig günstigen Bedingungen, habe ich die Briefe natürlich als erstes gerettet. Ich habe sie dann durch die ganze Welt mit mir geschleppt und erst in den sechziger Jahren begonnen, sie abzuschreiben.

Unmittelbar nach dem Krieg veröffentlichten Sie die beiden Briefe, die Ihr Mann nach seinem Prozeß am 10. und 11. Januar 1945 geschrieben hatte. 1988 erschien dann die umfangreiche Edition »Briefe an Freya«. Die Briefe, die Ihr Mann Ihnen 1944/45 aus dem Gefängnis schrieb, sind freilich bis heute nicht publiziert. Warum nicht?

Weil die mir zu persönlich sind, ganz einfach. Die beiden von Ihnen erwähnten Briefe, in denen die Verhandlung vor dem Volksgerichtshof geschildert wird, gehören ja nicht nur mir, sondern sozusagen der Allgemeinheit. Ich habe das sofort gewußt, und mein Mann erwähnt es auch. Die anderen Briefe aus der Haft dagegen habe ich als meinen eigenen Besitz, als mein Allerpersönlichstes betrachtet. Ich habe auch nicht vor, die Gefängnisbriefe zu veröffentlichen. Einigen ganz wenigen, die sich intensiv mit dem Leben meines Mannes beschäftigen, habe ich die Gefängnisbriefe zu lesen erlaubt. Aber veröffentlichen werde ich sie nicht; diese Frage überlasse ich meinen Söhnen. Gerade weil ich so viel veröffentlicht habe, muß ich etwas im Inneren behalten. Ich habe ja so unglaublich viele Briefe und Unterlagen, und da habe ich mir gesagt, ich will meinen Mann nicht so entblößen. Er blieb immer selber gern im Hintergrund und war sehr verschwiegen. Ich habe schon viel zu viel von ihm preisgeben müssen, da will ich nun nicht auch noch die Gefängnisbriefe publizieren.

Als er nicht mehr lebte, wurde ich noch immer von seiner Größe getragen, von dem, was er mir in den Monaten vor seinem Tode gesagt und geschrieben hatte. Bis der Alltag wieder eintrat, sind Monate vergangen. Von der Verhaftung meines Mannes im Januar 1944 bis zu seinem Tode im Januar 1945 habe ich in gewisser Weise in der Höhe gelebt. Das war ein ähnliches Hochgefühl wie nach den Kreisauer Treffen, wenn wir wieder zu mehreren zusammengewesen waren: Wir werden es schaffen, wir haben fabelhafte Leute um uns gesammelt, wir werden andere gewinnen. Das trug uns. Das war wirklich eine Art Glaubensakt.

In Kreisau kamen ja sehr verschiedene Männer, sehr verschiedene Ansichten und politische Überzeugungen zusammen. Gab es da nicht Differenzen?

Das war sogar wünschenswert. Man fand sich jemandem gegenüber, der ganz anders dachte, der aber auch ein Gegner Hitlers war. Diese Gegnerschaft zu Hitler war das Verbindende. Die Kreisauer haben gesagt, wir müssen uns zusammentun und müssen uns vorstellen, wie Europa nach Hitler aussehen soll. Und damit haben sie sich am Leben gehalten. Es gab sehr viel Freiheit in der Diskussion. Miteinander zu sprechen ist ja überhaupt eine der wichtigsten Voraussetzungen, wenn wir Schwierigkeiten überwinden wollen. Miteinander zu sprechen, über die Zukunft und auf die Zukunft hin, das war es, was der Kreisauer Kreis wollte. Damit unterschied er sich ganz elementar von den Goerdeler-Leuten, die älter und homogener waren und schon Erfahrung in der Weimarer Republik gesammelt hatten. Dahin wollten die eigentlich auch wieder zurück. Mein Mann war davon durchdrungen, daß seine Ideen mit der Zukunft zu tun hatten, während die Vorstellungen von Goerdeler alle aus der Vergangenheit geschöpft waren. Das drückte er mit dem Wort »Goerdeler-Mist« aus, die Goerdeler-Leute schienen ihm reaktionär.

Wie sehen Sie denn die Rolle Ihres Mannes innerhalb des Kreisauer Kreises?

Ich glaube, man kann sagen, die Kreisauer wurden durch ihn langsam ein Team. Das ist etwas, was es in Deutschland nicht sehr oft gibt. Die Deutschen sind keine guten Teamarbeiter; das habe ich allerdings erst gemerkt, als ich in die USA kam, wo das anders ist. Dann war mein Mann davon überzeugt, daß es nach dem Ende der Nazi-Diktatur einen großen Neuanfang geben müsse. Alle seine Fragen zielten darauf ab, was dann wirklich wichtig werden würde. Dennoch war er ja nie ein Intellektueller, kein Theoretiker. Mein Mann war begabt, soviel zu denken, daß er richtig handelte, nicht mehr und nicht weniger. Er war kein Denker im eigentlichen Sinne, sondern ein Handelnder. Durch die frühe Veröffentlichung seiner letzten Briefe ist da ein einseitiges Bild entstanden. Mein Mann hat bei den Kreisauern eine sehr praktische Rolle gespielt, er war, kann man sagen, der Beweger, der Motor, derjenige, der die Sache zusammenhielt. Er hat alle immer wieder angetrieben weiterzumachen. Er hat sie mit Peter Yorck zusammen zu unzähligen Gesprächen ermutigt, darüber nachzudenken, wie der neue Staat aufgebaut werden solle, wie man die Gewerkschaften organisieren könne, was sich an den Schulen und Universitäten ändern müsse. Und wenn einer in Verzug geriet, hat er ihn ermahnt: »Du hast noch nichts geliefert, du mußt nächste Woche deine Vorschläge machen...« Das war die Rolle meines Mannes.

Haben Sie Ihren Mann bewundert?

Ja, ich habe ihn bewundert. Es ist nicht so, daß ich anbetend vor ihm gestanden hätte, aber ich habe ihn immer bewundert. Er war ein wunderbarer Mensch. Verschroben in gewisser Weise, oder sagen wir besser, seltsam, unzugänglich für Menschen, die weiter weg waren. Das war für andere nicht immer ganz einfach. Zu meiner Schwägerin, die ihn sehr geliebt hat, sagte ich nach dem Krieg einmal: »Wir waren doch so lustig.« Und da sagte sie: »Aber nur unter uns.« Das ist vollkommen richtig. Im Kreis der Familie war er vergnügt und hatte einen wunderbaren, etwas bösartigen Humor.

Was waren Ihrer Meinung nach die zentralen Ideen der Kreisauer?

Vieles von dem, was die Kreisauer aufgeschrieben und ausgehandelt haben, klingt heute merkwürdig. Sie standen ja sehr unter dem Eindruck der damaligen politischen Realität, und der Gegensatz zu den Nationalsozialisten hat sie in dem bestimmt, was sie dachten und planten. Daß sie sich inmitten einer schrecklichen Diktatur befanden, muß bei der Beurteilung dessen, was sie planten, berücksichtigt werden, und das ist heute gar nicht so einfach nachvollziehbar. Die Kreisauer gingen zum Beispiel davon aus, daß den Deutschen demokratische Erfahrung, die Übung der Demokratie fehlte. Das bewies auch der Niedergang der Weimarer Republik. Deshalb bestimmte sie die Frage, wie kann man aus den Deutschen in Zukunft Demokraten machen. So haben sie etwas in den Vordergrund gestellt, was heute gar nicht mehr so wesentlich erscheint, nämlich die Übung der Demokratie in kleinen Gemeinschaften, in Schulen, Hospitälern, Landkreisen, in überschaubaren Einheiten also. Das ist heute nicht mehr so aktuell. Die westlichen Alliierten haben geholfen, die Demokratie in der Bundesrepublik zu etablieren; heute kommt das öffentliche Leben über die Medien in jedes Haus, und das fordert die Leute geradezu heraus, Stellung zu nehmen und etwas zu tun. Mitwirken, mitregieren im kleinsten Kreise und so ein Gefühl der Verantwortung für das Ganze zu lernen, das war ja in den westlichen Ländern immer viel wichtiger als in dem deutschen Beamtenstaat.

Heute würde ich etwas anderes in den Mittelpunkt stellen, das Bestreben der Kreisauer nämlich, Sozialismus und Kapitalismus zusammenzubringen, das jeweils Beste aus beiden Richtungen zu vereinigen. Dieser Versuch einer Symbiose von Kapitalismus und Sozialismus war vielleicht das, was am meisten Zukunft hatte. Abgesehen natürlich von der europäischen Einigung: Die Kreisauer plädierten dafür, daß die Länder in Europa einen Teil ihrer Souveränität aufgeben und der größeren Einheit opfern sollten. Aber das Wichtigste war wohl der Versuch, die Gewerkschaften in den Produktionsprozeß zu integrieren und Betriebsgenossenschaften zu bilden, damit die Arbeiter Mitverantwortung tragen.

Auf etwas anderes würde ich gerne noch einmal zurückkommen. Sie haben gesagt, durch die Veröffentlichung seiner letzten Briefe sei ein einseitiges Bild von Ihrem Mann entstanden. Können Sie das etwas näher erläutern?

Nun, ich meine den Denker. Natürlich hat er in der letzten Phase seines Lebens mehr über die Dinge nachgedacht. Auch Glaubensfragen haben ihn mehr beschäftigt. Aber plötzlich stand er so abgeklärt da, als der erhobene Christ, so unerreichbar hoch, daß viele Leute sich sagten, das mag es geben, aber das geht mich nichts an. Und seither versuche ich, ihn von diesem Sockel sozusagen wieder herunterzubringen. Deswegen war mir auch die Edition der Briefe, die er mir vor seiner Haft schrieb, so wichtig; wer will, kann meinen Mann jetzt verstehen, als einen Mann des Alltags, der ein enormes Arbeitspensum bewältigt hat.

Wenn ich Sie recht verstehe, hat Ihr Mann erst gegen Ende seines Lebens in sich eine Glaubensgewißheit entwickelt. Aber das Christentum war für den Kreisauer Kreis doch wohl von zentraler Bedeutung.

Mein Mann kam aus einer religiös begabten Familie; die Eltern waren Anhänger der Christian Science. Mein Mann lehnte das ab; aber auch er hatte eine Neigung zu Glaubensfragen. Ich komme da von ganz woanders her, aber ich folgte ihm darin. Es ist heute noch viel schwerer, darüber zu reden, als damals. Das Versagen der etablierten Kirchen ist inzwischen so evident. Das steht einem Verständnis meines Mannes heute im Wege. Schließlich hatte er Hoffnung in die Erneuerungskräfte der Kirche gesetzt. Der christliche Glaube wurde im Laufe der Jahre immer bedeutungsvoller für ihn, ja, man kann sagen, je größer der Druck, der auf ihm lastete, desto zentraler der Glaube. Wissen Sie, wenn man mit dem Tod im Angesicht lebt, dann kommt man tiefer und höher zugleich, liberale Ideen reichen dann nicht mehr aus. Ich will es mal wirklich so drastisch sagen, weil man das heute sonst nicht versteht. Die Kommunisten waren die einzigen, die sich mit den Christen da vergleichen ließen, denn sie wußten ebenfalls genau, wofür sie lebten, sie hatten eine Vision. Das Christentum hilft leben, und deshalb haben sich die Kreisauer so kolossal auf die Kirchen gestützt, sowohl die evangelische als auch die katholische. Das galt auch für diejenigen, die sich von der Kirche eigentlich distanziert hatten. Sie hielten, wie wir heute wissen, die Kirche für stärker, als sie tatsächlich war. Aber das Christentum ist viel stärker als die Kirchen, die es heute repräsentieren, und das war die eigentliche Erkenntnis der Kreisauer. In schwerer Zeit wurde ihnen bewußt, welche revolutionäre Glaubens- und Lebenskraft in der Lehre dieses Mannes aus Palästina auch heute noch steckt. Ja, das möchte ich so stehen lassen.

Ich selbst bin ja längst nicht so begabt für diese Glaubenswelt wie andere, die ich bewundere, aber ich kann, was da gelehrt wird, ins praktische Leben übertragen. Und das versuche ich zu tun. Es ist ja ein unerhörter Anspruch, der im Christentum liegt. Daß es immer Anspruch bleibt, daß man das Ziel nicht erreichen kann, ist bezeichnend für unser aller Existenz. Aber gerade die Lehre, daß man Leben erst gewinnt, wenn man bereit ist, es zu verlieren – und es geht da nicht etwa gleich immer um das physische Leben –, dieses Paradox menschlicher Existenz läßt die christliche Lehre ein. Wenn man das erst einmal bedacht hat, beginnt man zu tun, was man für richtig hält, selbst wenn das Gegenteil herauskommt. Vielleicht wird das nicht immer so ausgesprochen, aber große Kraft und Freiheit fließt aus dieser Erkenntnis. Mein Mann hat immer gesagt, ich sei eine sehr diesseitige Person. Er hatte wohl recht; ich mache mir überhaupt keine jenseitigen Vorstellungen. Aber ich fühlte doch, vieles Gute wächst mir zu, ich weiß nicht woher. Das kann ich so ganz einfach sagen. Und dann denke ich, daran ist mein Mann beteiligt. Aber ich bin ganz unspekulativ und will mit Spekulationen auch überhaupt nichts zu tun haben.

Heißt das, daß Sie Ihren Mann noch immer als sehr gegenwärtig empfinden?

Ja, auch heute ist er immer noch da, immer noch für mich lebendig. Und immer hatte ich den Wunsch, ihm in die Zukunft zu verhelfen. Ich habe das Gefühl, daß er noch viel zu geben hat, daß er noch gar nicht fertig ist, daß das, wofür er gestanden hat, für morgen bewahrt werden muß. Dieses Bestreben hat sich, je älter ich wurde, immer mehr verstärkt. Nicht daß ich denke, dasselbe würde sich noch einmal ereignen, so ist es nicht in der Geschichte. Aber jede neue Generation muß immer wieder große Fragen angehen und muß einstehen für das, was sie tut. Das haben auch mein Mann und seine Freunde getan. Die Beschäftigung mit ihnen hat mehr mit Zukunft zu tun als mit Vergangenheit.

Trotzdem möchte ich Sie fragen: Leben sie in der Vergangenheit?

Den Eindruck habe ich nicht. Aber da müssen Sie andere fragen. Man hat soviel Zukunft, wie man Vergangenheit hat, lehrte mein großer Freund Eugen Rosenstock-Huessy. Das ist die einzige Antwort, die ich dazu zu geben habe. Zukunft und Vergangenheit gehören zusammen. Ich wollte dazu beitragen, meinen Mann und seine Freunde für die Zukunft sprechen zu lassen, dafür zu sorgen, daß sie »benutzt« werden. Wir Menschen sind keine Eintagsfliegen, sondern kommen woher und gehen wohin. Und da, wo wir hingehen, habe ich das Gefühl, ist mein Mann noch wichtig. Und es ist nicht nur mein Mann, den ich in die Zukunft bringen will, sondern auch mich. Das ganze Leben, wie es war. Darum ist Geschichte so wichtig. Es kommt nicht darauf an, welche Schlachten Friedrich der Große wann geschlagen hat, sondern auf die menschlichen Ereignisse. Man muß viel mehr ins Menschliche gehen, wenn man die Geschichte befragt. Deshalb bedaure ich die Art und Weise, wie man heute in Deutschland mit dem ganzen Widerstand umgeht.

Haben Sie versucht, gegenzusteuern? Welches Bild zum Beispiel haben Sie Ihren Söhnen vermittelt?

Meinen Söhnen habe ich gar nichts vermittelt, das war niemals meine Absicht. Ich habe nie sehr viel von meinem Mann gesprochen, obgleich er mich mein ganzes Leben nah begleitet hat und noch immer begleitet. Ich habe mir auch nie ein bewußtes Bild von ihm gemacht. Ich habe ihn in meinen Söhnen lebendig gemacht, und das genügt.

Wie haben Sie ihnen vom Tod des Vaters erzählt?

Dem Älteren mußte ich den Tod des Vaters mitteilen, das war eine der schlimmen Stellen meines Lebens. Zwei oder drei Tage später lag ich morgens traurig im Bett, und da fragte er mich, warum ich so traurig sei. Ich nannte ihm den Grund, und da sagte er: »Immer noch wegen dem Pa...« Sie glauben gar nicht, wie mich das getröstet hat. Weil ich sah, der Caspar kann es noch gar nicht fassen, der ist viel zu klein, Gott sei Dank, so war es das Beste.

Haben Sie Ihrem Sohn erzählt, wofür sein Vater gestorben ist?

Das kann ich nicht erinnern, was ich ihm erzählt habe, wieviel oder wie wenig.

Bestand Ihrer Meinung nach die Gefahr der Legendenbildung, wie sind Sie damit umgegangen?

Von 1948 bis 1956 haben wir in Südafrika gelebt; die Familie meiner Schwiegermutter stammte von dort. Und in Südafrika, müssen Sie wissen, waren die Moltkes völlig uninteressante Leute. Das war auch sehr gesund so. Ich war dort Fürsorgerin und habe für Behinderte, für »black«, »coloured« und »white people« – so genau unterschieden damals die Rassengesetze – sorgen müssen. In meiner Arbeit war ich unabhängig von Rassenunterschieden. Aber mit der Politik der Apartheid wollte ich auf die Dauer nichts zu tun haben. Als wir wieder nach Deutschland kamen, war mein ältester Sohn neunzehn und mußte sich sein eigenes Bild von seinem Vater machen. Dasselbe galt für Konrad, der mir später einmal sagte: »Eigentlich haben wir nie viel über unseren Vater gesprochen, aber wir hatten immer das Gefühl, er sei da.« Das war natürlich sehr schön, so etwas aus dem Munde des Sohnes zu hören. Heute denke ich manchmal, daß ich zuwenig über meinen Mann gesprochen habe. Aber was hätte ich sagen sollen? Meine beiden Söhne haben dann allmählich gemerkt, worum es geht. Jedenfalls habe ich sie nicht damit belastet. Es ist ja nicht leicht, so einen Vater zu haben.

Rosemarie Reichwein, geb. Pallat

Rosemarie Reichwein wurde 1904 als Tochter von Ludwig Pallat, Ministerialrat im preussischen Ministerium für Wissenschaft und Kunst, und seiner Frau Annemarie in Berlin geboren, wo sie mit drei Geschwistern aufwuchs. Anfang der zwanziger Jahre ließ sie sich in Schweden zur Gymnastiklehrerin ausbilden; später unterrichtete sie im neugegründeten Landschulheim Salem, dann – nach einer Ausbildung zur Turn- und Sportlehrerin – in Wiesbaden. Nach ihrem Wechsel zur Helene Lange-Schule in Halle machte sie im Jahre 1932 die Bekanntschaft von Adolf Reichwein, Professor an der Pädagogischen Akademie der Stadt. Sie verlobten sich am 30. Januar 1933, im Frühjahr 1933 heirateten sie. Als die sogenannte »Rote Akademie« in Halle 1933 von den Nationalsozialisten geschlossen wurde, verloren beide ihre Arbeit.

Adolf Reichwein wurde 1898 als Sohn eines Lehrers geboren. Nach dem Studium der Geschichte, der Philosophie und Volkswirtschaft in Frankfurt und Marburg promovierte er 1923. 1928 begegnete er als Referent der Löwenberger Arbeitsgemeinschaft Helmuth James Graf von Moltke.

Von 1930 bis 1933 gehörte er der SPD an, wo er als Vertreter des religiösen Sozialismus galt. 1933 nahm er eine Dorfschullehrerstelle in Tiefensee, Mark Brandenburg, an, wo Rosemarie Reichwein ihre ersten Kinder zur Welt brachte. 1934 wurde Renate geboren, 1936 Roland und 1938 Katharina.

1937 erschien das reformpädagogische Werk »Schaffendes Schulvolk«, mit dem sich Reichwein einen Namen machte.

Nachdem er 1939 zum Leiter der Abteilung »Schule und Museum« im Museum für Volkskunde nach Berlin berufen worden war, nutzte er seine Dienststelle für die Treffen oppositioneller Kräfte, die sich zumeist aus Sozialdemokraten zusammensetzten. Über Helmuth James Graf von Moltke kam er zum Kreisauer Kreis, wo er Kontakte zu anderen Sozialdemokraten vermittelte.

Er gehörte zu den Kreisauern, die nach der Verhaftung Moltkes im Ja-

Adolf Reichwein

Rosemarie Reichwein
1945

Rosemarie Reichwein
1988 vor einem
Gemälde, das sie als
fünfjähriges Mädchen
zeigt

nuar 1944 aktiv an den Vorbereitungen für das Attentat teilnahmen. Zusammen mit Julius Leber stellte er die Verbindung zu den Kommunisten her: Eine überparteiliche Volksbewegung sollte den Umsturz stützen. Bei einem Treffen mit Saefkow und anderen Kommunisten wurden Reichwein und Leber jedoch von einem Spitzel verraten und nach schweren Folterungen am 20. Oktober 1944 vom Volksgerichtshof unter Roland Freisler zum Tode verurteilt; noch am selben Tag ist er in Plötzensee hingerichtet worden.

Nachdem ihr Haus in Berlin 1943 ausgebombt worden war, wohnte Rosemarie Reichwein mit ihren Kindern – 1941 wurde ihr viertes Kind, Sabine, geboren – bis zum Sommer 1945 bei Freya von Moltke in Kreisau. Später arbeitete sie als Krankengymnastin in der Berliner Charité, bis sie schließlich eine eigene Praxis eröffnete. Heute lebt sie wieder in ihrem Elternhaus in Berlin-Wannsee.

In den »Briefen an Freya«, die vor drei Jahren publiziert wurden, verblüfft die Offenheit, mit der Helmuth von Moltke über die politische Entwicklung schreibt. In den Briefen Ihres Mannes, die in den frühen siebziger Jahren veröffentlicht wurden, ist dagegen kaum von Politik die Rede. Haben Sie dafür eine Erklärung?

Das ist ziemlich einfach. Wir wurden als Sozialdemokraten natürlich von Anfang an überwacht und waren deshalb äußerst vorsichtig. Es ging uns in dieser Beziehung nicht so gut wie den Moltkes, die anscheinend eine Post hatten, die sich um gar nichts kümmerte. Wir wohnten zwar auch auf dem Dorf, in Tiefensee bei Berlin, aber wir wurden vom Briefträger observiert. Und nicht nur vom Briefträger. Einmal baten wir einen Nachbarn, die Schlüssel an sich zu nehmen, weil wir verreisen wollten, und da sagte er: »Ich bin beauftragt, Sie zu überwachen, geben Sie die Schlüssel besser einem anderen.« Das war sehr anständig. Wir kamen im Herbst 1933 nach Tiefensee und lebten dort wie auf dem Präsentierteller.

Warum? Weil Sie aus Halle kamen?

Ja, es fiel auf, daß ein Hochschulprofessor Dorfschullehrer wurde. Die Leute fragten sich, weshalb, das hat doch politische Gründe, und dann sprach es sich sehr schnell herum, daß mein Mann bis März 1933 in der SPD gewesen war. Besonders unangenehm für meinen Mann war das Treffen der Landschullehrer, das ein- oder zweimal im Jahr stattfand; die »Herren Kollegen« haben ihn von Anfang an boykottiert und ihm gleich zu verstehen gegeben, daß sie mit ihm nichts zu tun haben wollten. Der einzige in der Gegend, der sich anständig verhielt, war der Bürgermeister von Tiefensee, ein Deutschnationaler, der an meinem Mann Gefallen fand und ihn unterstützte. Er war Kriegsinvalide und hatte nur ein Bein. »Ach wissen Sie«, sagte er einmal zu meinem Mann, »ich habe den ganzen Kram satt, ich will aussteigen.« Mein Mann hat ihm geantwortet: »Wer A sagt, muß auch B sagen. Sie müssen jetzt dabeibleiben.« Das war sehr eigennützig von meinem Mann gedacht, weil er sich sagte, wer weiß, was dann kommt. Als mein Mann im Oktober 1944 seinen Prozeß hatte, habe ich auf Wunsch seines Rechtsanwalts den Bürgermeister gebeten, eine Beurteilung über Reichwein zu schreiben. Die fiel dann dermaßen positiv aus, daß der Rechtsanwalt meinte, es sei besser, sie im Prozeß nicht zu verwenden. Nach dem Krieg hatte ich mit dem Bürgermeister und seiner Frau engen Kontakt und habe versucht, ihnen ein wenig zu helfen; als ehemaliger Nazibürgermeister bekam er nur eine ganz kleine Rente und durfte sein nettes kleines Café, von dem er eigentlich lebte, nicht mehr weiterführen. Er war sehr enttäuscht, daß mein Mann niemals offen mit ihm geredet hatte.

Vor allem hatte mein Mann die Schulkinder ganz auf seiner Seite; er beschäftigte sich auch nachmittags und während der Ferien mit ihnen, ging mit ihnen schwimmen, wandern, bastelte und machte Gartenarbeit mit ihnen, auch Musik – kurz, er widmete seinen ganzen Tag den Kindern und hoffte, auf diese Weise auch langsam die Eltern zu gewinnen. Das gelang ihm unter anderem durch die kleinen Feiern, die er immer wieder veranstaltete, zum 1. Mai, zum Erntedankfest, oder auch Krippenspiele zu Weihnachten – obwohl das damals unerwünscht war.

Wie lange waren Sie in Tiefensee?

Insgesamt fast sechs Jahre. Im Mai 1939 bekam mein Mann eine Stelle als pädagogischer Berater am Museum für Deutsche Volkskunde in Berlin, Unter den Linden. Er hat dort Vorträge gehalten, Führungen gemacht, Kurse und Werkstätten eingerichtet. Da er im Ersten Weltkrieg schwer verwundet worden war – Lungenschuß und weitere Verletzungen –, wurde er vom Militärdienst zurückgestellt.

Sie haben Ihren Mann in Halle kennengelernt. Wie kamen Sie nach Halle?

Ich bin sehr früh von zu Hause weggegangen, schon in der Inflationszeit. Die Beamten bekamen damals ja nicht so viel Unterstützung für ihre Kinder, und mein Vater, der als Ministerialrat im Kultusministerium arbeitete, konnte nur das Studium des Ältesten finanzieren. Ich war die Zweite und war an Gymnastik interessiert. Gymnastik war Teil der pädagogischen Reformbewegung, die an dem von meinem Vater geführten Institut für Erziehung und Unterricht besonders gefördert wurde. Gleich nach der Schule kam ich über eine Tante nach Schweden an ein Institut zur Ausbildung von Gymnastiklehrerinnen. Meine ersten praktischen Erfahrungen sammelte ich in dem damals neugegründeten Landerziehungsheim Salem. Später kam ich nach Wiesbaden, wo ich sechs Jahre lang Turn- und Sportlehrerinnen ausbildete. Als die Direktorin meiner Schule an die Helene-Lange-Schule in Halle versetzt wurde, ging ich mit. Dort habe ich dann sehr bald meinen Mann kennengelernt, der an der Pädagogischen Akademie in Halle Professor für Geschichte und Staatsbürgerkunde war.

Das war 1932? Und dann haben Sie mit der Arbeit aufgehört?

Ja, im Frühjahr 1933 wurde die Hochschule in Halle, die sogenannte Rote Akademie, sofort geschlossen. Halle galt seit jeher als rot. Mein Mann und ich zogen für ein halbes Jahr zu meinen Eltern nach Wannsee, und im Oktober bekam er dann die Stelle in Tiefensee. Er hat hin und her überlegt, ob er rausgehen oder hierbleiben soll; er hatte ein Angebot aus Ankara, wohin ja unter anderem Ernst Reuter gegangen war. Er hat sich dann zum Hierbleiben entschieden, weil er wohl nicht dachte, daß es mit dem Nazi-Regime so lange dauern würde. Sein Motto lautete: Ausharren, um es danach besser zu machen. Da er vom Studium weg gleich in die Erwachsenenbildung gekommen war und von dort in die Lehrerausbildung, fehlte ihm die praktische Erfahrung, und da es immer schon sein Wunsch war, selber zu unterrichten, bewarb er sich um die Stelle eines Dorfschullehrers. »Diese Erfahrung fehlt mir noch«, sagte er, »und außerdem will ich selbständig sein.«

Ahnten Sie, was dieser Entschluß bedeutete?

Eigentlich nicht. Ich hatte mich im Grunde nie um die Politik gekümmert, im Gegenteil: als ich noch in Wiesbaden war, machte
ich voller Begeisterung bei den Festen für Volkstum im Ausland
mit; daß man die Deutschen im Ausland unterstützte, empfand
ich als eine gute Sache. Erst später stellte ich fest, daß meine beste
Freundin unter Hitler eine begeisterte Nationalsozialistin wurde. Als ich 1932 nach Halle kam, in eine reine Arbeiterstadt, und
Züge von demonstrierenden Arbeitern sah, begann ich mich für
das Schicksal der Arbeiter zu interessieren und ging zu den
Abendkursen, die der Professor Reichwein von der Hochschule
für Arbeiter und Studenten hielt. Ich war sofort einer Meinung
mit ihm und bin, als ich ihn näher kennenlernte, seine Linie absolut mitgegangen. Damals wachte ich eigentlich erst auf, und
ich wurde dann sozusagen miterzogen durch das weitere Leben
meines Mannes. Ich wurde zum Teil eingeweiht – es kamen ja
immer Leute zu uns –, erfuhr aber nie Näheres. Da ich schlecht
schwindeln konnte und immer sehr ehrlich war, fürchtete mein
Mann wohl, daß ich etwas verraten könnte. Aber um Ihre Frage
zu beantworten: Die Versetzung nach Tiefensee habe ich am Anfang auch als ein Abenteuer betrachtet. Aber auf Dauer war das
Leben auf dem Land doch sehr anstrengend. Drei Kinder sind in
den sechs Jahren geboren, und ich hatte eine Menge zu tun. Es
war ein kolossal primitiver Haushalt: Pumpe auf dem Hof, kein
Ausguß in der Küche, jeder Eimer mußte rausgetragen werden,
Holzfeuerung und so weiter. Ich mußte mich enorm umstellen,
denn was ich bis dahin getan hatte, war ja etwas völlig anderes
gewesen. Wir hatten Freunde in Jena, die wir häufiger besuchten, und meist kam ich dann ungern wieder zurück. Ich war
überglücklich, als mein Mann einen Arbeitsauftrag in Berlin bekam.

*Das war gewiß auch eine große Erleichterung, was menschliche Kon-
takte und Freundschaften betraf?*

Natürlich. In Tiefensee konnte man mit niemandem offen reden, geschweige denn aktiv werden. Es gab sehr nette Leute,
aber ehrlich konnten wir nicht sein. Das war in Berlin dann an-

ders, dort gab es Freunde, mit denen man reden konnte. Mein Mann hatte einen besonders nahen Freund, Harro Siegel, einen Marionettenkünstler, mit dem konnten wir alles besprechen. Aber aktiv bin ich auch in der Stadt nicht geworden. Es ist ja sehr merkwürdig: In der Diktatur fühlt man sich selbst von Freunden beobachtet und ist nie ganz ehrlich. Also habe ich mich in erster Linie um den Haushalt gekümmert. 1941 wurde das vierte Kind geboren. Und dann ging es auch bald los mit den Bombennächten, und da habe ich die Kinder zu Freunden und Verwandten geschickt.

Wie haben Sie sich mit Ihrem Mann darüber verständigt, was man gegen die Nazis tun sollte?

Was er machte, bejahte ich, da waren wir uns völlig einig. Wenn er sagte, jetzt mache ich dies und das, habe ich gesagt, sehr gut, mach das – falls er mir überhaupt etwas sagte. Ich habe ihn nie zu beeinflussen versucht, auch Pfingsten 1944 nicht, als er Freya und mir in Kreisau ankündigte, daß er Kontakt zu Kommunisten aufnehmen wolle. »Wenn das schiefgeht, kostet es das Leben«, sagte er. Ich hatte das Gefühl, daß die Kreisauer vor allem Denkarbeit leisteten, daß aber auch gehandelt werden mußte und daß es deshalb nötig war, mit den Kommunisten zusammenzugehen. Sonst gab es keine Differenzen. Im Gegenteil, ich staunte immer, was er an Aktivitäten entfaltete und wie er bei allem den roten Faden verfolgte.

Und Ihre eigenen Aktivitäten?

Es bestand ein Unterschied zwischen uns Frauen, deren Männer aktiv waren, und den kommunistischen Frauen in der Stadt. Dort haben die Frauen selber sehr stark mitgemacht, indem sie Flugblätter verteilten oder Verbindungen im Untergrund herstellten. Die haben wahrscheinlich mehr getan als wir, wir standen eigentlich im Hintergrund, haben die Handlungen unserer Männer bejaht und unterstützt, sind aber selbst nicht aktiv geworden.

Haben Sie Ihren Mann bewundert?

In gewisser Weise ja. Junge Frauen heute verwundert es, wenn man sich so unterordnet. Aber ich war einfach davon überzeugt, das ist der richtige Weg, und da habe ich mich völlig »gleichgeschaltet«. Hinterher, als es ihn nicht mehr gab und ich mit den Kindern allein fertig werden mußte, meinten Freunde zu mir, sie hätten das Gefühl, der Vater sei bei uns immer noch da und trete jeden Moment durch die Tür, so sehr lebten wir in seinem Geiste. Über mich sagten sie später, ich sei nach seinem Tode ein ganz anderer Mensch geworden, sie hätten nie gedacht, daß ich eines Tages so aktiv werden würde. Nun, ich mußte eben um meine Existenz kämpfen, und im übrigen war ich später auch sehr viel mehr an dem interessiert, was um mich herum gedacht und getan wurde.

Erinnern Sie irgendeine Begebenheit, ein Ereignis, das Ihnen die Augen über den Nationalsozialismus öffnete?

Ja, das war in Halle. Hitler hielt auf einem Sportfeld außerhalb der Stadt eine Rede. Das war vor der Machtergreifung, und meine Schwester und ich gingen hin, um einmal selber zu hören, was er zu sagen hatte. Es war eine einzige Haßtirade; Hitler riss alles herunter, machte alles schlecht, brüllte in der Gegend herum und hatte im Grunde gar kein Programm anzubieten. Meine Schwester und ich waren baßerstaunt über die Bevölkerung, die mitschrie und jubelte, wenn er eine politische Größe mal wieder richtig abgekanzelt hatte, fortwährend warfen sie den Arm hoch. Wir standen da und schüttelten nur den Kopf und guckten uns an, weil wir nicht begriffen, daß man so einem Menschen zujubeln konnte. Die Leute um uns herum wurden so ärgerlich, daß sie uns beinahe verprügelt hätten, und wir machten uns schleunigst davon. Später habe ich Hitler noch einmal gesehen, vom Fenster des Ministeriums in der Wilhelmstraße, in dem mein Vater arbeitete. Hitler nahm eine Parade der »Legion Condor« ab, die aus dem spanischen Bürgerkrieg zurückgekehrt war.

Und welche Gefühle haben Sie da bewegt? Sie wußten ja doch, daß
Freunde Ihres Mannes im Konzentrationslager gesessen hatten.

Ich dachte einfach, das sind Verbrecher von Kopf bis Fuß, alle. Man erfuhr ja hintenherum allerlei, auch später noch. Mein jüngerer Bruder zum Beispiel, der als Kind bei einem Unfall verletzt worden war und deswegen nicht eingezogen wurde, war als Geologe in Galizien gewesen, und als er zurückkam, sagte er: »Wenn das auf uns zurückschlägt, was wir Deutschen dort gegenüber der Bevölkerung anrichten, dann Gnade uns Gott.« Ich selbst hatte ein nettes russisches Mädchen als Haushaltshilfe. 1941 kamen ja waggonweise Jugendliche hier in Berlin an, vor allem Mädchen und Frauen, die in der Rüstungsindustrie eingesetzt wurden oder in kinderreichen Haushalten. Ich stand mit meinen vier Kindern natürlich auch ohne Hilfe da – die Jüngste war gerade geboren –, und da ist mein Mann auf den Anhalter Bahnhof gegangen, um für mich eine Hilfe zu suchen. Mein Mann fand, es sei ein richtiger Mädchenmarkt, ein entsetzlicher Menschenhandel, und er hat sich furchtbar geschämt. Das Russenmädchen, das er sich raussuchte, war gerade fünfzehn geworden; die kam weinend bei uns zu Hause an mit einem kleinen Bündel unterm Arm, war blond und hatte zwei Zöpfe. Jetzt habe ich ein fünftes Kind, war mein erster Gedanke. Sie war ihren Eltern mit Gewalt entrissen worden und hatte die erste Zeit nur geweint; sie trug heimlich ein Kreuz und betete in der russisch-katholischen Kirche. Allmählich gewöhnte sie sich an die neue Umgebung, und mein Jüngstes war ihre ganze Liebe, wenn dem was passiert wäre, wäre sie durchs Feuer gegangen. Das hat sie mit der Familie verbunden. Als sie später ein wenig Deutsch konnte, hat sie uns erzählt, was in ihrem Dorf passiert war, daß die Juden einen langen Graben ausheben und sich davorstellen mußten; dann wurden sie erschossen und fielen rein. Das hatte sie aus einem Versteck mitangesehen, und seither war sie fürchterlich schreckhaft. So habe ich zum ersten Mal von diesen Greueln gehört, denn mein Mann, der wahrscheinlich davon wußte, hat mir nichts davon erzählt, weil er mich nicht belasten wollte.

Was ist aus dem russischen Mädchen nach dem Krieg denn geworden?

1943 war ich mit meinen Kindern nach Kreisau gezogen, zu Freya von Moltke, und dort hat sich das Mädchen gegen Kriegsende in einen Soldaten bei den Truppen des Generals Wlassow verliebt. Soldaten der Wlassow-Armee arbeiteten auf dem Gut, und in einen von denen hatte sie sich verliebt. Als wir Ostern 1945 ins Riesengebirge treckten, konnten wir sie in keiner Weise davon überzeugen, mitzukommen; wir wußten, was die Russen mit ihr und ihrem Freund anstellen würden, denn in den Augen der Russen waren die Wlassow-Leute natürlich Kollaborateure. Sie hat uns auf Russisch ein Schreiben mitgegeben, in dem sie sich dafür verbürgte, daß wir zum Widerstand gegen Hitler gehört hatten und daß unsere Männer dabei umgekommen waren. Dieser Zettel war für uns später ein wichtiger Schutz vor allem gegenüber den Tschechen. Von dem Mädchen haben wir nie mehr etwas gehört.

Warum kamen Sie nach Kreisau?

Ende August 1943 war unser Haus in Berlin-Südende total zerbombt worden. Moltkes haben uns sofort eine Mansarde im Schloß angeboten und uns geholfen, uns einzurichten – wir hatten ja alles verloren. Wir haben Kreisau nicht zuletzt deshalb gewählt, weil es eine gute Zugverbindung nach Berlin gab. So konnte mein Mann an den Wochenenden zu uns kommen. Als mein Mann dann im Gefängnis saß, bin ich während der Woche nach Berlin gefahren. Seit Januar 1944 fuhr Freya von Moltke die gleiche Strecke, um ihren Mann in der Haft zu besuchen.

Ihr eigener Mann ist ja auch schon vor dem Attentat verhaftet worden.

Ja, zwei Wochen vorher, am 4. Juli.

Hat er davon gewußt, oder war er in die Attentatspläne nicht eingeweiht?

Diese Frage wird neuerdings immer wieder gestellt, und ich kann dazu nur soviel sagen: Ich hatte keine Ahnung, daß ein Attentat geplant war, und was er wußte, weiß ich nicht. Er sprach immer nur von dem Tag X, das heißt von dem Tag, an dem es Hitler nicht mehr gäbe. Was nach dem Sturz der Regierung konkret geschehen sollte, darüber zerbrachen sich die Kreisauer ja bis zum Schluß die Köpfe.

Ihr Mann war, wie Sie vorhin schon sagten, derjenige, der Verbindungen zum kommunistischen Widerstand hatte?

Ja, und das wurde ihm ja auch zum Verhängnis. Eigentlich war es Julius Leber, ein überzeugter Sozialdemokrat, der es übernommen hatte, mit den Kommunisten zu reden; mein Mann machte lediglich die Vermittlung, über Fritz Bernt, einen alten Freund aus Jena, der führende Leute der Kommunistischen Partei kannte. Das Ganze ging um viele Ecken, und in der Wohnung eines befreundeten Arztes wurde dann ein erstes Treffen mit Saefkow und Jacob vereinbart, zwei Vertretern des ZK der illegalen KPD. Saefkow und Jacob brachten entgegen der Verabredung einen dritten Mann mit, von dem sie behaupteten, er sei ebenfalls Kommunist, im KZ gewesen und absolut zuverlässig. Auf dem Weg zu einem zweiten Treffen wurden alle drei – mein Mann, Saefkow und Jacob – verhaftet. Es stellte sich heraus, daß der dritte Mann sich aus dem KZ freigekauft hatte, indem er sich als Gestapo-Spitzel zur Verfügung stellte.

Hatten Sie Angst?

Angst habe ich nicht gehabt. Nachdem mein Mann verhaftet worden war, wollte ich nur herauskriegen, wo er war, und ich wollte ihn, wenn möglich, herausholen. Der Rechtsanwalt warnte, ich sollte nicht so leichtsinnig sein, aber das war mir einerlei. Ich wußte um den Tod, aber damit muß man innerlich fertigwerden – was nutzt da Angst?

Wie haben Sie von der Inhaftierung Ihres Mannes erfahren?

Mein Mann kam an dem besagten Abend nicht nach Hause, und da ich wußte, daß er sich mit den Kommunisten traf, ahnte ich Schlimmes. Ich stellte Nachforschungen an, aber es dauerte einige Tage, bis ich erfuhr, daß er in Potsdam inhaftiert war. Am

20. Juli fuhr ich, ohne etwas zu ahnen, nach Potsdam, in der Hoffnung, ihn sehen zu dürfen, bekam aber nur einen Brief von ihm ausgehändigt. Am Abend des 4. Juli war ich übrigens auch bei Yorck gewesen, als mein Mann nicht nach Hause kam. »Der Reichwein ist nicht nach Hause gekommen«, sagte ich, und da fragte er nur: »Und was ist mit Leber?« – »Der war nicht dabei«, sagte ich, und da hat Yorck zu Hause bei Leber angerufen. Leber war da – sie haben ihn erst ein paar Stunden später geholt. Yorck gehörte zu denen, die dafür eintraten, daß Leber und Reichwein den Kontakt zu den Kommunisten aufnahmen. Auch Stauffenberg war dafür. Als Leber und Reichwein verhaftet waren, drängte er zum Attentat, weil er fürchtete, daß die beiden unter der Folter etwas aussagten, was verhängnisvoll werden konnte. Was an diesem 20. Juli geschah, erfuhr ich am Abend auf der Rückfahrt nach Kreisau; ich machte bei Freunden in Cottbus Halt, und da kam die Meldung über den Rundfunk. Am nächsten Morgen standen dann schon die Namen in der Zeitung – und Yorck war auch dabei.

Wann ist es Ihnen denn gelungen, an Ihren Mann heranzukommen, nachdem Ihr Versuch am 20. Juli in Potsdam gescheitert war?

Am 10. August im Zuchthaus Brandenburg-Görden. Der zuständige Richter in Potsdam hatte Urlaub, und sein Vertreter, der die Situation der politischen Häftlinge offenbar nicht überschaute, gab mir ohne weiteres eine Sprecherlaubnis. Draußen in Brandenburg wollte man mich allerdings abweisen; Reichwein sei ein politischer Häftling, das komme gar nicht in Frage, daß ich ihn besuchte. Ich blieb hartnäckig, und nachdem sich die Gefängnisleitung in Potsdam erkundigt hatte, durfte ich meinen Mann sehen. Er war in Sträflingskleidung, sah furchtbar elend aus und hatte keine Stimme. Er flüsterte nur. Ich fragte meinen Mann, was denn mit seinem Hals los sei, aber der Beamte wiegelte ab, der Gefängnisarzt werde sich schon darum kümmern. Bernts haben mir später erklärt, daß man bei der Folterung seine Stimmbänder verletzt hatte. Reichwein und Leber wurden ja furchtbar gefoltert, blutig geschlagen und gewürgt, bis sie ohnmächtig wurden, und dann mit kaltem Wasser übergossen.

Ich hatte allerlei Briefe mitgebracht, weil ich dachte, er werde nach diesem oder jenem fragen. Darunter befand sich auch ein Brief mit Trauerrand von einer Freundin, deren Mann gefallen war. Er fragte danach, und ich nutzte die Gelegenheit, um ihm klarzumachen, daß Yorck nicht mehr lebte. Zwei Tage vorher, am 8. August, war Yorck hingerichtet worden. Ich sagte: »Martha von Klein-Oels ist jetzt auch Witwe.« Er hat sofort verstanden und war wie erstarrt; das merkte sogar der Beamte und fragte: »Was haben Sie da eben gesagt?« Ich antwortete: »Das passiert doch jetzt jeden Tag, eine Freundin ist Witwe geworden.« Aber mein Mann wußte, daß ich Marion Yorck meinte – Klein-Oels war das Yorcksche Gut. Ich schloß aus seiner Reaktion, daß er bis dahin nichts von dem mißglückten Attentat und den Verhaftungen im Zuge des 20. Juli wußte, aber wohl mit dem Gelingen gerechnet hatte. So jedenfalls verstand ich den Text seines ersten Briefes. Er war in Einzelhaft, und die Nachrichten drangen nur sehr spärlich in die Gefängnisse. Von dem Tag an hat wohl eine gewisse Hoffnungslosigkeit sich seiner bemächtigt. Er hat sich dann völlig starr verhalten. Später kam mein Mann zu den Sozialdemokraten in das Gefängnis in der Lehrter Straße. Die Kreisauer wurden nach Tegel gebracht, wo sich Pfarrer Poelchau um sie kümmerte. Er leistete enorme Hilfsdienste und hat sich auch um die inhaftierten Frauen gekümmert, darunter Marion von Yorck, Annedore Leber und Clarita von Trott. Deshalb ging ich zu ihm nach Tegel, um ihn zu bitten, einmal in der Lehrter Straße vorbeizugehen und nach meinem Mann zu schauen. Das hat Pfarrer Poelchau leider abgelehnt, weil er, wie er sagte, nichts riskieren wollte. Wenn er von Tegel in ein anderes Gefängnis gehe, für das er nicht zuständig sei, dann falle das auf, und damit gefährde er die anderen Freunde. Pfarrer Poelchau hat das selbst sehr bedauert. Da war dann nichts mehr zu machen.

Hatten Sie bei Ihrem Besuch am 10. August das Gefühl, daß es der endgültige Abschied sei?

Nein! Als ich ihn im Gefängnis Brandenburg-Görden wiedergefunden hatte, mußten wir wichtige familiäre Dinge besprechen.

Hinderlich war der Beamte, der immer dabeisaß, da konnte man nicht groß über Gefühle sprechen. Wir haben ja gehofft, daß es nicht das letzte Mal ist, daß es noch eine Sprecherlaubnis gibt oder daß Bomben auf das Gefängnis fallen, denn dann hätte er versuchen können, sich davonzumachen.

Ihr Mann kam dann – wie gesagt – in das Gefängnis in der Lehrter Straße. Wer saß dort noch?

Außer meinem Mann Julius Leber, Gustav Dahrendorf und Hermann Maaß. Wir Frauen standen da Schlange mit den Sachen, die wir unseren Männern mitbrachten und haben untereinander Nachrichten ausgetauscht. Wir brachten frische Wäsche und etwas zum Essen mit; eines Tages übergab man mir seinen Anzug, der innen total blutig war. Das Wertvollste waren immer die Zeitungsabrisse, auf die mein Mann ein paar Worte gekritzelt hatte. Am 14. Oktober kam er in die Prinz-Albrecht-Straße, und am 20. fand der Prozeß statt. Zusammen mit Freya von Moltke bin ich zum Volksgerichtshof, der damals im Kammergericht am Kleistpark tagte. Wir hatten gehofft, ihn noch einmal zu sehen, wenn er gebracht oder abgeholt wurde, aber das ist uns nicht geglückt. Die Verhandlung war mittags, so gegen zwei Uhr zuende, und weil ich gehört hatte, daß er nach Plötzensee gebracht werden würde, bin ich auch gleich hinaus nach Plötzensee, habe den Wärter mit Tabak bestochen, und der hat gesagt: »Ja, wenn es die Leute waren, die heute um drei Uhr eingeliefert wurden, die leben alle nicht mehr.« Das war am späteren Nachmittag. Und da habe ich im Grunde gedacht, Gott sei Dank, daß er nicht mehr weiter gequält wurde. Der arme Leber mußte noch bis Januar 1945 auf die Vollstreckung des Todesurteils warten. Mit Frau Maaß, deren Mann ebenfalls am 20. Oktober in Plötzensee gehenkt worden war, machte ich nachher alle die Gänge, die man machen mußte, um die Nachlassenschaft zu regeln. Frau Maaß war Mutter von sechs Kindern und ein sehr zarter Mensch; sie hat diese Strapazen seelisch und körperlich nicht ausgehalten und ist bald gestorben.

Meine älteste Tochter ist noch heute mit Uta Maaß befreundet, und auch den Ältesten, Michael Maaß, haben wir später hier in

Berlin oft getroffen. Der Zweite, Wolfgang, war in der Odenwald-Schule, genau wie meine Kinder, und die Jüngste, Gerda, war mit meiner Jüngsten, Sabine, befreundet. Die Veranstaltungen zum 20. Juli in Berlin waren für uns immer ein Anlaß zu einem Wiedersehen. Allerdings wollte mein Sohn lange nicht auf seinen Vater angesprochen werden; dessen Schicksal hat ihn furchtbar bedrückt. Er war, wie gesagt, in der Odenwald-Schule; dort stellte man ihm den Vater immer als Vorbild hin, und das hielt er irgendwie nicht aus. Und dann ist er eines Tages endlich einmal mitgegangen zu einer 20. Juli-Feier, und dort hat er gesehen, daß es Jungen seines Alters gab, die das gleiche durchgemacht hatten. Das war für ihn eine Befreiung, er spürte, er war nicht mehr allein mit diesem Problem.

Wie haben Sie Ihren Kindern den Tod ihres Vaters erklärt?

Ich konnte den Kindern nichts sagen. Erst nach dem Zusammenbruch konnten wir sprechen. Man lebte ja ein schizophrenes Leben: nach außen tat man, als ob alles normal wäre, und machte mit, und innerlich stellte man sich gegen alles quer. Aber wie sollte ich das den Kindern erklären? Als die Älteste fünf oder sechs Jahre alt wurde, wollte sie mit den anderen Mädchen im BDM mitmachen und auch eine Uniform tragen. Wenn ich ihr das verboten hätte, das hätte so ein kleines Kind doch gar nicht verstanden. Sie machte dann alle NS-Feiern mit und merkte gar nicht, was zu Hause eigentlich los war. Wir hatten ein Häuschen auf Hiddensee, und am Strand wurden natürlich überall Burgen gebaut, auf die dann Hakenkreuzfähnchen gesteckt wurden. »Warum haben wir keine?«, fragte mein Sohn, und da habe ich ihn machen lassen. Warum hätte ich ihn in Schwierigkeiten bringen sollen? Auch als der Vater verhaftet wurde, habe ich den Kindern nur gesagt, der Vater ist krank und liegt im Krankenhaus, und immer wenn ich aus Berlin zurückkam, berichtete ich von dem kranken Vater, so daß sie möglichst nichts merkten. Als dann das Urteil gefällt war, habe ich nur gesagt, der Vater ist gestorben. Nichts Näheres. Erst als im Januar 1945 Graf Moltke hingerichtet wurde, und Freya ihrem Sohn erklärte, daß die Nazis den Vater umgebracht hatten, habe ich gespürt, daß es an der Zeit sei, auch meinen Kindern zu erklären, was passiert war.

Und was haben Sie gesagt?

Caspar Moltke, der Spielkamerad meiner Kinder, hatte den Tod seines Vaters gar nicht so schwergenommen – er war geradezu vergnügt und freute sich vor allem darüber, daß seine Mutter jetzt wieder zu Hause war und nicht mehr ständig nach Berlin fuhr. »Sie haben meinen Vater umgebracht, und jetzt ist Freya da«, erzählte er. Also sagte ich zu meinen Kindern nur: »Unserem Vater ist es genauso gegangen wie Caspars Vater.«

Soviel ich weiß, haben sich die Kinder der Widerstandskämpfer später in völlig verschiedene Richtungen entwickelt, nicht zuletzt politisch.

Ja, der gemeinsame Feind fehlte. Hitler war der gemeinsame Feind gewesen, der sie alle zusammengebracht hatte. 1978 gab es zum Beispiel eine harte Auseinandersetzung mit einem Sohn von Stauffenberg, der nicht wollte, daß Herbert Wehner bei der Gedenkfeier zum 20. Juli sprach. Wehner sei doch Kommunist gewesen. »Ja und?«, fragte mein Sohn, »Kommunisten gehörten doch zur Widerstandsbewegung.« Er hat das absolut nicht verstanden, und über Zeitungen trugen sie dann ihre Fehde aus. Der kommunistische Widerstand wird ja bis heute verkannt. Ich meine, das ist nicht verwunderlich angesichts der Nachbarschaft zur DDR. Man hatte Angst, und wollte mit dem Kommunismus nichts zu tun haben. Aber daß die Kommunisten am meisten geblutet haben, darf man bei alledem doch nicht übersehen. Jetzt, wo sich das Schreckgespenst Kommunismus allmählich aufzulösen beginnt, gibt es eine gewisse Chance, daß man wieder die Menschen dahinter sieht. Und vielleicht wird man dann auch den kommunistischen Widerstand anders einordnen.

Aber man darf nicht vergessen, daß auch der Widerstand gegen Hitler viele Jahre darunter gelitten hat, daß die radikalen Kommunisten mit den Sozialdemokraten nichts zu tun haben wollten.

Ja, vielleicht wäre Hitler dann nicht so groß geworden, wenn Sozialdemokraten und Kommunisten an einem Strick gezogen hätten. Sie waren schwach, weil sie getrennt waren. Aber nach 1933 sind sich Kommunisten und Sozialdemokraten dann allmählich näher gekommen, nicht zuletzt, weil beide das gleiche erleiden mußten. Aber auch da gab es Rückschläge. So erinnere ich mich, daß mein Mann, der den Bolschewismus ganz genau kannte, Ende der dreißiger Jahre angesichts der Moskauer Prozesse sagte, in der Sowjetunion sei es im Grunde nicht viel anders als bei uns. »Die haben sich anscheinend ein Beispiel genommen, wie man es macht«, sagte er.

Aber dennoch befürwortete Ihr Mann eine Annäherung an die Kommunisten?

Ja, mit den deutschen Kommunisten konnte man reden, vor allem, weil sie keine Machtmittel in der Hand hatten. Das Gefährliche am Bolschewismus war ja, daß alle Machtmittel in Stalins Hand lagen, der konnte machen, was er wollte. Das Gefährliche an den deutschen Kommunisten war, daß ihre illegalen Gruppen mit Gestapo-Spitzeln durchsetzt waren. Als mein Mann den Kontakt zu den Kommunisten suchte, hat Theo Haubach ihn gewarnt: »Wenn Du das machst, ist unsere Freundschaft zuende, denn die bringen uns alle an den Galgen.« Im Grunde hat Haubach recht behalten.

Wann haben Sie angefangen, sich politisch zu engagieren?

Ich war nie politisch aktiv, und bin nur durch meinen Mann politisch interessiert worden. Nach dem Zusammenbruch habe ich mich auch nicht politisch eingesetzt. Ich hatte auch viel zu viel zu tun und mußte arbeiten; vor allen Dingen wollte ich die Freundschaften aufrecht erhalten, die ich in der Ostzone hatte. Wenn ich mich wie Annedore Leber politisch festgelegt hätte, hätte ich ja nicht einreisen dürfen. Ich hatte ein Häuschen auf Hiddensee, und auch da hätte ich nie mehr hin gekonnt. Alles in allem waren mir die menschlichen Beziehungen immer viel wichtiger als die politischen, weil man als einzelner Mensch doch nicht viel machen kann. Aber menschlich kann man viel machen.

Und beruflich?

Habe ich mir nach 1945 eine neue Existenz aufgebaut. Auf Grund meiner schwedischen Ausbildung war ich berechtigt, auch Krankengymnastik auszuüben, und nach dem Krieg war das sehr gefragt, es gab viele Invaliden. Meine schwedischen Freunde haben sich sofort dafür eingesetzt, daß ich zu ihnen kommen konnte, und mir ein Visum beschafft. Aber man ließ mich nicht aus Deutschland raus. Bis 1946 habe ich mich vergeblich um eine Ausreise bemüht, aber die Amerikaner in Berlin sagten nein. Alle Deutschen tragen Schuld, sagten sie, die haben alle hierzubleiben. Ich bin sogar zu Theodor Steltzer, der zu den Kreisauern gehörte, nach Schleswig-Holstein gefahren, weil ich mir dachte, als Ministerpräsident könne er mir vielleicht helfen; aber Schleswig-Holstein gehörte zur britischen Besatzungszone, und Steltzer sagte, er könne da gar nichts machen. Am Schluß bin ich an einen jüdischen Emigranten im american travel office in Dahlem geraten, und dem sagte ich: »Wissen Sie, Sie haben es gut gehabt, Sie konnten rausgehen, und jetzt sind Sie unbeschadet wieder zurückgekommen. Wir haben das Ganze hier mit durchgemacht, und jetzt erlaubt man den Kindern eines Mannes, der dabei als Nazigegner draufgegangen ist, nicht, zu Freunden nach Schweden zu reisen. Ich verstehe das nicht« – »Warten Sie unten beim Pförtner«, sagte er, und kurz darauf kam ein Anruf, daß ich fahren könne. Ich habe dann mit meinen Kindern einen guten Winter in Schweden gehabt; bei meinem alten Institut in Lund und bei meiner ehemaligen Lehrerin in Stockholm konnte ich mich in meinem Beruf neu orientieren und mich wieder einarbeiten. Anfang der fünfziger Jahre habe ich dann eine Anstellung als Krankengymnastin in der Charité bekommen. Ich mußte ja sehen, daß ich rumkam; denn von der Rente, 210,- Mark im Monat, konnte ich gerade die Miete zahlen. Später habe ich dann eine eigene Praxis aufgemacht, übernahm von meinem Bruder das alte Familienhaus in Wannsee und bin so wieder am Ort meiner Kindheit gelandet.

Waren Sie enttäuscht von der Entwicklung, die die Bundesrepublik Deutschland in den fünfziger Jahren nahm?

In der ersten Zeit nach dem Zusammenbruch habe ich mich mit meinen politischen Äußerungen zurückgehalten. Als die ersten Care-Pakete kamen und die Nachbarschaft neidisch guckte – die wußten natürlich, daß wir die Pakete bekamen, weil wir zum Widerstand gehört hatten –, merkten wir, daß wir unbeliebt waren. Ich schwieg und machte meine Arbeit und wartete und dachte, es wird schon einmal eine Aufklärung geben. Das ist ja auch schwer für die Bevölkerung zu verdauen: Eben noch haben sie gejubelt und alles mitgemacht und bis zum bitteren Ende an den Sieg geglaubt, und auf einmal läuft alles anders herum, und sie sind die Schuldigen. Ich habe mich da nicht reingehängt, sondern die Dinge laufenlassen und nur beobachtet. Vor allem habe ich versucht, an die Widerstandsliteratur heranzukommen, was sehr schwierig war; das erste Buch darüber habe ich in Schweden gefunden, die Tagebücher Ulrich von Hassells. Die durften zuerst nur in der Schweiz erscheinen, genau wie das Buch von Rudolf Pechel, weil die Besatzungsmächte diese Art von Literatur nicht gern sahen. Die wollten einfach nicht durchsickern lassen, daß es überhaupt Widerstand gab. Im übrigen finde ich es noch immer merkwürdig, daß jahrelang der 17. Juni gefeiert wurde, der 20. Juli aber bis heute eigentlich unter den Tisch fällt. Es gibt ein paar interne Feiern, aber ein öffentlicher Feiertag ist der 20. Juli nie geworden, obwohl es doch seit dem Zweiten Weltkrieg kaum ein zweites Datum gibt, das in diesem Maße zur Ehrenrettung der Deutschen beigetragen hat. Aber die deutsche Bevölkerung reagierte vollkommen verständnislos. Und nach 1945 setzte erst ganz allmählich ein Lernprozeß ein.

Anfang der fünfziger Jahre befanden wir uns alle in einer großen Aufbruchstimmung. Jetzt muß alles anders werden, sagten wir uns und waren voller Euphorie. Die erste Enttäuschung für mich war die von Adenauer forcierte Westorientierung. Daß man den Osten links liegen ließ, fand ich von vornherein falsch. Wenn unsere Männer noch leben würden, haben wir uns oft gesagt, würde das Ganze anders laufen. Da würde man versuchen, den Kontakt mit dem Osten zu halten und dadurch Gesamtdeutschland zu retten. Es war die restaurative Politik Adenauers, die wesentlich zur Teilung beigetragen hat; die Schuld liegt nicht, wie immer behauptet wird, ausschließlich bei den Russen. Ich war sehr froh, als die Sache durch Brandt und Schmidt wieder einen Schwenk nach links bekam und Kontakte nach dem

Osten aufgenommen wurden. Es hat lange genug gedauert. Die ehemaligen Nazis hatten sich schon viel zu wohl bei uns gefühlt. Besonders schlimm fand ich, daß die alten Richter wieder eingesetzt wurden, weil es keine anderen Richter gab, und auch die Remilitarisierung empfand ich als verhängnisvoll, weil es doch zum größten Teil die alten Nazi-Offiziere waren, die die Führung übernahmen. Man hätte wenigstens eine Generation warten sollen, bis andere Kräfte zur Verfügung gestanden hätten. Vieles ist anders gelaufen, als sich die Kreisauer das vorgestellt hatten. Ich habe oft gedacht: Mein Gott, dann war ja alles umsonst. Steltzer hat sich in Amt und Würden sehr gut gehalten. Enttäuscht war ich jedoch über den späteren Bundestagspräsidenten Gerstenmaier, obwohl er sich für mich eingesetzt hat. Es war für mich unvorstellbar, daß ein Kreisauer sich so entwickelte, aber darauf möchte ich nicht näher eingehen, denn Gerstenmaier hat mir bei der Aufbesserung der Pension sehr geholfen.

Würden Sie im nachhinein sagen, daß der Widerstand eine andere Politik hätte einschlagen müssen, um zum Erfolg zu gelangen?

Ich bin der Meinung, daß man das Unheil hätte am Anfang verhindern müssen. Nachdem Hitler einmal Kanzler war und die Vollmachten hatte, war nichts mehr zu machen, da nahmen die Dinge ihren Lauf. Die Möglichkeiten zum Eingreifen waren sehr begrenzt, und die Vorbereitungen wurden auch dadurch erschwert, daß jeweils nur zwei oder drei sich kannten und sich einig waren, von denen dann wiederum nur einer Kontakt zu einer anderen Gruppe hatte und so weiter. Mein Mann war recht gut orientiert, welche Gruppen es gab, und so war er gleichsam zum Vermittler ausersehen. Seine Kontakte reichten von ganz links bis ganz rechts.

Die Kommunisten waren wohl die ersten, die aktiv wurden...

Na, die waren schon in der Weimarer Republik aktiv. Nach Hitlers Machtübernahme gingen sie dann in den Untergrund; das war ja das Eigenartige, sie haben nur Flugblätter verteilt und Sabotageakte verübt. Das war natürlich auch mit einem hohen Risiko verbunden, und es sind ja auch viele dabei draufgegangen.

Aber direkt zu handeln, das war nicht die Linie der Kommunisten. Da war der militärische Widerstand ganz anders, er hatte freilich auch ganz andere Möglichkeiten – schließlich hätte das Militär ja die Macht übernehmen können. Erst gegen Ende, als die Katastrophe nicht mehr abzuwenden war, und mein Mann Kontakt mit ihnen aufnahm, wurde auch den Kommunisten klar, daß Hitler beseitigt werden mußte. Sie haben sich zwar dieser Meinung angeschlossen, sind aber selber nicht aktiv geworden.

Aber genau das wirft man den Kreisauern doch oft vor, daß sie nur nachgedacht hätten und nicht bereit gewesen wären, das Attentat auszuführen und die Verantwortung dafür zu übernehmen.

Das habe ich auch von kommunistischer Seite immer wieder gehört: Was habt Ihr denn schon gemacht, Ihr habt doch bloß nachgedacht! Aber gerade das ist doch furchtbar wichtig, daß, wenn etwas einstürzt, man anschließend auch weiß, wie es weitergehen soll. Vielleicht war manches bei diesem Attentat nicht genügend bedacht, vielleicht hätte man noch mehr vorausdenken müssen, aber man kann doch nicht so tun, als hätten die Kreisauer mit ihren Treffen nichts riskiert. Das waren doch nicht einfach irgendwelche Feiern, wenn man sich in Kreisau traf! Gerade bei einer so großen Gruppe, wie sie in Kreisau zusammenkam, konnte man ja nie wissen, ob nicht ein Verräter dazwischen war, und jedesmal ging man das Risiko von neuem ein.

Ihr Mann unterschied sich ja in manchem von den übrigen Kreisauern. Und er war einer von denen, die bereit waren, einen Ministerposten zu übernehmen.

Das stand eigentlich ganz am Rande und wurde später viel zu hoch gespielt. Leute, denen der ganze Widerstand nicht paßte, haben später behauptet, das seien alles Postenjäger gewesen, aber das ist völlig abwegig. Mein Mann zum Beispiel war im Grunde viel mehr Pädagoge als Politiker. Deshalb war vorgesehen, daß er nach einem geglückten Staatsstreich den Bereich Schule und Erziehung in die Hand nehmen sollte. Die Pädagogik stand für ihn immer im Vordergrund. Da hat er sich enorm eingesetzt. Aber ohne Politik, sagte er oft, geht es nicht, auch Lehrer müssen sich politisch orientieren. Meinem Vater zum Beispiel hat er damals vorgeworfen, die Ministerialbeamten hätten sich auf ihre Arbeit zurückgezogen und die Politik laufenlassen, bis es zu spät gewesen sei. Mein Mann war ein tatkräftiger Mensch. Er setzte das, was er dachte und plante, gern auch um, das gehörte für ihn dazu; nein, nur am Schreibtisch planen, das war seine Sache nicht.

Wie würden Sie Ihren Mann als Charakter beschreiben, wie haben Sie ihn erlebt, als Mann, als Vater, als Lehrer?

Wissen Sie, wenn man darauf antwortet, dann liegt das für alle Zeiten fest. Das ist mir unheimlich. Er war ein sehr disziplinierter Mensch, der sich immer in der Hand hatte. Als ich ihn kennenlernte, habe ich wegen seiner harten Gesichtszüge zunächst gedacht, er sei Offizier. Was mich an ihm besonders anzog, war sein klares Denken, daß er immer genau wußte, was er wollte und wie man eingreifen konnte. Seine ganze geistige Einstellung hat mir ungeheuer zugesagt. Dann war er sportlich, und ich war ja auch Sportlehrerin. Und dann vor allem seine Liebe zu den Kindern, er hätte am liebsten sechs gehabt. Über jedes neue Kind war er glücklich, was mir natürlich sehr viel Freude machte, und immer war er daran interessiert, mit Kindern etwas zu unternehmen. Wir hatten wirklich das, was man sich als Familienleben wünscht. Heute ist das ja oft sehr schwierig, weil die Frauen versuchen, eine besondere Rolle zu spielen, was damals gar nicht üblich war. Ich hatte jahrelang einen Beruf ausgeübt, und am Ende hatte ich das Bedürfnis nach einer Familie – das schien mir die Erfüllung zu sein.

Mein Mann fand überall schnell Kontakt, in allen Schichten, und seine Ausstrahlung beflügelte einen. Zu Hause war er allerdings nicht sehr gesprächsbereit, abgesehen von den Dingen, die im Familienkreis unbedingt besprochen werden mußten. Er war ja oft so abgekämpft, daß er zu Hause kaum etwas sagte und nach den Mahlzeiten sich ausruhen mußte; ich respektierte das und freute mich, wenn Freunde kamen, denn dann redete er, dann erfuhr auch ich etwas. Sein Freundeskreis hat mich mit einbezogen, und ich habe mich ganz auf seine Freunde eingestellt. Einer sagte mir einmal, »Reichwein war ein Genie der Freundschaft«.

Glauben Sie, daß Sie in der Vergangenheit leben?

Ich? Natürlich habe ich Vergangenheit an mir hängen, das sagen auch meine Kinder immer, aber indem ich mich auf die Enkel einstelle, bemühe ich mich, mit der Zeit zu gehen. Ich bin jetzt politisch viel mehr interessiert, als ich es je war. Nein, ich muß sagen, ich blicke jetzt eigentlich ganz nach vorn. Vielleicht, weil die Vergangenheit so traurig war und so schwer. Manchmal will es mir scheinen, als ob ich einen bösen Traum gehabt hätte, einen Alptraum. Man denkt mit Schrecken an vieles zurück und staunt, wie man da durchgekommen ist. Andererseits waren die zwölf Ehejahre mit meinem Mann das Zentrum meines Leben, von dem ich heute noch zehre. Und zum Glück halten die vier Kinder noch immer so schön zusammen. Zu meinem fünfundsiebzigsten Geburtstag haben wir eine gemeinsame Fahrt nach Kreisau unternommen, um alles noch einmal wiederzusehen und unseren damaligen Fluchtweg noch einmal nachzufahren. Wir sind auch in Auschwitz gewesen.

Schildern Sie doch bitte einmal genauer das, was Sie einen Alptraum nennen. Welche Bilder tauchen dann auf?

Ach nein, das erlassen Sie mir bitte, nicht wahr? Ich habe jetzt alles erzählt, was passiert ist. Was einen quält, das bespricht man nicht gern. Das wird man auch nicht los. Gerade jetzt, nachdem auch noch der Enkel gestorben ist, von dem man immer glaubte, daß der Großvater bestimmt seine Freude an ihm gehabt hätte. Der ähnelte seinem Großvater Reichwein viel mehr als der eigene Sohn, der ganz nach dem Großvater Pallat schlug – Pallat ist mein Familienname. »Du bist ein anderer Mensch und hast ein eigenes Leben«, sagte ich immer zu meinem Sohn, »nimm dir doch um Himmels willen nicht Deinen Vater zum Vorbild.« Aber er hat dann doch eine ganz ähnliche Bahn eingeschlagen, als Soziologe.

Kommen wir noch einmal zurück zu den Kindern. Sie haben erzählt, daß Ihrem Sohn in der Odenwald-Schule der Vater oft als Vorbild hingestellt wurde. Worauf kam es Ihnen an, welches Bild wollten Sie Ihren Kindern vermitteln?

Ich habe das bei der Schulleitung beanstandet; er sollte erst einmal ein eigenes Selbstbewußtsein entwickeln. Ich habe den Vater nie besonders hervorgehoben. Wir haben uns vor allem an die Fotos gehalten. Ich habe von Anfang an viel fotografiert, vier oder fünf Fotoalben angelegt. Als wir 1945 ins Riesengebirge treckten, habe ich diese Fotoalben auf mein Rad gepackt, und nachher waren es die einzigen Erinnerungen, die wir noch hatten. Heute holen wir die Fotos oft hervor und freuen uns daran. Im Grunde ist das alles ganz gut gelaufen, aber man müßte die Kinder wohl selber befragen, denn die Töchter haben mir später gesagt, sie hätten wohl gern etwas mehr über ihn gehört, besonders die beiden jüngsten, die kaum Erinnerungen an ihn hatten.

Empfanden Sie, wenn Sie über Ihren Mann sprachen, so etwas wie Scheu Ihren Kindern gegenüber?

Scheu ist vielleicht etwas zu stark, aber andererseits war mir das alles doch viel zu nah, um offen mit ihnen darüber sprechen zu können. Ich habe immer gedacht, Zeit heilt vieles, und es kommt auch einmal die Zeit, wo man freier über diese Dinge reden kann. Heute können wir ganz ruhig über diese Zeit sprechen, jetzt, wo sie selber Kinder haben, haben sie auch einen gewissen Abstand. Jahrelang war es ja so, daß mein Sohn seine Kinder überhaupt nicht informierte; ich habe mir das damit erklärt, daß er selber so viele Schwierigkeiten hatte. Die Kinder meiner Ältesten hingegen fingen früh an, selber Fragen zu stellen, und ihr ältester Sohn hat sogar seine Abiturarbeit über seinen Großvater geschrieben. Meine Älteste war im übrigen wohl diejenige, die unter dem Verlust des Vaters zunächst am stärksten litt. Später hat sie in ihrem Partner immer den Vater gesucht, und das konnte natürlich nicht gut gehen.

Wie denken Sie heute über den 20. Juli?

Wir haben das als Schicksalsschlag hingenommen. Wir waren uns völlig im klaren darüber, daß Gangstermethoden dazugehörten, einen Mann wie Hitler umzubringen. Aber unter denen, die überhaupt in Frage kamen, das Attentat auszuführen, gab es keine Gangster. Vieles am 20. Juli war möglicherweise zu dilettantisch geplant. Andererseits darf man nicht vergessen, daß das System des Dritten Reiches bis ins letzte ausgeklügelt war und man nur sehr schwer mit Leuten in Kontakt kam, die anders dachten.

Und als sich herausstellte, daß das Attentat gescheitert war?

Das Gefühl, daß es mißlungen ist, war furchtbar. Hitler ist eine Macht, dachte ich, an die ist anscheinend gar nicht ranzukommen. Und natürlich war mir klar, daß es für die, die in den Gefängnissen saßen, nun keine Rettung mehr geben werde. Es war völlig falsch, vor Racheaktionen die Augen zu verschließen und dazusitzen und zu trauern. Man mußte Realist bleiben und sehen, was noch möglich war, was jetzt zu tun blieb für die Zukunft.

Die Sippenhaft ist Ihnen erspart geblieben. Waren Sie anderen Repressionen ausgesetzt?

Die Nazis reagierten merkwürdig großzügig. Ich durfte mit den Kindern in Kreisau bleiben, und sie wollten mir sogar Geld anbieten. Ich fand das widerlich, ich wollte von denen nichts annehmen. Ich hob alles ab, was auf der Bank war, und versuchte so durchzukommen.

Was hätten Sie gemacht, wenn Sie Ihren Gefühlen freien Lauf gelassen hätten?

Nachdem mein Mann verhaftet worden war, hatte ich die dümmsten Gedanken. Ich dachte, ich würde lieber eines meiner vier Kinder opfern als diesen Mann, aber dann kam die Schwierigkeit, welches? Sie sind mir doch alle gleich lieb. So verzweifelte komische Gedanken hatte ich. Oder auch: Aufzutreten vor dem Volksgerichtshof und die »Wahrheit« zu sagen. Da wühlte in einem die Frage, was man tun könnte. Und das eben war das Schlimme, daß man wie an Händen und Füßen gebunden war. Man wußte genau: wenn Du jetzt ein Wort zuviel sagst, bist du selbst mit drin – wem nützt das? Am Ende spitzte sich die Sache so zu, daß alle Hoffnung nichts mehr nützte.

Wie haben Sie mit dieser Trauer umgehen können, bewußt ebenso wie unbewußt?

Das Glück für uns in Kreisau war, daß wir das alles gemeinsam erlebten. Schon bei der Verhaftung von Moltke im Januar 1944 hatte ich bewundert, wie Freya damit fertig wurde, wie sie das bewältigte, und als mein Mann verhaftet wurde, hat sie mich natürlich sehr unterstützt. Manchmal kam jemand von den Yorcks rüber, meist die jüngere Schwester des Grafen Yorck, Irene, genannt Muto, und dann haben wir alle zusammengesessen und uns beraten. Ich wohnte ja mit den Kindern in einer Mansarde des Schlosses, und die Familie Moltke wohnte in einem kleinen Haus auf dem Hügel, dem sogenannten Berghaus. Da mußte man immer erst durch das Tal und den Hügel rauf, und wenn die Kinder abends im Bett waren, bin ich rübergegangen, um zu reden und BBC zu hören.

Und nach dem Tod Ihres Mannes?

Da war es das Gefühl der Verantwortung für die Kinder, das mich aufrecht hielt. Du bist jetzt für die Kinder verantwortlich, das ist sein Erbe, das mußt du jetzt auf die beste Weise fortsetzen. Das war meine Grundüberlegung. Ich glaube, daß Freya sehr ähnlich empfunden hat. Jedenfalls war es für uns eine fruchtbare, schöne Zeit.

Denken Sie oft an Ihren Mann?

Ja. Hier und da taucht er mal auf, besonders beim Hören von Musik. Mein Mann liebte Barockmusik, die bringt dann immer wieder Erinnerungen. Das schon... Das Erstaunliche ist nur, das muß ich jetzt sagen, daß ich später nie von meinem Mann geträumt habe, wenigstens nie direkt. Man hat mir einmal gesagt, wenn man von bestimmten Menschen stark träumt, dann belasten sie einen. Aber mein Mann hat mich nie belastet, weil ich ja alles bejahte und mitmachte, auch bis zum bitteren Ende. Vielleicht ist das der Grund dafür, daß ich nie von ihm träume.

Mit wem reden Sie heute über diese Dinge?

Eigentlich mit niemandem außerhalb der Familie. Ich schneide das Thema noch immer nicht an; wenn es nicht von anderer Seite angesprochen wird, rede ich nicht darüber. Ich weiß, daß der ganze 20. Juli ein heikles Thema ist und daß darüber sehr unterschiedliche Meinungen bestehen. Ich will menschliche Kontakte nicht dadurch zerstören, daß Meinungsverschiedenheiten über Dinge auftreten, die lange zurückliegen. Das ist eine böse Zeit gewesen. Ich bin mehr dafür, vorauszuschauen, für die Enkel zu denken, als immer wieder das Alte aufzuwühlen. Das hat keinen Sinn, das ist vorbei.

Clarita von Trott zu Solz,
geb. Tiefenbacher

Clarita von Trott zu Solz wurde 1917 als älteste Tochter des Rechtsanwalts Dr. Max Tiefenbacher und seiner Frau Clarita in Hamburg geboren, wo sie bis zum Abitur mit ihren drei Geschwistern lebte. Es folgten Auslandsaufenthalte, ein Landjahr und Kurse, u.a. in Stenographie. Adam von Trott zu Solz begegnete sie Ende 1935, eine Freundschaft entwickelte sich 1939, sie heirateten im Frühjahr 1940.

Adam von Trott zu Solz wurde 1909 als fünftes von acht Kindern des späteren preussischen Kultusministers August von Trott in Potsdam geboren. Dort, in Kassel und in Imshausen, dem Familiensitz, wuchs er auf, bis er in Göttingen das Studium der Rechts- und Staatswissenschaften aufnahm; 1931 promovierte er über »Hegels Staatsphilosophie und das Internationale Recht«. Danach studierte er zwei Jahre in Oxford und entwickelte dort bleibende Freundschaften zu führenden englischen Politikern, besonders von der Labour Party.
1937 bis Ende 1938 reiste er über Amerika nach China. Seit 1940 arbeitete er als Referent in der Informationsabteilung des Auswärtigen Amtes; 1943 wurde er zum Legationssekretär und zum Legationsrat ernannt.
Politisch knüpfte er vor allem Verbindungen zu sozialistischen Kreisen, ohne die Achtung vor der konservativen, preußisch geprägten Haltung seiner Familie zu verlieren.
1939 verfaßte er ein Memorandum für Hitler über die Gespräche mit dem britischen Außenminister Lord Halifax und dem Premierminister Chamberlain zur Haltung der britischen Regierung gegenüber der deutschen Außenpolitik, um den erwarteten Angriff auf Polen zu verhindern. 1940 bezogen Clarita und Adam von Trott eine Wohnung in Berlin Dahlem, wo 1942 ihre Tochter Verena, 1943 Clarita geboren wurde.
Ebenso wie sein Freund und Vorgesetzter, Hans-Bernd von Haeften, nahm Trott ab Frühjahr 1941 an den politischen Beratungen des Kreisauer Kreises teil. Seine Dienstreisen in die Schweiz, die Niederlande

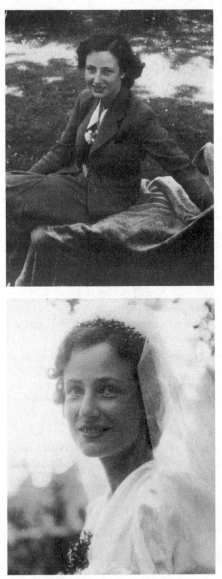

Clarita von Trott bei einem der ersten Besuche der Trotts in Reinbek im April oder Mai 1940

Clarita von Trott als Braut, eine Aufnahme, die Adam von Trott immer in seiner Brieftasche trug

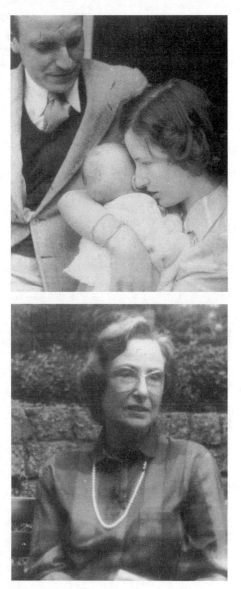

Adam und Clarita von Trott mit ihrer Tochter Verena im Frühjahr 1942

Clarita von Trott 1984

und nach Schweden nutzte er, um im geheimen Auftrag des Kreises die westlichen Alliierten über die Pläne der Opposition zu unterrichten; doch die Hoffnung auf konkrete Zusagen der Kriegsgegner, wie die Friedensbedingungen für eine deutsche Regierung nach dem Sturz Hitler aussehen würden, erfüllte sich nicht.

Im Zuge der Umsturzplanungen von Graf Stauffenberg, mit dem Trott seit 1943 befreundet war, kam es erneut zu intensiven Bemühungen um verbindliche Kontakte mit den Alliierten. Sie blieben vergeblich, ebenso wie der Versuch, mit der sowjetischen Botschafterin in Stockholm in Verbindung zu treten (Juni 1944). Am 25. Juli 1944 wurde er verhaftet. Nach dem Todesurteil durch den Volksgerichtshof am 15. August 1944 wurde er am 26. August 1944 in Plötzensee hingerichtet.

Clarita von Trott zu Solz wohnte seit den Bombennächten 1943 mit ihren beiden Töchtern in Imshausen, dem Familiensitz in Nordhessen, bei der Familie ihres Mannes. Vom 17. August bis 30. September 1944 war sie auf Grund von Sippenhaft in Berlin inhaftiert. Nach dem Krieg arbeitete sie in Berlin ein Jahr bei den Quäkern. 1950 begann sie ein Medizinstudium, das sie 1955 mit Promotion abschloß. Seit 1960 arbeitete sie als Nervenärztin und Psychotherapeutin zunächst in Hamburg, dann in Berlin, wo sie sich später als Psychoanalytikerin niedergelassen hat.

Sie sind Hamburgerin; wie sind Sie aufgewachsen?

Ich bin 1917 geboren und war die älteste von vier Geschwistern. Mein Vater stand im Feld; meine Mutter lebte bis zum Kriegsende noch in ihrem Elternhaus in Hamburg. Aufgewachsen bin ich in Reinbek, damals ein Dorf in sehr ländlicher Umgebung, unser Garten grenzte an den Wald. Äußerlich und innerlich war ich eingebettet in die väterliche, katholische Familie. Daß meine Mutter darauf bestanden hatte, uns protestantisch zu erziehen, tat dem uns umgebenden Wohlwollen keinen Abbruch. Ich bin gern zur Schule gegangen, die mitten in den Feldern, nur zehn Minuten entfernt von uns lag. Um studieren zu können, war ich vorsorglich in den BDM eingetreten. Das war 1934 noch eine harmlose Veranstaltung, aber es war derartig geisttötend, daß ich mir von Woche zu Woche eine neue Ausrede zurechtlegte, um nicht hingehen zu müssen. Nach der Schulzeit hat man mich dort nie wiedergesehen. Einer vergleichbaren Organisation wollte ich unter keinen Umständen wieder beitreten; hätte ich studieren wollen, wäre das aber unumgänglich gewesen. Wahrscheinlich spürte ich auch, daß 1936 ein unverbindliches Mitmachen nicht mehr möglich war. Am Ende gaben die Wünsche meines Vaters den Ausschlag. Er wollte, wie alle Eltern in Verwandtschaft und Bekanntschaft, daß ich möglichst bald einen Sohn aus möglichst angesehener Hamburger Familie heiratete. Ich erinnere sein Argument: »Wenn Du studierst, kriegst Du rote Augen vom vielen Lesen, und dann will Dich niemand mehr.« Ich habe mich diesem Einfluß nur sehr schrittweise entziehen können. Zuerst polierte ich mein Englisch auf in Cambridge, dann lernte ich Stenographie und Schreibmaschine, was mir später sehr nützlich war. Darauf folgte für fast ein Jahr eine Art Arbeitsdienst-Ersatz auf einem Obstgut an der Saar. Erst danach hatte ich den Mut, mir trotz der Bedenken meiner Eltern und ihrer Vorhaltungen die Erlaubnis zu erkämpfen, ein halbes Jahr nach Berlin zu ziehen. »Hier in Hamburg weiß jeder, wer du bist«, hieß es, »aber in Berlin haben wir kaum Bekannte. Du hast keinen bekannten Namen, kein Vermögen. Du wirst es bereuen, hier alles im Stich gelassen zu haben.« Mir ging es wohl wie den »Drei Schwestern« von Tschechow, die sich nach Moskau sehnen, und für mich war Berlin dieser Platz.

Mit viel Glück fand ich einen anregenden Kreis junger Leute. Schließlich, als das halbe Jahr gerade abgelaufen war, im April 1939, traf ich per Zufall auf der Straße Peter Bielenberg, einen alten Hamburger Freund. Wir verabredeten uns, und bei ihm traf ich Adam, der sich erstaunlicherweise entschloß, mich noch am gleichen Abend zu einem politischen Gespräch mitzunehmen, das Peter arrangiert hatte.

Kannten Sie Adam von Trott bereits?

Adam hatte mich ein paar Jahre zuvor bei einem Fest in Hamburg einmal zum Tanzen aufgefordert, und seidem hatte ich ihn nicht aus dem Gedächtnis verloren. Als ich ihn an diesem Abend erlebte und hörte, was er sagte und wie er es sagte, da fiel ein Schlüssel ins Schloß, da klickte es irgendwie. Schon in der behüteten Welt meiner Kindheit hatten mich soziale Mißstände, die als gegeben hingenommen wurden, bedrückt. Inzwischen taumelte unser ganzes Volk einem Abgrund zu. Und nun begegnete ich zum ersten Mal Menschen, die etwas dagegen unternehmen wollten. Der Widerstand war also von Anfang an unauflösbar mit unserer beginnenden Freundschaft verbunden.

Sie sind dann in Berlin geblieben?

Ich habe mir eine kleine Stelle gesucht und bin solange geblieben, wie ich konnte. Ende August, etwa zwei Wochen vor Kriegsausbruch, mußte ich nach Hamburg zurück; ich hatte das Gefühl, ich würde Adam nie wiedersehen, denn er wollte nach Amerika, und ich konnte mir nicht vorstellen, daß er zurückkäme. Im September 1939 fuhr er los.

Er arbeitete einige Monate am Institute of Pacific Relations in New York, warb um Unterstützung für die deutsche Widerstandsbewegung und kehrte im Frühjahr 1940 nach Deutschland zurück.

Ja, Anfang März 1940. Beim ersten Wiedersehen im April haben wir uns sofort verlobt. Er hatte das Gefühl, daß er eine Frau brauchte, wenn er freiwillig in dieses Land zurückkehrte und sich auf eine gefährliche Gratwanderung einließ, ein Zuhause inmitten des betriebsamen Wirbels, wo er sich entspannen, besinnen und neue Kraft schöpfen konnte. »Sie versteht, was mir im Leben am wichtigsten ist und wird mir helfen, darum zu kämpfen«, schrieb er an seine Mutter. Natürlich gehörte auch dazu, daß ich trotz der Kriegsverhältnisse versuchte, möglichst gut für das materielle Wohlergehen zu sorgen. Aber vor allem brauchte er mich als Zuhörerin, wenn er heimkam. Er mochte es zum Beispiel nicht, wenn ich las, während er an seinem Schreibtisch saß. Meine Schwiegermutter erzählte mir, ihr sei es genauso ergangen und sie habe sich das Stricken angewöhnt, um in jedem Augenblick ansprechbar zu sein. Es hat mich später sehr bekümmert, daß ich inhaltlich so wenig behalten habe. Ich verstand ihn gut genug, um Fragen zu stellen, Einwände zu machen oder auch etwas beizutragen. Aber mir fehlte das Hintergrundwissen, in das ich seine Überlegungen hätte einordnen können.

Ich gehe einmal davon aus, daß sich vieles in den Gesprächen um Politik drehte. Wie haben Sie selbst die politische Entwicklung in Deutschland gesehen?

Wenn Sie mich fragen, welche Vorstellungen ich hatte, bevor ich Adam kennenlernte, muß ich sagen, daß Politik für mich bis dahin etwas war, dem man ausgeliefert ist, das sich in einer unzugänglichen Sphäre abspielt. Man konnte nur versuchen, sich mit den Auswirkungen abzufinden, zum Beispiel mit Hilfe von Kunst oder humanitärem Engagement. Erst in dem Sommer mit Adam und Peter Bielenberg bin ich in den Widerstand hineingewachsen. Bis dahin war mein Weltbild von meinem Vater bestimmt worden, der für mich mit etwa 14 Jahren – also um die Zeit der sogenannten Machtergreifung – sehr wichtig wurde. Er war auf allen Gebieten – von der Kunst bis zur modernen Physik, von der Philosophie bis zur Theologie und vor allem in Geschichte – gründlich belesen und hat seinen Haß auf die Nazis in Essays und drei historischen Dramen untergebracht. Solange ich denken kann, war mein Vater ein politischer Pessimist. In den zwanziger Jahren sah er einen Bürgerkrieg voraus, und 1933 sagte er: »Das bedeutet in fünf Jahren Krieg.« So sahen meine Mutter, meine Geschwister und ich ständig die Katastrophe auf uns zukommen, und jeder neue Beweis für Hitlers Anmaßung und Wahnsinn vertiefte die Vorahnung kommenden, noch größeren Unheils.

Worin fühlte man sich bedroht? War es die Gewalttätigkeit, die das bürgerliche Miteinander bedrohte, sah man die Hamburger Toleranzidee wanken?

Ja, insofern war mein Elternhaus nicht typisch für eine »heile Kaufmannswelt«. Was mich selbst betrifft, so erinnere ich mich an randalierende Jugendliche im Zug, Anfang Februar 1933. Sie trugen HJ-Hemden und demolierten die Abteile. Sie vermittelten das Gefühl: »Jetzt dürfen wir, jetzt sind wir dran.« Die zweite Erfahrung, die ich nach dem 30. Januar machte, war, daß die beiden besten Lehrer meiner Schule, beides sympathische Menschen und gute Pädagogen, umkippten. Der eine war wahrscheinlich ein Deutschnationaler. Er stand plötzlich bei einer Versammlung in der Aula mit hochrotem Kopf vor uns und trommelte mit beiden Fäusten auf das Pult; ich erinnere nur, daß er etwas von »Arbeitern« und nochmal »Arbeitern« schrie. Man merkte, da war ein Blitz eingeschlagen. Man wußte natürlich nicht genau, weshalb er derartig erregt war, aber man spürte, daß er nicht mehr fest stand. Der andere kam später manchmal in seiner SA-Uniform. Ich sehe jedenfalls noch das braune Hemd vor mir. Es paßte so überhaupt nicht zu seinem sonstigen Verhalten. Das alles war beunruhigend und enttäuschend. Insgesamt aber hat mich die Realität des Dritten Reichs als Schülerin nur leicht gestreift.

Sie waren damals 17, 18 Jahre alt. Wie haben Sie in diesem Alter Hitler wahrgenommen?

Er machte mir Angst. Ich war im Krieg geboren. Mein Vater hatte vier Jahre an der Front in Frankreich gestanden. Meine Mutter hatte während des sogenannten »Rübenwinters«, als infolge der alliierten Seeblockade der Hunger herrschte, Unmengen an Haferschleim trinken müssen, erzählte sie, um genügend Milch für mich zu produzieren. All das war noch sehr gegenwärtig. Wie sollte sich da nicht alles in mir wehren gegen einen Diktator, der die ganze Welt provozierte und bei dessen Stimme sich bereits alles in mir zusammenzog. Ich bekam seine Unberechenbarkeit, das Blutbad des 30. Juni, die fortwährenden Verstöße gegen internationale Abmachungen, die Nürnberger Gesetze natürlich damals schon mit. Das konnte nicht gut ausgehn. »Alle sehen das, dachte ich bei mir, und keiner unternimmt etwas dagegen.«

Wenn ich hier einhaken darf: »Alle sehen das und keiner handelt.« Ihr späterer Mann gehörte ja von Anfang an zu denen, die sich nicht damit begnügten, die Lage zu analysieren, sondern die versuchten, aktiv in das Geschen einzugreifen. Sie haben erzählt, daß er Ihnen bereits am ersten Abend diesen Eindruck vermittelte.

Das ist sicher richtig. Mein Mann war keiner von den Intellektuellen, die den Boden unter den Füßen verlieren. Professor Winkelmann, der Gesprächspartner jenes ersten Abends, hat mir beschrieben, wie Adam jede gründliche Analyse eines Problems mit der Frage abschloß »Was folgt daraus, was sollen wir tun?« Adam sagte manchmal, es komme ihm darauf an, die »vita activa« in der richtigen Weise mit der »vita contemplativa« zu verbinden. Ostasien hat ihm in dieser Hinsicht viel bedeutet.

Was würden Sie als die herausragenden Charaktereigenschaften Ihres Mannes bezeichnen?

Das ist schwer zu entscheiden. Vielleicht Verantwortungsbewußtsein und Mut, bei Offenheit und Toleranz. Wenn es nicht mißverstanden wird, auch Menschenliebe. Und natürlich den Sinn für Humor. Außerdem müssen Sie ihn vor sich sehen, mit der Jagdflinte über die Schulter gehängt, wie er durch die Wälder seiner Heimat streift, nach Rehen spähend, und – wie er im vorletzten, langen Brief schrieb – »all die von Menschenhand unberührten Bewegungen, Geräusche und Gerüche der Natur« wahrnimmt. Wenn er dann den Blick über die sanften Höhenzüge, die Felder und Wiesen schweifen ließ, fühlte er sich gestärkt. Um das Grundthema seines Lebens, das politische Verantwortungsbewußtsein, deutlicher zu machen, müßte man viel mehr über seine Eltern sagen können, als hier möglich ist. Seine sozial und kirchlich engagierte Mutter, die aus einer prominenten amerikanisch-hugenottischen Familie stammte, hat ihn ebenso geprägt wie die tolerante Autorität und ernste Würde seines Vaters. Bevor er mich zu seiner Mutter brachte, führte er mich zum Grab seines Vaters. Staatsdienst und Zivilcourage waren für beide Familien charakteristisch.

Ich habe mich oft gefragt, wie es zu erklären ist, daß mein Mann nach oft nur kurzer Begegnung auf zahllose Menschen einen so unauslöschlichen Eindruck gemacht hat. Ich könnte mir vorstellen, daß es sein lebendiges und irgendwie forschendes Interesse war, das seine Gesprächspartner aufschloß. Das wird die Wirkung gehabt haben, daß sie sich selbst ganz neu erlebten. Adam kannte keine Berührungsängste, im Gegenteil: er suchte Kontakt und knüpfte intensive Beziehungen zu den Dorfleuten ebenso wie zu seinen Corpsbrüdern, zu Kommunisten oder Sozialisten ebenso wie zu jungen Diplomaten und älteren Politikern, zum Dorfjuden in Solz wie zum chinesischen Gelehrten und vielen anderen. Nicht selten entstanden Freundschaften aus diesen Begegnungen. Er war zwar von der Notwendigkeit überzeugt, sich einer politischen Gruppierung anschließen zu müssen, im Grunde aber hat er auf Freundschaften gesetzt.

War es schwierig für Sie, sich auf Ihren Mann einzustellen?

Nun, er war mir weit voraus, mehr als den acht Lebensjahren entsprach, die zwischen uns lagen, und das mußte sich auf unsere Beziehung auswirken. Im übrigen mußte ich mich auch daran gewöhnen, daß er aus einer anderen Welt kam als ich. Bezeichnend dafür scheint mir, daß ich es zunächst etwas subaltern fand, daß Adam »in den Dienst« ging, während er mich spaßhaft pfeffersäckisch nannte, wenn ich »ins Büro« sagte.

Er ging auch anders mit seinem Tagewerk um, als ich das von zu Haus gewohnt war. Mein Vater war Anwalt und erledigte alles immer prompt; am Wochenende brachte er oft einen Berg Akten mit nach Hause, und die arbeitete er dann konsequent durch. Bei meinem Mann hingegen lagen wichtige Briefe, die er beantworten mußte, oft wochenlang herum; sich hinzusetzen und etwas zu erledigen, das lag ihm nicht. Er folgte wohl seiner inneren Zeituhr. Ich erklärte mir das, was ich in dieser Hinsicht beobachtete, damit, daß er die Vielschichtigkeit der Probleme nicht ignorieren konnte und daß er wußte, wie sehr sich eine Unkenntnis oder ein Unverständnis rächen können. Er verfügte in erstaunlich hohem Maß über die Fähigkeit, Spannungen auszuhalten. Wenn ich das richtig sehe, hat ihn das schon sehr früh ausgezeichnet. Dadurch gelangte er sowohl in menschlichen als auch in sachlichen Konflikten zu einem umfassenden Verständnis der Hintergründe und der Motive. Und das wiederum setzte ihn instand, neben seiner hohen Intuition, in komplizierten Situationen souverän zu reagieren.

Hatten Sie das Gefühl, in die Entscheidungsfindungen einbezogen zu sein?

Ja und Nein. Einerseits war es ihm wichtig zu erfahren, was ich zu seinen Gedanken oder Plänen sagte. Bei aller Verschiedenheit waren wir doch, wenn ich das mal so ausdrücken darf, nach einem ähnlichen Grundmuster gestrickt. Und was ich aus der Kenntnis seiner Person, aber in Distanz zu seinen aufreibenden täglichen Problemen beisteuern konnte, das schätzte er. Aber damit endete meine Mitwirkung auch. Das ist nach allem, was ich schon gesagt habe, ja eigentlich klar.

Ich sollte vielleicht noch sagen, daß mein Mann sehr viel tat, damit mein Verständnis für seine Sicht der Dinge – ich möchte sagen – »nachreifte«. Das war für mich vielleicht das Allerwertvollste in unserer Beziehung. Ihm lag viel daran, meine Einwände zu verstehen, wenn ich ihm in einer Sache nicht folgen konnte. Wir sprachen dann solange darüber, bis sich meine Bedenken in seiner tieferen oder umfassenderen Sicht der Probleme auflösten.

Von Ihrem Mann ist ein »Gran Unmenschlichkeit« bezeugt. Was bedeutete das?

Sie denken vielleicht an den Satz von Albrecht von Kessel, Adam habe das »Gran Unmenschlichkeit« gehabt, das bedeutenden Menschen zueigen ist. Wer auch immer besonders viel leistet, muß sein Leben auf eben diese Leistung hin organisieren. Damit wird dem eigenen Leben, aber auch dem der Freunde, natürlich eine gewisse Beschränkung auferlegt. Aber im Grunde finde ich es paradox, ausgerechnet Adam gegenüber von Härte zu sprechen. Die Wärme und Natürlichkeit seiner Zuwendung hat ihn ja, wie viele unabhängig voneinander festgestellt haben, zu einem »Genie der Freundschaft« gemacht. Gerade Kessel, ein sehr guter und gleichzeitig sehr sensibler Freund, ist es gewesen, der eine fast hymnische Beschreibung seines letzten Zusammenseins mit Adam hinterlassen hat.

Ich erinnere auch, daß ich im Anfang ziemlich viel Kritik aushalten mußte. Wir mußten ja schließlich ein Gespann werden. Ich erzähle gern die Geschichte, nach der Sie verstehen werden, warum ich diese Pädagogik akzeptieren konnte, ohne darunter zu leiden: Ganz zu Anfang unserer Ehe hatte ich einmal die Lebensmittelkarten für die vier vor uns liegenden Wochen irgendwo liegen gelassen. Ich empfand das als Katastrophe und fühlte mich unfähig und zerschmettert. Ich gestand es Adam sofort. Aber er legte nur den Arm um mich und tröstete. Ich glaube, es gibt nicht viele, die so reagieren.

Was haben Sie konkret von Aktionen oder Plänen gewußt?

Ich habe das Gefühl, eigentlich alles gewußt zu haben, obwohl ich über Aktionspläne im einzelnen nichts wußte. Vom Widerstand um Tresckow in der Heeresgruppe Mitte habe ich beispielsweise erst nach dem Krieg etwas gehört.

Man kann sich heute nicht mehr vorstellen, wie weit die Verschwiegenheit und die Vorsichtsmaßnahmen gehen mußten. Ganz zu Anfang unserer Ehe hatte ich meinen Eltern arglos berichtet, daß unser Freund Peter Bielenberg sich mit Adam im Auswärtigen Amt zusammengetan habe. Sie kannten ihn ja gut, und so freute ich mich, etwas von gemeinsamem Interesse erzählen zu können. Das machte dann, genauso arglos, schnell die Runde: Wieso ist Peter denn im Auswärtigen Amt, was macht er denn da mit dem Trott zusammen? Das hätte sehr unangenehm werden können, und ich mußte mir zu Recht ernste Vorwürfe machen lassen.

Wann hatten Sie zum ersten Mal das Gefühl, daß die Arbeit Ihres Mannes lebensgefährlich war?

Angst hatte ich eigentlich immer. So hatte sich mein Mann einen Dienstwagen beschafft, einen winzigen Fiat-Topolino – man hatte das Gefühl, mein fast zwei Meter langer Mann könnte ihn unter den Arm nehmen. Es war natürlich streng verboten, ihn außerhalb des Dienstes zu benutzen. Aber Adam fuhr abends damit zu den Besprechungen, sei es zu Yorcks in die Hortensienstraße, zu Haeftens oder anderen. Ich wäre lieber zu Fuß gegangen, denn ich fürchtete, daß wir von einer Streife angehalten werden könnten, und was hätten wir dann sagen sollen? »Da fällt mir schon was ein«, sagte mein Mann. Und ihm fiel auch immer etwas ein. Auch die Risiken, die Adam auf seinen Auslandsreisen einging, machten mir große Angst. Einmal erzählte er, daß er Elisabeth Wiskeman, eine britische Kontaktperson in Bern, besucht und daß ein Gendarm vor ihrem Haus gestanden habe. »Wer weiß«, sagte er halb scherzend, »ob das ein Geheimdienstler war.« Da man wußte, daß zwischen allen Geheimdiensten der Welt Verbindungen bestehen, gelang es ihm nicht, mich ausreichend zu beruhigen. Ich habe mich damals aufs Fahrrad gesetzt und bin zu Hans Haeften gefahren, um noch eine zweite Meinung zu hören.

Eine andere ungemütliche Situation schilderte er mir nach seinem Herbstbesuch in Schweden 1943. Er hatte sich stundenlang im Hausflur der englischen Kontaktpersonen versteckt halten müssen, weil diese unerwartet Besuch bekommen hatten. Es war Harold Nicolson, ein gemeinsamer Bekannter, der natürlich nichts von ihm wissen durfte. Ich beschwor ihn, noch mehr Sorge zu tragen, damit nichts zur Gestapo durchsickerte. »Du kannst sicher sein«, sagte er damals, »daß ich alle nur denkbaren Vorsichtsmaßnahmen ergreife. Aber es gibt ein Maß an Vorsicht, das das Vorhaben, dessentwegen man vorsichtig sein muß, zunichte macht. Es ist unvermeidlich, daß ich mit jedem Auslandsbesuch meinen Kopf in die Schlinge lege.«

Natürlich hatten wir den Telefonhörer immer unter der Kaffeehaube, wenn wir uns unterhielten, aber wie die Abhörmechanismen funktionierten und wie man sich davor schützen konnte, wußten wir nicht. Ein Rest Unsicherheit blieb auch in den eigenen vier Wänden.

Was war Ihre Rolle innerhalb des Widerstandskreises um Ihren Mann?

Sie stellen sich anscheinend vor, wir hätten alle bestimmte Aufgaben gehabt?

Ja, das stellt man sich leicht so vor, daß alles gut organisiert war.

Also, wenn wir da noch mehr hätten organisieren wollen, dann wären wir sicher sehr schnell aufgeflogen. Die Vorstellung, der Widerstand sei organisiert gewesen, trifft vielleicht auf die Militärs und die KPD zu. Der zivile Widerstand konnte nur deshalb so weit kommen, wie er kam, weil er flexibel und unorganisiert war. Soweit ich Einblick hatte, verstand und verhielt er sich als eine Art Freundschaftsbund, der persönliche Bewährung und gegenseitiges Vertrauen voraussetzte.

Damit unsere Männer sich mit allen zur Verfügung stehenden Kräften dem Widerstand widmen konnten, mußten wir Frauen ihnen mindestens von der häuslichen Seite her den Rücken freihalten. Dazu gehörte auch, daß wir nicht mehr Namen kannten als nötig. Sogar im Freundeskreis benutzte man Decknamen, wie z. B. »der Onkel« für Leuschner. Als Adam mir während einer meiner letzten Besuche in Berlin sagte, er bedauere, daß ich aus Termingründen den Leber nicht kennenlernen könne und daß ich mich besonders mit seiner Frau gut verstehen würde, da dachte ich, mein Mann benutze den Namen als Decknamen, nämlich »Labour«, für einen maßgeblichen Sozialisten. In Briefen finde ich noch Umschreibungen wie »Seelöwe«, »Erbsenonkel«, »Evas Schwester«, »die Kinder«, »der andere Peter« und ähnliches. Aus Imshausen schlug ich meinem Mann einmal einen Code vor, indem ich unsere Freunde kurzerhand mit »Kopf«, »Herz«, »Schulter« und so weiter bezeichnete. Adam erfand dann eine entsprechende Geschichte über seine Gesundheit, um mir politische Entwicklungen im Freundeskreis zu berichten. Kurze Zeit hat das ganz gut funktioniert. Dazu gehört noch eine Geschichte: Barbara Haeften schrieb mir damals: »Ach, wenn wir uns doch erst duzen könnten!« Ich ging begeistert darauf ein im Sinne von: »Warum nicht hier und jetzt?« Erst viel später erfuhr ich, was eigentlich damit gemeint war: Sobald Hitler tot wäre, würden wir uns duzen.

Zu unserer Rolle gehörte es also vor allem, vorsichtig zu sein und alles zu vermeiden, was auffällig hätte sein können. Dazu gehörte aber auch der weitgehende Verzicht auf das, was man unter Privatleben versteht.

Warum sind Sie – wie viele andere Frauen – auch unter diesen Umständen vor allem die Frau Ihres Mannes geblieben, obwohl Sie vom Temperament her doch eher aktive Frauen sind? Lag es an der Zeit?

Natürlich lag es an der Zeit, und wahrscheinlich war es auch nur möglich, weil es sich um gerade diese Männer handelte. Aber ich überlege doch manchmal, weil man die Frage heute so oft hört, ob es nicht immer Konstellationen geben wird, in denen einer der Ehepartner sich dem anderen irgendwie unterordnen muß. Ich meine beobachtet zu haben, daß längerfristige bedeutsame Leistungen für die Allgemeinheit auch von der Qualität der jeweiligen Ehe abhängig sind. Beide Partner können sich wohl nicht gleichzeitig gleichstark in ihren Vorhaben verausgaben, ohne daß entweder die Ehe oder das Vorhaben Schaden leidet. Es fehlt dann »der ruhende Pol«.

Sie sprachen vorhin davon, daß Sie Berlin verlassen mußten. Wann war das, und wohin sind Sie übergesiedelt?

Es war im Mai 1943. Ich war damals gerade wieder schwanger. Gegen Ende des Winters hatten plötzlich sehr heftige Luftangriffe eingesetzt. Mein Mann meinte, wir seien es unseren Kindern schuldig, sie vor nicht wieder gutzumachenden Schockerlebnissen zu schützen. Ich hatte natürlich den Wunsch, so nah wie möglich an Berlin zu bleiben. Borsigs boten uns in Groß-Behnitz eine Wohnung in ihrem Verwalterhaus an. Wir hatten dort manches schöne Wochenende mit Freunden verbracht. Es schien die ideale Lösung. Aber kurz vor der Übersiedlung war sich mein Mann urplötzlich völlig sicher, daß wir in seiner Heimat, Imshausen, Fuß fassen sollten. Es wurde mir bitter schwer. Wie instinktsicher hier doch seine neue, unerschütterliche Überzeugung gewesen war, zeigte sich kurz darauf: Die für uns bestimmte Wohnung bei Borsigs wurde für die schwedische Gesandtschaft requiriert, während in Imshausen schon bald nach unserer Ankunft die Saarländer in einer neuen Fluchtwelle auch den letzten verfügbaren Raum in Anspruch nahmen. Außerdem wären wir nach dem 20. Juli für jeden Freund, der uns aufgenommen hätte, eine lebensgefährliche Belastung gewesen.

Mithin haben Sie von April 1943 an die Aktivitäten Ihres Mannes nur noch sporadisch verfolgen können?

Das, was mir am meisten zu schaffen machte, war, daß der Austausch so unterbrochen wurde. Man darf die Zensur ja nicht vergessen. Wie Adam einmal schrieb, mußten wir den Stoff für unsere Mitteilungen außerhalb unserer Tagesarbeit suchen. Ich sorgte mich manchmal, daß die vielen nicht mitteilbaren Erfahrungen sich wie ein trennendes Gebirge zwischen uns auftürmen könnten. Ich erinnere mich, daß ich ihn bat, einen Weg für mich freizuhalten, auf dem ich ihn schnell wiederfinden könne. »Wiederfinden« hieß, die Veränderungen bemerken und verstehen, die die erzwungene Trennung mit sich brachte.

Und wie war es in den Tagen vor dem 20. Juli?

Den bevorstehenden Umsturz hat er mir im Grunde verschiedentlich angekündigt. Ostern 1944 sprach er von zwei für ihn wichtigen Veränderungen, wovon die eine die Existenz eines »feurigen, jungen Offiziers« war, durch den die festgefahrene Umsturzarbeit wieder in Bewegung gekommen sei. Er sprach mit Sicherheit von Stauffenberg. Anfang Juli, auf meine verschlüsselte Frage, warum es nicht gelänge, Moltke, der seit einem halben Jahr in Haft war, zu befreien, antwortete er unter anderem so: »Die Saaten reifen jetzt allenthalben und die schweren Wolken haben sich längst an allen Horizonten zusammengezogen. Jetzt ist es Zeit, sein Herz auf letzte Entscheidungen zu prüfen und bereit zu machen.« Und am 19. Juli schrieb er: »Du wirst in den nächsten Wochen vielleicht lange nichts von mir hören.« Es war ein tief bewegender Brief, in dem sich Abschied und gleichzeitig die Hoffnung auf eine große Erfüllung durchdrangen. Der Brief erreichte mich am 21. Juli, und ich konnte nur wenige Zeilen abschreiben und aufbewahren, den Brief selbst mußte ich gleich vernichten.

Erinnern Sie sich, was Sie am 20. Juli gemacht haben?

Ja, sehr genau. Seinen Brief, der mich vorbereiten sollte, hatte ich noch nicht. Merkwürdigerweise habe ich ihn aber gerade an diesem Morgen angerufen, zum ersten Mal überhaupt, ohne äußeren Anlaß. Nur mal so, wie man sagt. Dahinter stand das Gefühl, daß auch das Telefonieren vielleicht bald nicht mehr möglich sein könnte. Er hat einer Verwandten noch erzählt, daß er das als Zeichen wortloser Verbundenheit aufgefaßt hat.
Etwas ganz Gegensinniges fand gegen Mittag statt. Ein Dorfhund hatte sich über den Kuchen hergemacht, den ich aus unersetzbaren Reserven für meinen Bruder gebacken hatte. Er wurde nachmittags, von der italienischen Front kommend, erwartet. Ich war richtig unglücklich und beschwerte mich aufgebracht bei dem Besitzer. Es war ungefähr die Stunde, in der die Aktion in der Wolfschanze scheiterte. Meine Ahnungslosigkeit darüber, was an diesem Tag allein der Erregung wert war, macht mich betroffen, sooft ich es erinnere.
Am frühen Abend, als ich meinem Bruder das Dorf zeigte, den Kinderwagen vor mir herschiebend, die zweijährige Verena an der Hand, kam ein Hofarbeiter vorbei und fragte, ob ich schon vom Attentat auf »den Führer« gehört hätte. »Der Führer« habe aber überlebt. Ich wußte sofort, »das war es also«. Auf der Stelle mußte ich meine Gefühle verbergen, aber ich überlegte auch blitzschnell, daß Adam als Zivilist wahrscheinlich noch nicht in Aktion getreten war und deshalb eine kleine Chance bestand, daß er sich retten könnte.

Tatsächlich habe ich von da an jeden Tag mit ihm telefonieren können. Natürlich nur mit äußerster Vorsicht. Ich hatte ihm verschlüsselt geschrieben, daß ich keine Erklärungen erwartete. Das muß ihn sehr gefreut haben, wie ich später hörte. Am Wochenende sollte sein seit langem geplanter Ferienaufenthalt in Imshausen anfangen. Am 25. Juli schickte er Emma, seine treue alte Haushälterin, sozusagen als Vorhut. Wahrscheinlich hatte er einem Verhör der alten Frau vorbeugen wollen. Ich hatte sie in Bebra mit einem Pferdewagen abgeholt und erstarrte vor Schreck, als sie während der Fahrt anfing, von dem einarmigen Offizier zu erzählen, der Herrn v. Trott so oft besucht habe. Sie war taub und sprach deshalb sehr laut, und der Kutscher konnte alles hören. Ich mußte sie im Nu auf ein anderes Thema bringen.

Wann wurde Ihr Mann verhaftet?

Am 25. Juli, also am gleichen Tag. Am nächsten Morgen wollte ich ihm Emmas Ankunft mitteilen. Da hieß es: »Der Ruf geht durch, aber Teilnehmer antwortet nicht.« Den ganzen heißen, herrlichen Sommertag habe ich unter irgendeinem Vorwand neben dem Telefon verbracht. Am 27. Juli, sehr früh, rief mich mein Schwager Werner an und sagte nur: »Adam ist krank«. Und ich sagte nur: »Ich komme sofort.« Und bin dann nach Berlin gefahren.

Sie haben sicher gehofft, Ihren Mann noch einmal wiederzusehen, und wußten also, was diese verschlüsselte Mitteilung Ihres Schwagers bedeutete?

Natürlich. – In Berlin kam ich mir dann allerdings völlig verloren vor. Ich hatte mir vorher nicht klar gemacht, daß ich niemanden aufsuchen, nicht einmal anrufen konnte, ohne ihn zu gefährden. Aus diesen schrecklichen Tagen erinnere ich tatsächlich nichts mehr. Sie sind wie ausgelöscht aus meinem Gedächtnis. Denn ich konnte ja auch auf eigene Faust nichts unternehmen – also etwa bei amtlichen Stellen nachfragen –, weil ich mich für meine kleinen Töchter erhalten mußte.

Erst letzthin tauchte für mich die Frage auf, warum ich meinem Herzen nicht folgen konnte und sofort am 21. Juli zu meinem

Mann fuhr. Ich glaube, daß wir alle uns in einem solchen Netz mißtrauischer Beobachtungen gefangen fühlten, daß man jede auffällige Bewegung vermied. Eine andere Frage kommt dazu: Warum habe ich bis zu meiner Verhaftung nur mit meinem Schwager Werner über Adam gesprochen? Dieses totale Verschweigen selbst den vertrauenswürdigsten Angehörigen gegenüber ist wahrscheinlich dem gleichen, schon instinktiven Wissen entsprungen, daß die anderen nicht von heute auf morgen lernen können, die notwendige Mimikry anzulegen.

Sie sind dann noch einmal nach Berlin gefahren?

Ja, am 11. August holte mich mein Schwager in Imshausen ab; er hatte in Erfahrung gebracht, daß am 12. die Verhandlung sei. Es war ein Wunder, daß Werner in Freiheit geblieben war. Wir hofften, es würde mir möglich sein, noch zu Adam vorzudringen. Am Morgen des Verhandlungstages – es war Dienstag, der 15. August geworden – kam Werner und sagte, ich könne nicht in die Wohnung zurück, ich würde gesucht. Als ich Zahnbürste, Nachthemd und Regenschirm einpackte, merkte ich, daß mir die Zunge am Gaumen klebte. Ein Psalm Davids, der das gleiche beschreibt, fiel mir ein, und ich dachte, soviel Angst hast du also; es war mir bis dahin nicht bewußt geworden. Wir trafen uns mit Alexander Werth, der mich dann bis vor das Kammergericht brachte, wo der Prozeß des Volksgerichtshofs stattfand. Auf dem Weg dahin eröffnete mir Alexander Werth, daß man die Kinder abgeholt und an einen unbekannten Ort verbracht habe. Ich seh die Stelle noch vor mir. Ich wußte, ich hatte die Wahl, die Herrschaft über mich zu verlieren oder gewaltsam zu vergessen. Es half, daß ich noch zu Adam mußte. So ging ich halb erstorben weiter. Im Kammergericht fragte ich eine Frau nach dem Verhandlungssaal. Schließlich landete ich auf einem Rundgang, an dessen entferntem Ende sich zwei riesige Türen befanden, vor denen je zwei Posten standen. Von drinnen hörte man die böse, laute Stimme Freislers. Im Schutz von einigen Säulen hoffte ich warten zu können, bis die Angeklagten wieder herauskämen. Aber da war die Frau hinter mir hergekommen und machte zwei Posten auf mich aufmerksam. Ich wurde herangewinkt: wer ich sei, meinen Ausweis bitte! Ich habe mich in den fast 50 Jahren, die seither vergangen sind, immer gescheut, meine Antwort wörtlich wiederzugeben, weil sie so melodramatisch klingt. Ich sagte: »Ich bin ein unglücklicher Mensch. Und Sie sind ein guter Mensch. Und jetzt werde ich auch gehn.« Damit wollte ich soviel sagen wie: »Ich bin Angehörige, habe nichts Gefährliches im Sinn. Sie können es doch mit Ihrem Selbstverständnis nicht vereinbaren, mir jetzt etwas anzutun. Sie wollen doch ein guter Mensch sein. Ich mache Ihnen auch keine weiteren Schereien.« Das Wunder geschah. Ich bekam meinen Ausweis zurück, und der Mann ging mit, um mir den Ausgang zu zeigen. Unterwegs dankte ich ihm beklommen. »Wir haben ja für alles Verständnis,« murmelte er. Dadurch ermutigt, sagte ich, daß ich meinen Mann so sehr gern noch einmal gesehen hätte. Er führte mich an ein Fenster, von dem aus man unten im Hof eine »Grüne Minna« sah. Ich wagte es noch einmal und sagte, daß mein Mann mich hier oben nicht entdecken würde. Der Mann wollte mir tatsächlich noch ein anderes Fenster zeigen, aber die Frau kam noch einmal hinter mir her, und so mußte ich gehen. Heute frage ich mich natürlich, wieso ich damals glaubte, Adam an diesem schrecklichen Ort eine Beruhigung vermitteln zu können. Anschließend beantragte ich Sprecherlaubnis im Volksgerichtshof, die am Donnerstag abschlägig beschieden wurde. Durch glückliche Zufälle gelang es noch, den Gefängnispfarrer von Tegel, Harald Poelchau, aufzusuchen. Er hat meinen Abschiedsbrief nicht mehr übergeben können, aber er riet mir, mit guten Gründen, unterzutauchen. Dazu fühlte ich mich aber nicht fähig.

Wann wurden Sie verhaftet?

Am Donnerstag, dem 17. August. Als sich die Zellentür hinter mir schloß, fühlte ich mich paradoxerweise erleichtert. Es schien mir erträglicher, hinter realen Gittern und Mauern eingesperrt zu sein, als in der scheinbaren Freiheit draußen verzweifelt und vergeblich nach Rettungswegen zu suchen. An die Kinder durfte ich nicht denken. Trotzdem war es im Grunde eine gute Zeit. Wir Frauen wußten voneinander, wir erkannten einander beim

Rundgang, und wir fühlten uns mehr verbunden als je zuvor. Im Vergleich damit waren die Bombennächte in den verschlossenen Zellen, die Wanzen, der Hunger nicht so wichtig, jedenfalls nicht in den sechs Wochen, die ich dort verbrachte. Angst machte mir nur der Gedanke an Verhöre. Aber die blieben mir erspart.

Wann haben Sie Ihre Kinder wiedergesehen?

Entgegen allen düsteren Erwartungen schon eine knappe Woche nach meiner eigenen Entlassung. Barbara Haeften, Annedore Leber und ich sind ganz plötzlich am 30. September entlassen worden. Wieso, weiß man heute noch nicht. Über Poelchau hatte ich damals erfahren, daß die Ärztin Frau Dr. Westrick nahe daran war, den Aufenthaltsort der Kinder herauszubekommen. Sie wußte bereits, daß sie in einem Kinderheim waren. Ich blieb darum in Berlin, um ihnen, wenn möglich, auf der Spur bleiben zu können. Da hörte ich, die Kinder seien zurückgebracht worden. Die zweieinhalbjährige Verena sei durch die Küchentür ins Haus gekommen und habe gesagt: »Da bin ich wieder.« Aber als wir wieder vereint waren, konnte ich sie drei Tage lang nicht trösten, so unaufhörlich weinte sie kläglich vor sich hin. Später hörte ich übrigens, daß sie im Kinderheim die Namen Gretel und Berta Steinke hatten.

Wann haben Sie mit Ihren Kindern zum ersten Mal über den Tod ihres Vaters gesprochen?

Von mir aus habe ich das bestimmt nicht angesprochen. Für die Kinder war es eine Tatsache, ohne Vater aufzuwachsen. Die vielen Freunde von Adam und meine Familie, die sich der Kinder annahmen, haben den unersetzlichen Verlust gemildert. Und ich war eigentlich stolz, als Verena mich als Dreizehnjährige fragte: »Mami, was war eigentlich genau am 20. Juli? Alles, was ich weiß, habe ich von Brigitte.« Das war eine Klassenkameradin, deren Vater an der Schule Geschichtslehrer war. Ich hatte die Kinder also nicht überfüttert mit der geschichtlichen Rolle ihres Vaters.

Und Sie selbst, mit wem haben Sie über diese Dinge gesprochen?

Merkwürdig, daß Sie das fragen! Ich habe das Gefühl, ich hätte niemanden gehabt. Ich hatte zwar eine sehr gute, ungetrübte Beziehung zu meiner Schwiegermutter. Ich verehrte sie. Aber sie bewältigte ihre Trauer durch ihren Glauben, auf eine mir unzugängliche Weise. Meine Vorstellung, da sei niemand gewesen, bezieht sich offenbar auf das Fehlen der tiefen Vertrautheit. Für die geistige Orientierung in der veränderten Welt hatte ich gerade damals die ideale Gesprächspartnerin und Freundin gefunden. Die Freundschaft zu ihr und dann auch zu ihrem Mann brachte mich schließlich auf meinen Berufsweg als Ärztin und Psychoanalytikerin.

Hatten Sie in den Jahren nach dem Krieg manchmal das Gefühl, daß alles umsonst gewesen sei?

Das hätte ich nicht ausgehalten. Ich habe mich tragen lassen von dem Gefühl, daß uns ein stellvertretendes Opfer abverlangt und daß es angenommen worden war. Als mir Poelchau in der Zelle den Tod meines Mannes mitteilte und ich ihn verzweifelt fragte, wie Gott zulassen könne, daß uns die Besten genommen würden, meinte er: »Es wäre kein Opfer, aus dem eine kräftige neue Saat keimen könnte, wenn Gott nur müde alte Männer zu sich rufen würde.« Das hat keine rationale Logik, und doch halte ich mich wahrscheinlich auch jetzt noch an solche Vorstellungen.

Ich frage noch einmal nach dem Sinn, nach der Bedeutung des 20. Juli.

Da müßten wir anfangen zu philosophieren. Ist unser Bedürfnis nach Sinnhaftigkeit mehr als eine subjektive psychologische Notwendigkeit? Welchen Sinn hat der 20. Juli zum Beispiel für Sie? Haben Sie nicht auch den Eindruck, daß fast alle um diesen Komplex herumgehen wie um den heißen Brei? Ich muß gestehen, daß ich es immer noch nicht als endgültig akzeptieren kann, daß ein Ereignis wie dieser Freundesbund im Bewußtsein unseres Volkes keinen Platz gefunden hat. Sie hatten es geschafft, ihre verschiedenen politischen Ideologien und ihre jeweiligen Traditionen zu reflektieren, um zu gemeinsamem Planen und Handeln zu kommen. Sie hatten keinen Erfolg. Aber sie setzten Maßstäbe. In mancher Hinsicht empfinde ich sie als geistige Weggenossen derjenigen, die die Welt heute gegenüber neuen tödlichen Gefahren wachrütteln wollen.

Politische Auswirkungen im Geiste der Männer des 20. Juli kann ich also nicht entdecken. Falls Sie das mit der Frage nach dem Sinn des Wagnisses meinten. Mir scheint, man hat sich des Widerstandes dem Ausland gegenüber erfolgreich bedient. Aber nach innen haben Reeducation, besinnungsloser Wiederaufbau, Wirtschaftswunder, Wiederaufrüstung und der kalte Krieg dazu beigetragen, daß unser Volk den Schatz nicht erkannt hat, den ihm der Widerstand mit seiner Geschichte hinterlassen hat.

Wie kam es dazu, daß Sie als eine der ersten systematisch Material gesammelt und ein Archiv aufgebaut haben?

Gesammelt habe ich, wie man so sagt, »der Not gehorchend, nicht dem eigenen Trieb«. Ich hatte 1955 das Staatsexamen nebst Promotion hinter mich gebracht und eine Verschnaufpause eingelegt, weil meine heranwachsenden Töchter und ich mehr Familienleben brauchten. Bis dahin hatte ich den Gedanken an eine Biographie über Adam, den vor allem sein treuester englischer Freund seit 1948 an mich herantrug, immer abgewehrt. Worüber soll ein Biograph schreiben, dachte ich. Wer Adam war, das leuchtete oft in Gesprächen über ihn auf, aber schriftlich ließ sich das nicht fixieren. Das lag nicht nur an der komplexen Natur seiner Wirkung auf die Menschen. Es fehlten ganz einfach schriftliche Äußerungen von ihm. Er war 23 Jahre alt, als die Nazis an die Macht kamen und damit die Zensur. Auch eine öffentliche Wirksamkeit war dadurch unmöglich geworden. Aber jetzt, 1956, machte mich David Astor auf die Gefahr aufmerksam, daß schwerwiegende Fehlinterpretationen über Adam in die Biographien seiner Oxforder Zeitgenossen hineingerieten. Dazu kamen zu diesem Zeitpunkt auch die vor allem für Ausländer voraussehbaren Mißverständnisse im Zuge der Aktenveröffentlichungen des Auswärtigen Amtes. Bisher waren mir diese Verkennungen teils verborgen geblieben, teils zu abwegig vorgekommen, um sie ernst zu nehmen. Jetzt mußte ich mich dem stellen. Für die nächsten zwei Jahre versenkte ich mich nun in den Inhalt einer großen alten Truhe, in der Adams Papiere, Briefe und sonstige Dokumente den Krieg überdauert hatten. Ich sichtete, ordnete, korrespondierte und schrieb schließlich ein Manuskript, in dem ich alles zusammentrug, was ich an aussagekräftigen Daten und Dokumenten gefunden hatte. Veröffentlichen wollte ich es nicht, es sollte nur als Vorarbeit dienen für den von den englischen Freunden gesuchten Biographen. Später habe ich mein Widerstreben manchmal bedauert, weil mein Manuskript durch die vielen Zitate wahrscheinlich mehr von Adams Wesen vermittelt als die in erster Linie an der Politik orientierten Biographien. In dem Sinne würde auch eine Veröffentlichung der vielen »in memoriam« geschriebenen Briefe, Berichte und Erinnerungen wirken.

Um was für Mißverständnisse der Angelsachsen hat es sich gehandelt?

Das ist eine lange Geschichte. Es ging dabei um die Abfolge von Freundschaft, dann Mißtrauen, dann Reue angesichts des Todes von Adam und später um Selbstrechtfertigung zu Lasten meines Mannes. Im Kern ging es darum, daß viele englische Freunde nicht mehr verstanden, wie man als leidenschaftlicher deutscher Patriot gleichzeitig ein überzeugter Europäer sein konnte. Noch weniger konnten sie nachvollziehen, daß man den Sturz des Regimes nur in der Heimat selbst, nicht aus der Emigration heraus betreiben konnte. Und dann darf man nicht vergessen, daß ihm nur mit zwei, drei Freunden möglich war, wirklich offen zu sprechen. Schließlich mußten seine Reise in die USA nach Kriegsbeginn und die Rückkehr nach Deutschland und sein Eintritt ins Auswärtige Amt als Beweis dafür erscheinen, daß ihm nicht mehr zu trauen war. Tatsächlich muß man wohl feststellen, daß Adam mit seinen kühnen Versuchen, die angelsächsischen Regierungen zu heimlichen Verbündeten der deutschen Oppositon zu machen, die Grenzen des Möglichen zu überschreiten versuchte. Dazu kam, daß er in der ostasiatischen Abgeschiedenheit etwas die Tuchfühlung mit den Veränderungen in Europa verloren hatte. Mehr kann ich dazu in diesem Zusammenhang nicht sagen. Ich glaube, das grundsätzliche Problem bleibt von aktuellem Interesse. Zum Glück ist durch die so genau recherchierte Biographie von H.O. Malone den erwähnten fatalen Irrtümern der Boden entzogen worden.

Wie würden Sie die drei, vier Jahre mit Ihrem Mann im Rückblick beschreiben?

Es gibt einen Vers in den Psalmen: »Denn vor Dir sind tausend Jahre wie ein Tag ...« Dieser Satz ging mir während der Berliner Zeit meiner Ehe manchmal durch den Sinn, wenn ich mich wunderte, daß es für mein Empfinden in meiner Beziehung zu meinem Mann keine Zäsuren gab. Es war eine ununterbrochene Bewegung auf ihn zu, und die führte zu einem immer wachsenden Verstehen zwischen uns.

Die Jahre mit Adam waren ein einziges und auch ein einmaliges Geschenk. Das gleiche gilt für den Freundeskreis, in den wir eingefügt waren. Nach seinem Tod begann mein zweites, zur Eigenständigkeit führendes Leben. Ich denke jetzt manchmal, daß erst durch diese Entwicklung eine Ehe möglich geworden wäre, wie er sie in einem Brief Ende 1943 einmal beschrieben hat. Die innere Verbindung ist nie abgerissen, und so ist er auch den Töchtern und ihren Familien immer gegenwärtig geblieben.

Marion Gräfin Yorck von Wartenburg, geb. Winter

Marion Yorck von Wartenburg wurde 1904 als Tochter von Franz Winter, dem Generalverwaltungsdirektors der Königlichen Bühnen, und seiner Frau Else in Berlin geboren. Sie war das dritte von sechs Kindern. Sie besuchte das Gymnasium Berlin-Grunewald, das als fortschrittlich galt; Dietrich Bonhoeffer gehörte dort zu ihren Klassenkameraden. Nach dem Abitur studierte sie zunächst Medizin, dann Jura und schloß 1929 mit einer Promotion ab, deren Thema lautete: »Gehört der Tarifvertrag ins öffentliche Recht?« 1928 begegnete sie Peter Yorck von Wartenburg, den sie 1930 heiratete.

Peter Graf Yorck von Wartenburg wurde 1904 als Sohn von Heinrich Yorck von Wartenburg geboren, der zeitweise Landrat und Mitglied des Preussischen Herrenhauses war. Mit seinen sechs Schwestern und drei Brüdern wuchs er auf dem väterlichen Gut Klein-Oels in Schlesien auf. Sein Elternhaus galt als kunstsinnig und den Wissenschaften zugetan; zugleich war es von preussischem Pflichtbewußtsein und lutherischem Christentum geprägt.
1927 promovierte Yorck als Jurist. Bis 1933 lebten er und seine Frau in Berlin, dann in Breslau, und ab 1936 wieder in Berlin.
Bis 1942 übernahm Marion Yorck die Verwaltung des Yorckschen Besitzes Kauern in Schlesien, während ihr Mann 1935 zum Regierungsrat, 1936 zum Reichspreiskommissar ernannt wurde. 1938 erhielt er die Beförderung zum Oberregierungsrat, obwohl er kein Parteimitglied war.
Politisch rechnete sich Yorck zu den Befürwortern der konservativen Deutschnationalen Volkspartei und hegte zunächst Sympathie für die NSDAP, kritisierte jedoch nach der Machtübernahme die Zentralisierungstendenzen der Verwaltung, das System der Wirtschaftslenkung und die wachsende Rechtslosigkeit. Eine Reise ins Sudetenland von 1938 gab Anstoß für Zusammenkünfte von Freunden und Verwandten im Hause Yorck, ein Kreis, der später »Grafenkreis« genannt wurde und innen- und außenpolitische Fragen erörterte, außerdem aber die Be-

Marion und Peter Graf
Yorck von Wartenburg

Marion Gräfin Yorck
von Wartenburg

obachtungen, die Yorck auf seiner Reise zur deutsch-tschechischen Politik gemacht hatte. Dabei kamen auch Grundsätze für eine neue Reichsverfassung nach dem Ende des Nationalsozialismus zu Sprache.

1939 nahm Yorck am Polenfeldzug teil. Die Verbrechen und die Gewaltpolitik, die er dabei beobachten konnte, lehnte er zutiefst ab.

1940 begann die Freundschaft mit Helmuth James von Moltke, aus der sich bald Planungen für den Widerstand entwickelten; so entstand im Hause Yorck in der Hortensienstraße der Kreisauer Kreis.

Ende 1941 wurde Yorck aus dem Reichspreiskommissariat entlassen, 1942 in das Wehrwirtschaftsamt der Wehrmacht einberufen. Schließlich bereitete er Stauffenbergs »Operation Walküre« mit vor, obwohl er zunächst ein Gegner des Attentats gewesen war und verstärkt an den Plänen für ein Deutschland nach dem »Tag X« gearbeitet hatte. Am 20. Juli wurde Peter Graf Yorck von Wartenburg in der Bendlerstraße verhaftet und noch am Tage seines Todesurteils vor dem Volksgerichtshof, am 8. August 1944, hingerichtet.

Vom 10. August 1944 bis zum Oktober 1944 wurde Marion Yorck in Sippenhaft genommen. Anfang 1946 wurde sie zusammen mit Yorcks jüngerer Schwester Irene auf einer ihrer häufigen Fahrten zwischen Berlin und Schlesien von Polen verhaftet und blieb bis zum März 1946 in Schweidnitz, Breslau und Warschau inhaftiert.

1946 nahm Marion Yorck ein Richteramt in Berlin an und wurde 1952 als erste Frau in Deutschland Vorsitzende einer Jugendstrafkammer, inzwischen als Landgerichtsdirektorin. Eine Lebensgemeinschaft verbindet sie mit Ulrich Biel, der 1934 nach Amerika emigriert war und nach dem Kriegsende als politischer Berater des amerikanischen Kommandanten in Berlin, Frank L. Howley, gearbeitet hatte.

Gräfin Yorck lebt bis heute in Berlin.

*Vor einigen Jahren haben Sie unter dem Titel »Die Stärke der Stille«
Ihre Erinnerungen an die Zeit des Nationalsozialismus publiziert.
Welches Publikum hatten Sie vor Augen, oder anders gefragt: An
wen haben Sie beim Schreiben gedacht, wen wollten Sie mit diesem
Buch erreichen?*

In erster Linie meine Familie. Mein Mann hatte neun Geschwister mit vielen Kindern, von denen einige meine Patenkinder
sind und zu denen ich sehr gute Beziehungen habe. Hinterher
war mir klar, daß ich das Buch für sie geschrieben hatte. Beim
Schreiben selbst habe ich mich auf das konzentriert, was ich erlebt hatte, vieles ist mir erst in der Erinnerung klargeworden.

*Das Buch wurde überall rezipiert und ist ein großer Erfolg geworden.
Wie erklären Sie sich das?*

Ich glaube, die Unmittelbarkeit des Erzählens spricht die Menschen sehr an. Und dann die absolute Aufrichtigkeit: Nichts in
dem Buch ist geschönt oder dramatisiert, sondern alles wird so
berichtet, wie ich glaube, es erlebt zu haben. Das spüren die
Menschen.

*Eine Zeit, die so sehr mit Äußerlichkeiten beschäftigt ist wie die unse-
re, braucht solche Bücher, das sind gleichsam Kompaßbücher, die die
Richtung anzeigen. Wie würden Sie das Bild Ihres Mannes, das Sie
in die Öffentlichkeit bringen wollten, heute zeichnen?*

Ich habe mich um dieses Bild nie bemüht, es ist von selbst entstanden, und ich habe es auch nie korrigiert. Mein Mann gehörte
nicht zu denen, die in die erste Reihe vorpreschen wollten, ihm
lag mehr das Nachdenkliche. Auch insofern halte ich das Bild,
das die Öffentlichkeit von ihm besitzt, für richtig.

Sie schreiben in Ihrem Buch, daß Sie während der Haft sehr intensive Träume von Ihrem Mann hatten. Haben Sie solche Träume noch heute?

Das waren in der Tat ganz merkwürdige Träume. Ich ging durch eine Landschaft, die mich an die Küste von Portugal erinnerte, und während ich zwischen hohen Felsen umherirrte, sah ich plötzlich den Kopf meines Mannes, ihn selbst aber nie ganz, und wenn ich dann versuchte, ihn zu erreichen und zu greifen, entzog er sich mir. Nur wenn ich in einem bestimmten Abstand blieb, hatte ich die Chance, wenigstens einen Teil zu sehen. Heute habe ich solche Träume nicht mehr. Es ist überhaupt alles sehr weit entrückt, das fing schon nach fünf, zehn Jahren an. Und irgendwann hatte ich das Gefühl, daß er ein Teil von mir geworden war, weil ich die ersten Wochen nach seinem Tod so intensiv mit ihm gelebt habe. Ich habe ihn ganz in mich hineingetan, und da fühlt er sich, hoffe ich, auch ganz wohl. So lebt er in einer gewissen Weise weiter, wie ich überhaupt glaube, daß die Erinnerung an einen Menschen nur dann lebendig ist, wenn ein anderer ihn innerlich ganz aufgenommen hat.

Haben Sie es nach dem Krieg als Ihre Aufgabe angesehen, das Erbe Ihres Mannes wachzuhalten?

Selbstverständlich hatte ich dieses Bedürfnis, aber ich kann Ihnen beim besten Willen nicht sagen, wie sich dieses Bedürfnis in mir geformt hat. Mir war lediglich klar, und zwar von Anfang an, daß es sich bei diesem Vermächtnis um etwas Großes und Wichtiges handelte. Aber im Vordergrund stand zunächst einmal die Frage, wie ich meinen Lebensunterhalt bestreiten sollte.

Wie, glauben Sie, ist die Bundesrepublik mit dem Erbe des 20. Juli umgegangen?

Schwer zu sagen, im Grunde will man nicht viel davon wissen. Man tut nichts, um die Sache in Vergessenheit geraten zu lassen, aber man tut auch nichts, um sie lebendig zu erhalten. Seit einiger Zeit halte ich in einem katholischen Bildungszentrum regelmäßig Vorträge über den deutschen Widerstand. Die Zuhörer, junge Menschen, sind immer sehr interessiert und haben sich oft erstaunlich gut vorbereitet. Aber das ist die Ausnahme. Immerhin beweist es, daß die Haltung der Männer des Widerstands auch heute noch Wirkung zeigen kann.

Aber daß diese Männer ihr Leben gegeben haben für eine Sache, die nicht ins öffentliche Bewußtsein gedrungen ist, die von der Mehrheit nicht verstanden wurde, das muß doch tief deprimierend gewesen sein?

Sie wären doch nicht wieder lebendig geworden. Im übrigen war ihr Bild für mich so unangreifbar, so fest in mir verankert, daß ich mir über das Urteil der Zeitgenossen nie Gedanken gemacht habe. Das spielte für mich keine Rolle. Später, als sie dann gleichsam rehabilitiert wurden, fragte ich mich, warum es so lange gedauert hat. Darauf weiß ich noch immer keine Antwort. Vielleicht liegt es ein wenig an den Widerstandskämpfern selbst, die sich ja im Grunde nicht darum gekümmert haben, ob andere mit dem, was sie dachten, umgehen konnten und ob sie es richtig fanden oder nicht. Es war auch eine Konsequenz der Diktatur, daß man, wenn man über einen bestimmten Punkt hinausdachte, plötzlich sehr isoliert war.

Den eigenen Weg kennen und ihn konsequent bis zum Ende gehen.

So ist es, und da viel nach Resonanz zu suchen, wäre auch nach dem Krieg ein ziemlich mühsames Unterfangen gewesen. Es war mir klar, daß ich auf große Schwierigkeiten stoßen würde, wenn ich Kreisauer Positionen vertrat, und so war ich still.

Sie haben sich statt dessen auf Ihren Beruf konzentriert?

Ja, ich wollte auf eigenen Füßen stehen. Da ich eine Referendarausbildung hatte, wollte ich den Assessor machen und habe mich dann beim großen Amtsgericht Lichterfelde beworben. Ich war zunächst nur mit mir beschäftigt, und das war auch gut so. Ich habe nichts vermißt.

Sie wurden dann Richterin an der 9. Großen Jugendstrafkammer in Berlin. Haben Sie in Ihrer Tätigkeit als Richterin mehr gesehen als nur die Ausübung eines Amtes, haben Sie Ihrem Beruf auch eine politische Bedeutung beigemessen?

Selbstverständlich, das möchte ich sogar jedem Richter empfehlen. Bei jedem Urteilsspruch habe ich die Konsequenz bedacht, die dieser Spruch für das öffentliche Leben haben könnte. Als Strafrichter steht man fast täglich vor der Notwendigkeit, gegen den Strom schwimmen zu müssen, denn die Öffentlichkeit kennt nur zwei »Lösungen«: Harte Strafe oder Freispruch. In der Nachkriegszeit und bis weit in die sechziger Jahre hinein war die Wirkung der Urteile in der Öffentlichkeit im übrigen sehr viel nachhaltiger als heute.

Welcher Bereich der Rechtsfindung war Ihnen besonders wichtig, auf welchem Gebiet haben Sie sich besonders engagiert?

Es gab nichts Spezielles, die Arbeit an einer Jugendstrafkammer ist in jeder Hinsicht interessant, und es ist meist sehr schwierig, ein gutes Urteil zu finden. Eine Erfahrung jedenfalls habe ich gemacht: zu weich darf man nicht sein, das ist der falsche Weg. »Das sitze ich auf der linken Backe ab«, hat mir mal ein Angeklagter gesagt, dem ich »nur« drei Jahre gegeben hatte. Man darf nie Richter und Gnadeninstanz in einem sein, der Akt der Gnade muß ein von der Rechtsfindung unabhängiger Vorgang bleiben. Natürlich versucht man unter Berücksichtigung aller Umstände zu einem gerechten Urteil zu gelangen.

Hat Ihnen die Erfahrung aus der Zeit mit Ihrem Mann dabei geholfen?

Vielleicht insofern, als ich letzten Endes, wenn ich so sagen darf, durch ihn gereift bin und durch ihn befähigt wurde, zu urteilen. Das Richteramt kann leider sehr schnell zur Routine werden, aber da jeder Fall völlig anders liegt, muß man immer wieder aufs neue versuchen, sich in die jeweilige Problematik einzudenken.

Wenn Sie sagen, sie seien durch Ihren Mann gereift, heißt das, daß Sie Ihren Mann bewunderten?

Meinen Mann? Ach, ich liebte ihn, und da gehört Bewunderung immer ein bißchen dazu, nicht wahr? Ich liebte ihn und kannte ihn sehr gut, wir waren uns sehr vertraut, was ja die Basis der Gemeinschaft ist. Ich bewunderte seine Verstandesgaben, seine intellektuellen Fähigkeiten, vor allem die Nüchternheit, mit der er die Dinge auf den Punkt zurückführte, auf dem er sie haben wollte. In erster Linie aber war er ein Mensch, der in sich selbst ruhte, der eine innere Heiterkeit ausstrahlte. Pfarrer Poelchau erzählte mir später, als ich selbst Untersuchungsgefangene war, daß mein Mann noch in Plötzensee, als er zum Sterben geführt wurde, den Eindruck vermittelt habe, daß die Sache nicht verloren sei. Dieses Gefühl des In-sich-Ruhens war eine glückliche Eigenschaft, und so habe ich meinen Mann in Erinnerung behalten. Das ist mir das Allerwichtigste. Natürlich gab es auch Perioden, in denen er verzweifelt war, die Tage und Wochen, in denen die Deutschen Sieg auf Sieg häuften und der Name Hitler immer größer geschrieben wurde. Aber selbst zu diesen Zeiten hat er seine Gelassenheit nie ganz verloren. Andererseits konnte er auch sehr spöttisch sein, trocken, beinahe sarkastisch, und was er dann an witzigen Bemerkungen von sich gab, traf oft den Nagel auf den Kopf.

Welche Rolle spielte Ihr Mann im Kreisauer Kreis?

Ich glaube, ohne Übertreibung sagen zu dürfen, mein Mann war das Herz dieses Kreises. Alle hatten ihn sehr gern, er war an jedem gleichermaßen stark interessiert und bemüht, sie alle zu verstehen, er war das verbindende Element.

Und wie definieren Sie im nachhinein den Kreisauer Kreis?

Als eine Zusammenfassung von Freunden, die sich zusammengefunden hatten auf der Basis des gegenseitigen Vertrauens und des Respekts voreinander. Das war das Schöne daran: das höchst Persönliche und doch sachlich Verbindende. Jeder hatte sein besonderes Aufgabengebiet, über das er gearbeitet oder auf dem er sich bereits bewährt hatte. Und das Miteinander und Gegeneinander und Zusammen war das, was ich als das Schönste empfand: das Suchen nach Gemeinsamkeiten, das Entstehen eines sachbezogenen Freundeskreises in Gespräch und Diskussion.

Leute aus der Arbeiterbewegung, Vertreter eines christlichen Sozialismus, Liberale, Adlige, Konservative, manche von ihnen angelsächsisch beeinflußt, Menschen aus allen Richtungen kamen hier zusammen. Wo lagen die wesentlichen Unterschiede in der Mentalität, mehr im Soziologischen oder mehr im Religiösen?

Weder noch. Alle waren zwar religiös bestimmt, aber das war nicht das verbindende Element wie etwa beim Widerstand der Kirchen. Das Religiöse wurde nie in Frage gestellt, es war vorhanden, wie jeder es empfand, aber es stand außerhalb des Richtungsstreits von Theologen. Soziologische Unterschiede, etwa Fragen der Herkunft oder des Standes, spielten keine Rolle. Entscheidend waren die menschlichen Unterschiede – schließlich handelte es sich um sehr verschiedene Charaktere – und die Unterschiede in den Sachfragen. Das Debattieren und Diskutieren war für mich immer das Aufregendste. Es waren sehr kluge Männer, die miteinander stritten, und ich konnte stets gut verstehen, um was es ging.

Könnten Sie ein paar Charaktere beschreiben, die Ihnen noch deutlich in Erinnerung sind?

Da war zuerst Helmuth Moltke, der – auch wenn es ein wenig banal klingt – ein ganz beachtlicher Mensch war. Er war sehr angelsächsisch geprägt, intellektuell, gescheit und immer bestrebt, sachlich zu diskutieren. Wenn andere abzuschweifen drohten, brachte er sie zurück zu der Frage, die gerade debattiert werden sollte, und so hatte er sie alle an der Strippe. Helmuth war, wenn man so will, der Motor des Ganzen. Rein menschlich war Julius Leber derjenige, der die größten Höhen und Tiefen des Lebens hinter sich hatte, und das sah man ihm an. Er hatte ein unglaublich ausdrucksvolles Gesicht, zerfurcht, mit tausend Falten und sehr leuchtenden Augen. Er wirkte bisweilen ein wenig spöttisch, aber ohne Zweifel war er die stärkste Persönlichkeit in dem Kreis, vielleicht weil er der Älteste war. Von den anderen war jeder in seiner Art interessant. Eugen Gerstenmaier zum Beispiel war ein Intellektueller, selbst seine Frömmigkeit ging über den Kopf. Aber es war ein starker Glauben. Als er von einem Gefängnis in das andere gebracht wurde, schrieb er mir auf eine Karte, die er herausschmuggelte: »Deus est – pro nobis.« Dieses Kärtchen habe ich bis heute aufbewahrt.

Und wie war, ganz allgemein gesprochen, die Rolle der Frauen innerhalb des Kreisauer Kreises?

Darauf möchte ich zunächst antworten, daß alle Freunde in einer besonders guten Ehe lebten. Das gilt für jeden auf seine Weise, jede Ehe war anders, in ihrer Art aber doch rund und richtig. Reichwein sprach einmal von dem Yorck-Moltke-Reichweinschen Gefälle, womit er zum Ausdruck bringen wollte, seine Ehe sei am meisten von den Sorgen des Alltags geprägt. Und weil die Ehen so gut waren, kann man eigentlich keinen Unterschied machen zwischen Frauen und Männern, zumal da die Vorstellung, daß die Frau eine Sonderrolle spielen müsse, damals noch nicht so verbreitet war wie heute. Das gab es nicht. Die Frau lebte in guter Ehe mit dem Mann, und dazu gehörte, daß sie sich identifizierte mit dem, was ihn beschäftigte, und ihm dabei half, seine Aufgabe zu erfüllen. Eine sichtbare Rolle haben die Frauen dabei nicht gespielt. Freya und ich waren immer dabei, Freya in Kreisau, ich in Berlin. Die Männer brauchten sich weder gegenüber Freya in Kreisau noch im ständigem Zusammensein mit mir in Berlin eine Zurückhaltung aufzuerlegen. Manchmal habe ich mir Stichworte aufgeschrieben, die ich abends meinem Mann vortrug, so daß wir die eine oder andere Frage gemeinsam weiter vertiefen konnten. Also, das Beste, das man über die Frauen von Kreisau sagen kann, ist, daß ihre Ehen sehr gut waren. Und da später in den Prozessen vor dem Volksgerichtshof der Präsident Freisler seinem Spott über die »Grafenclique« freien Lauf ließ, muß ich erwähnen, daß jeder der Grafen mit einer Bürgerlichen verheiratet war.

Dieser Freundeskreis, wie Sie ihn nennen, läßt sich vielleicht am besten als ein allmählich gewachsener Zusammenschluß Gleichgesinnter definieren. Wann würden Sie den Anfang setzen?

Mein Mann und einige seiner Freunde sahen schon recht bald nach dem Januar 1933, wohin die Reise ging. Wenn sie sich zusammenfanden, versuchten sie sich darüber klarzuwerden, was eigentlich vor sich ging, und anschließend den eigenen Standpunkt zu finden.

Was fiel am Anfang besonders auf?

Die Freunde teilten schon früh die Sorge, daß Hitlers Politik auf einen Krieg zulief, die gewaltige Aufrüstung, die er betrieb, war nicht zu übersehen. Dann die Gewalt im Innern, Hitlers Brutalität im Umgang mit der Opposition, auch das war bereits im Sommer 1933 für jedermann offensichtlich. Im August oder September 1933 hatte mein Mann beruflich in Torgau zu tun und ich begleitete ihn. Unterwegs, nahe bei Torgau, zeigte er mir eines der »frühen« Konzentrationlager, von denen es wenig später im gesamten Reichsgebiet etwa siebzig gab. Man sah einen sehr hohen Zaun, wohl über drei Meter hoch, und Stacheldraht nach beiden Seiten hin. Trotz all der nach Kriegsende bekanntgewordenen grauenhaften Bilder aus den Konzentrations- und Vernichtungslagern ist dieser frühe Eindruck für mich bis heute maßgeblich geblieben.

Und der Alltag, das Leben auf der Straße? Gab es da ähnliche Schlüsselerlebnisse?

Den Gleichschritt der SA-Kolonnen, den habe ich noch heute im Ohr, der versprach nichts Gutes. Dieses Marschieren »im gleichen Schritt und Tritt« hatte etwas Gewaltsames, Lautes und Brutales an sich. Man spürte, wie der einzelne in der Masse aufging und wie das Erlebnis der Masse dem einzelnen Menschen sein eigenes Gesicht nahm. Das hat mich tief erschreckt.

Wann begannen Ihr Mann und seine Freunde, darüber nachzudenken, was man tun könnte?

Am Anfang war es mehr eine intellektuelle Auseinandersetzung mit sich selbst und seinen Freunden; erst später wurde aus der Frage, wohin das alles führte, die Frage, ob man etwas dagegen unternehmen könnte. Da wurde dann ziemlich schnell klar, daß es ganz bestimmt nicht um Einzelaktionen gehen konnte, weil der einzelne gegen dieses wohlorganisierte System gar nicht ankam. So rückte allmählich die Frage in den Mittelpunkt, wie man dieser Entwicklung begegnen könnte, und darüber nachzudenken, war in der Tat bereits lebensgefährlich. Das notwendige Vertrauen, das die Freunde zueinander hatten, ist für mich einer der stärksten Eindrücke gewesen. 1943/44 unterhielten sie sich dann immer häufiger darüber, was man anstelle des Bestehenden aufbauen sollte und was am Tage X, wo Hitler so oder so nicht mehr dasein würde, zu geschehen habe.

Empfanden Sie Angst vor Denunziationen? Den Nachbarn, den Leuten auf der Straße, man konnte ja niemandem mehr trauen.

Natürlich wurde man im Laufe der Jahre vorsichtiger, die Parole »Achtung, Feind hört mit!«, die eigentlich gegen Spione gerichtet war, bekam plötzlich eine ganz andere Bedeutung. Der wirkliche Feind, der spionierte und seine Beobachtungen weitergab, wohnte unter Umständen in der gleichen Straße oder saß mir in der S-Bahn gegenüber. Die Zeit der Einfalt war bald vorüber.

Gab es ein bestimmtes Erlebnis, bei dem Sie persönlich das Bedürfnis hatten, im weitesten Sinn in Aktion zu treten?

Nein, der ganze Widerstand war für mich überhaupt nur als ein gemeinsames Anliegen der Freunde zu verstehen. Er hat sich allmählich komprimiert und konkretisiert, bis es kein Zurück mehr gab und alles zwangsläufig auf das Attentat zulief. Es ist mir nicht in den Sinn gekommen, daß ich einen eigenen Weg suchen könnte, denn Widerstand war für mich in erster Linie Teil der Beziehung zu meinem Mann. Heute, wo die Frauen auf Selbstverwirklichung solchen Wert legen, ist das kaum noch zu verstehen. Das ist bei mir erst nach dem vierzigsten Lebensjahr gewachsen, nach dem Tode meines Mannes, da plötzlich hatte ich das Bedürfnis, auf eigenen Beinen zu stehen und nach eigenen Wegen zu suchen.

Dann frage ich noch einmal nach Ihrer Rolle im Kreisauer Kreis, worin sehen Sie Ihren Beitrag?

Wenn ich von mir sprechen darf, so habe ich eine aktive Mithörerrolle gespielt. Ich hörte mir alles mit an, stellte bisweilen eine Frage und habe abends im Gespräch mit meinem Mann das eine und andere nochmals aufgegriffen. Durch Anregungen, auch unsere Zweifel, habe ich wahrscheinlich das eine und andere beigetragen. Im übrigen sollte man sich davor hüten, den Widerstand als ein generalstabsmäßig geplantes Unternehmen zu betrachten. Die Hortensienstraße war ein offenes Haus, man brauchte nur zu klopfen oder im Sommer durch den Garten zu gehen, und schon war man willkommen. Je nach dem, wer da war, ergaben sich die Themen und die Intensität des Gesprächs, und so baute sich das eine auf dem anderen auf. An Stoff hat es jedenfalls nie gemangelt; es war eher so, daß immer wieder gebremst werden mußte, damit sich die Diskussion nicht verlief. Es war nichts Organisiertes, sondern etwas Gewachsenes, in jeder Beziehung. Verabredet waren nur einige wenige größere Zusammenkünfte, bei denen eine bestimmte Frage behandelt werden sollte; zu solchen Diskussionsrunden wurden die Teilnehmer sorgfältig ausgewählt und eigens eingeladen.

Wie erklären Sie es sich, daß die Gestapo anscheinend erst nach dem 20. Juli das Ausmaß der Verschwörung erkannte?

Es klingt vielleicht ein wenig anmaßend, aber es waren eben ganz besondere Menschen, die sich da zusammenfanden, und von ihrer Art, miteinander umzugehen und gemeinsam zu denken, hatte die Gestapo bis zum Schluß keine Ahnung. Das Elitedenken war ihnen völlig fremd.

Und Sie hatten nie das Gefühl, daß Sie beobachtet wurden?

Nie. Eine Zusammensetzung wie den Kreisauer Kreis hat die Gestapo offenbar bis zum 20. Juli nicht für möglich gehalten.

Viele, vor allem junge Menschen, fragen heute immer wieder nach der Angst, die man hatte, und ich muß immer die gleiche Antwort geben: Angst haben wir nie verspürt. Das Leben war so aufregend und verlangte so viel von einem, daß für Angst kein Platz war. Man war von morgens bis abends so beschäftigt, daß man gar keine Zeit hatte, über den nächsten Schritt nachzudenken, alles mußte sehr schnell geschehen, und alles lief wie selbstverständlich. Angst ist natürlich auch eine Frage des Alters, und wir waren in einem Alter, wo der Mensch am tatkräftigsten ist und die wenigsten Bedenken hat. Man hatte das Gefühl, daß man gebraucht wurde und daß man etwas tun konnte, und das war ein geradezu berauschendes Gefühl. Ich kann mich jedenfalls nicht erinnern, daß ich jemals dem Fatalismus verfallen wäre.

Warum kam das Attentat so spät, erst im Juli 1944?

Die Kreisauer Freunde hatten – jedenfalls zunächst – eine tiefe Abneigung gegen das Attentat, weil sie in Hitler eine dämonische Gewalt am Werk sahen, die nicht einfach aus dem Wege geräumt werden konnte. Um Hitler zu vernichten, so sagten sie sich, müssen ganz andere Kräfte in Aktion treten. Diese Einstellung bestimmte ihr Denken, zumindest im Unterbewußtsein. Claus Stauffenberg war derjenige, der sich bereit erklärt hatte, das Attentat zu wagen, und mit ihm standen, zusammen mit meinem Mann, einige der Freunde in Verbindung. Wie er das Attentat bewerkstelligen wollte, lag ausschließlich in Clausens Hand, wir waren als Kreisauer Kreis nur in zweiter Instanz beteiligt, allerdings war mein Mann persönlich bei Claus im Wort, sich an dem Umsturz hier in Berlin aktiv zu beteiligen.

Hatten Sie auch Kontakt zu anderen Widerstandsgruppen, zum Dohnanyi-Kreis oder zu den kirchlichen Kreisen?

Wir hatten sehr wenig Kontakt, denn je mehr Kontakte man hatte, desto gefährlicher wurde es. Es gab, wenn man so will, verschiedene Kristallisationspunkte, an denen sich Widerstand konzentrierte, aber die meisten wußten wenig voneinander. Schon die Kontaktaufnahme konnte ja lebensgefährlich werden.

So wirkte jeder in seinem Kreis, und nur ein paar wenige hatten wieder Kontakte zu anderen Kreisen. Mein Mann stand zwischen Moltke und Stauffenberg.

Gab es Dinge, die Ihr Mann Ihnen verschwieg, weil er Sie nicht belasten wollte?

Das ist möglich, aber ich weiß es nicht. Die wichtigsten Dinge jedenfalls hat er mit mir besprochen.

Auch am 20. Juli.

Auch vor und am 20. Juli. Am Tag zuvor war Polterabend bei einem nahen Freund meines Mannes in Weimar. Der Polterabend fand im altehrwürdigen Hotel »Elephant« statt, in dem wir auch wohnten. Gegen Mitternacht haben wir uns von der Gesellschaft verabschiedet und sind dann durch den Park gelaufen, vorbei an Goethes Gartenhaus und zurück zum Hotel. Wir liefen diese Schleife ein paar Mal, bis gegen zwei Uhr, dann ging der Zug meines Mannes nach Berlin. Er brachte mich noch aufs Zimmer, packte dann seine Sachen, und an der Treppe verabschiedete ich mich von ihm – im Nachthemd. Ich habe ihn nicht wiedergesehen. Er dagegen hat mich wohl noch einmal gesehen, aus der Grünen Minna, mit der er nach dem Prozeß aus dem Gerichtsgebäude gefahren wurde, als ich aus dem Kammergericht herauskam.

Wann sind Sie selbst nach Berlin gefahren?

Obwohl ich noch länger in Weimar hätte bleiben sollen, fuhr ich am späten Nachmittag des 20. Juli nach Berlin; ich war viel zu unruhig. Als der Zug in Halle hielt, hörte ich über Lautsprecher, daß ein Attentat auf den »Führer« stattgefunden habe, das jedoch fehlgeschlagen sei. Meine erste Reaktion war, daß ich wissen wollte, was im einzelnen passiert war und wie es nun weitergehen sollte. In Berlin angekommen, erreichte mich eine Nachricht meines Mannes, ich sollte zunächst sofort nach Schlesien weiterreisen. Dies tat ich, kehrte aber nach wenigen Tagen nach Berlin zurück. An einzelnes an den folgenden Tagen erinnere ich mich nicht, ich weiß nur, daß ich sehr viel zu tun hatte und immer unterwegs war. In den zweieinhalb Wochen bis zum Prozeß war ich mindestens dreimal, wenn nicht sogar häufiger, in Schlesien, wo ich mich um meine kranke Schwiegermutter kümmern mußte, die in größter Aufregung war. Hier in Berlin bemühte ich mich vor Prozeßbeginn erfolglos um Hilfe bei hochgestellten Männern des Regimes, die uns wohlbekannt waren, wie der Reichsfinanzminister. So war man unentwegt eingespannt und hatte gar keine Zeit, sich den Kopf zu zerbrechen. Das konnte ich dann umso ausgiebiger im Gefängnis nachholen.

Wie lange waren Sie im Gefängnis?

Von Ende Juli bis Anfang Oktober. Die ersten zwei, drei Tage bin ich wie ein Tiger die Wände hochgesprungen. Rein motorisch war ich gar nicht in der Lage, etwas anderes zu tun, als im Kreis herumzulaufen. Allmählich bin ich dann in mich gegangen. Und da war man dann eigentlich ganz froh, daß man eingesperrt war, und empfand dies als eine Art Klausur.

Über die Erfahrungen, die Sie im Gefängnis machten, haben Sie in Ihrem Buch ausführlich berichtet. Was empfanden Sie, als Sie aus der Haft entlassen wurden und der Alltag wieder begann?

Das war nicht schön. Man war aus allem raus und hat erst allmählich das ganze Ausmaß dessen begriffen, was passiert war. Das hat man sich erst hinterher bewußt gemacht. Es war auf einmal alles so leer, es war eine traurige Zeit. Stück für Stück ist die Erinnerung dann zurückgekehrt.

Es gehörte enorm viel Kraft dazu, den Neuanfang aktiv zu gestalten. Woher nahmen Sie diese Kraft?

Ich weiß nicht, woher diese Kraft kam, sie war da. Je größer die Forderung, die an einen gestellt wird, desto größer die Kraft, die man entwickelt. Es entstehen Kräfte, von deren Vorhandensein man keine Ahnung hatte. Jedenfalls habe ich nie die Flügel hängenlassen. Diese Haltung ist wahrscheinlich auch darauf zurückzuführen, daß ich voll Gottvertrauen war.

Und die Erinnerung an Ihren Mann?

Mein Mann schreibt in seinem Abschiedsbrief vom Ende Juli 44:
»Meine großen Hände werden Dich weitertragen«. Und ich hatte tatsächlich das Gefühl, daß sie mich trugen. Das ist alles, was ich dazu sagen kann, sonst fängt man an zu spinnen. Schon der Versuch, sich über solche Zusammenhänge Klarheit zu verschaffen, birgt für mich eine gewisse Gefahr. Ich lasse diese Dinge lieber im Unterbewußtsein in mir ruhen.

Weil es nach wie vor mit Schmerz verbunden ist?

Es liegt da gut begraben. In früheren Jahren habe ich überhaupt nicht darüber gesprochen, weil ich eine gewisse Angst davor hatte, gekränkt zu werden. Man wußte ja nie, wie die Leute reagieren; für viele waren wir ja nichts anderes als »Verräter-Frauen«. Später war die Erinnerung ein Teil von mir geworden, und ich wollte sie nicht zur Schau stellen. In dem Moment, wo ich meine Erinnerung zur Schau stellen würde, in dem Moment würde sie mir selbst zwangsläufig verloren gehen. Deshalb lasse ich es lieber in mir ruhen.

Charlotte Gräfin von der Schulenburg, geb. Kotelmann

Charlotte von der Schulenburg wurde 1909 als älteste Tochter des Kaufmanns Hermann Kotelmann und seiner Frau Frida in Kyritz/Ostprignitz in der Mark Brandenburg geboren. Schon 1915, im Ersten Weltkrieg, verlor sie ihren Vater. Nach dem Abitur 1928 studierte sie bis 1932 Germanistik in Marburg, Berlin, München und Königsberg. Noch als Schülerin begegnete sie 1926 Fritz-Dietlof Graf von der Schulenburg, mit dem sie sich 1932 in Ostpreußen verlobte; sie heirateten im Frühjahr 1933 in Berlin. Bis 1943 wurden sechs Kinder geboren: 1934 Fredeke, 1936 Christiane, 1938 Fritz-Dietlof, 1940 Charlotte, 1942 Angela und 1943 Adelheid.

Fritz-Dietlof von der Schulenburg wurde 1902 in London als Sohn des Militärattachés Friedrich von der Schulenburg, eines Kavalleriegenerals, geboren, der zur Zeit der Weimarer Republik Abgeordneter der Deutschnationalen Volkspartei im Reichstag war. Schulenburg studierte Jura in Göttingen und Marburg und wurde 1923 Gerichtsreferendar und 1925 Regierungsreferendar am Landratsamt Kyritz. Seine Verwaltungslaufbahn begann er in Recklinghausen, von wo er 1932 nach Ostpreußen ging. Im Februar desselben Jahres wurde er Mitglied der NSDAP und leitete von 1933 bis 1935 das »Politische Amt« der Gauleitung in Ostpreußen: 1933 trat Schulenburg sein Amt als Regierungsrat und persönlicher Referent des Gauleiters von Ostpreußen, Erich Koch, in Königsberg an. Von 1934 bis 1937 arbeitete er als Landrat in Fischhausen/Ostpreußen, danach bis 1939 als Polizeivizepräsident von Berlin und für kurze Zeit als kommissarischer Regierungspräsident im Oberpräsidium in Breslau.
Während der Weimarer Republik hatte Schulenburg jenen völkisch-konservativen Kreisen angehört, die sich gegen die »Moderne« wandten, die von Liberalismus, Individualismus und Aufklärung geprägt sei; er hoffte damals auf einen starken Staat nach dem Vorbild Preussens. Doch als preußischer Staatsbediensteter kritisierte er nationalsozialistische Maßnahmen der Verwaltungspolitik, eine Kritik, die allmählich in

Fritz-Dietlof Graf von der Schulenburg 1939 in Berlin

Charlotte Gräfin von der Schulenburg mit ihren sechs Kindern 1947

Charlotte Gräfin von der Schulenburg an ihrem achtzigsten Geburtstag am 20. Juli 1989 mit ihren Kindern Friederike, Christiane, Fritz-Dietloff, Charlotte, Angela und Adelheid

eine innere Loslösung von dem Regime mündete. Während der Zeit in Berlin, 1937 bis 1940, nahm er an den Gesprächen des Freundeskreises um Peter Graf Yorck teil, dem sogenannten »Grafenkreis«.

Im Sommer 1940 meldete Schulenburg sich freiwillig zum Potsdamer Regiment IR 9. Zunächst begeistert von den militärischen Anfangserfolgen, bejahte er den Angriff auf die Sowjetunion als »Anschauungskrieg«. Ab Januar 1942 wurde er als Verwaltungsfachmann mit Sonderaufgaben in den verschiedenen Ministerien und militärischen Stäben dienstverpflichtet.

Nach der Katastrophe von Stalingrad im Winter 1942/43 intensivierte er seine Beziehungen zu konspirativen Kreisen, ohne sich fest einer Gruppe zuzuordnen. Er pflegte die Verbindung zum Kreisauer Kreis, zu den älteren Vertretern der bürgerlich-konservativen Opposition wie Ulrich von Hassell, Carl Friedrich Goerdeler, Johannes Popitz und General Ludwig Beck und gilt als eine Art Vermittler zwischen den oppositionellen Gruppen und ihren Interessengegensätzen. Auf sein Betreiben wurden nach 1943 auch Vertreter der Gewerkschaften und der SPD in die Verschwörung einbezogen. Im selben Jahr intensivierte sich die Freundschaft mit Stauffenberg.

Schulenburg vermittelte bei der Vorbereitung des Attentats die Kontakte zu den zivilen Widerstandskreisen; wäre der Staatsstreich gelungen, hätte er das Amt des Staatssekretärs im Innenministerium übernommen, das sich mit der allgemeinen Personalplanung befaßte.

Am 20. Juli 1944 wurde er in der Bendlerstraße verhaftet, am 10. August von Roland Freisler zum Tode verurteilt. Noch am selben Tag ist er in Berlin-Plötzensee hingerichtet worden.

Charlotte von der Schulenburg wurde durch eine Art Hausarrest von der Sippenhaft verschont. Sie lebte mit ihren sechs Kindern während der letzten Kriegsjahre auf dem Lande bei ihrer Schwägerin, Tisa von der Schulenburg, verheiratete Barner, in Trebbow in Mecklenburg; nach dem Kriegsende wohnte sie bei Verwandten in Schloß Hehlen an der Weser. Zwischen 1950 und 1954 arbeitete sie als Lehrerin am Internat Birklehof bei Hinterzarten im Schwarzwald. Nach 1954 lebte sie in München – bis zu ihrem Tod am 19. Oktober 1991.

Sie haben am 20. Juli Geburtstag. Am 20. Juli 1944 wurden Sie fünfunddreißig Jahre alt. Wie haben Sie diesen Geburtstag erlebt?

Mein Mann hatte sich fest vorgenommen, zu mir nach Trebbow in Mecklenburg zu kommen, zumal er die Jahre zuvor meinen Geburtstag versäumt hatte – er war ja immer irgendwo und nirgends –, aber es kam dann doch anders. Am 18. Juli abends rief der Bahnhofswirt von Schwerin an, der Graf sei mit dem Zug von Berlin gekommen und schon zu Fuß unterwegs nach Trebbow, es möchte ihm doch jemand entgegenfahren. Wir hatten ein kleines Auto, da setzte ich mich rein und fuhr ihm auf der Landstraße entgegen. Er kam in seiner Uniform. »Es geht jetzt über die Bühne«, sagte er. »Ich muß deshalb morgen vormittag wieder in Berlin sein. Dein Geburtstag wird heute abend gefeiert.« Also wurden die Kinder geweckt, Kerzen angesteckt – wegen der Stromsperre – und der Geburtstagstisch aufgebaut. Die Kinder sprangen in ihren Nachthemden fröhlich umher – es war ja immer ein Freudenfest, wenn er da war. Clara, eine wunderbare Frau, eine Ostpreußin, hatte für den »lieben Herrn Grafen« ein herrliches kleines Essen gemacht – die nötigen Zutaten beschaffte sie im Tausch gegen Kaffee und Zigaretten, die sie bei mir klaute –, und so saßen wir diesen Abend zusammen mit meiner Schwägerin Tisa, der Schwester meines Mannes, bei der wir wohnten, und Matthias Wieman und seiner Frau, engen Freunden, die in Berlin ausgebombt worden waren.

Waren Wiemans auch eingeweiht?

Nein, aber als es bekannt wurde, benahmen sie sich fabelhaft. Als nach dem Tod meines Mannes die NS-Volkswohlfahrt kam, um einen Pfleger oder Vormund für die Kinder zu bestellen, ist Matthias Wieman nach Berlin gefahren und hat selbst die Vormundschaft beantragt. In seiner Position als Staatsschauspieler war das ziemlich riskant, auch wenn man sich das heute nicht mehr vorstellen kann. Sich mit Verrätern zu befreunden und sich dann auch noch dazu zu bekennen!

Ihr Geburtstag wurde also im voraus gefeiert, aber so, als wäre nichts los. Am 19. Juli fuhr Ihr Mann dann zurück nach Berlin?

Ja, in aller Herrgottsfrühe, morgens um sieben brachte ich ihn mit dem Pferdewagen zur Station Lübstorf. Das Auto durfte man ja nur in Ausnahmefällen benutzen. »Du weißt, es steht fifty-fifty«, sagte er unterwegs. Und da habe ich bei mir gedacht, wenn er es macht, dann geht es gut, ich dachte nur an die guten fifty. Ich hatte überhaupt keine Zweifel. Vielleicht war das für meinen Mann ganz wichtig, daß ich in dieser Frage so sicher war. So fuhr er weg und winkte sehr lange noch. Und dann habe ich eben nie wieder was von ihm gehört, überhaupt nichts mehr.

Als ich wieder nach Hause kam und mit den Kindern draußen im Park in der Sonne saß, kam Tisa mit einem Telegramm und sagte: »Wolfi ist gefallen.« Das war der etwas ältere Bruder meines Mannes, Ritterkreuzträger an der Invasionsfront in Frankreich, und da hatte ich zum ersten Mal das Gefühl, daß jetzt etwas losgeht, eine andere Ära beginnt. Es war mir, als wenn ein großer dunkler Vogel sich über uns erhebt. Wir taten so, als ob gar nichts wäre. Am nächsten Tag, meinem Geburtstag, kam nachmittags die Gouvernante meiner Kinder, die als junges Mädchen schon die Nurse meines Mannes gewesen war, eine große Nazisse, wie so viele rührende und liebe Menschen damals. Die weinte auf einmal laut durch's Haus: »Unser Führer, unser geliebter Führer!« – »Alice, was ist denn?« – »Im Radio ist eben durchgegeben worden, daß auf den Führer ein Anschlag verübt wurde und daß er verletzt ist.« Das sei doch bestimmt nicht wahr, versuchte ich sie zu beschwichtigen, es werde so sein wie damals im Münchner Bürgerbräukeller. Wir taten, als ob uns das alles nichts anginge. Am nächsten Morgen war der Name Stauffenberg in aller Munde, und da wurde es kritisch, denn Stauffenbergs Besuch hatten die Bewohner des Gutes noch deutlich in Erinnerung.

Wann war Stauffenberg in Trebbow gewesen?

Ostern 1944, also ein paar Monate zuvor. Er war für alle in Trebbow eine imponierende Figur. Er sah ja so interessant aus mit seiner Augenbinde, der amputierten Hand und den amputierten Fingern. Die Gouvernante, die Kinderschwester, alle rissen sich darum, ihm das Fleisch schneiden zu dürfen. Und nun hatten sie nachts im Radio den Namen Stauffenberg gehört, und da kamen sie alle an und fragten: »Ist das unser Stauffenberg, der hier gewesen ist?« – »Nein, es gibt Hunderte von Stauffenbergs«, sagte ich. Ich mußte immer auf dem Quivive sein.

So ging das ein paar Tage lang. Ich hörte gar nichts, nur Gerüchte. Wir gingen mit den Kindern Ähren lesen auf den Koppeln und schwimmen im See. Und dann eines Tages kam plötzlich ein Offizier aus Potsdam, von dem Regiment meines Mannes. Er sagte, er habe den Auftrag, sich zu erkundigen, wo der Graf Schulenburg stecke, er stehe unter dem Verdacht der Desertion. Er ist weg, dachte ich, weg über die Grenze, Gott sei Dank, sagte aber, daß ich mir das gar nicht denken könne. Ich war sehr erleichtert. Ich wußte ja nicht, daß er in Wirklichkeit in der Bendlerstraße verhaftet und noch am 20. Juli in die Prinz-Albrecht-Straße gebracht worden war. Nach zwei Tagen kam ein weiterer Offizier, wieder mit der gleichen Frage, so daß ich dachte: Das ist ja herrlich, der wird gesucht, also ist er entkommen. Tisa und ich vergruben in der Familiengruft eine Blechkiste mit Lebensmitteln, Streichhölzern und was man sonst so braucht, falls er in der Nacht käme. In die Gruft ging niemand, da standen so zerfallene Särge rum, und alle grauten sich davor. Mein Mann hätte sich dort alles holen können, was er brauchte, ohne daß dies im Haus bemerkt worden wäre. Dort vergruben Tisa und ich auch seine Briefe und sonstige Papiere.

Sie hatten also die Hoffnung, daß Ihr Mann der Gestapo entkommen war und über Trebbow flüchten würde?

Ja, das hielt ich durchaus für möglich. Ich wußte ja gar nichts. Als am 19. Juli mittags das Telegramm kam, daß sein Bruder gefallen sei, wußte ich noch nicht einmal, wohin ich ihm die Nachricht

weiterleiten sollte. Ich weiß bis heute nicht, ob er es überhaupt je-
mals erfahren hat. Erst als der Förster am 26. Juli in der Küche
erzählte, der Graf sei ja längst verhaftet, hatte ich einen Grund
nachzufragen, was los sei. Von mir aus durfte ich das ja nicht.
Aber nachdem der Förster, der zugleich Ortsgruppenleiter der
Partei war, ein strammer Nationalsozialist, dieses Gerücht in die
Welt gesetzt hatte, fuhr ich mit meiner Schwägerin Tisa nach
Schwerin zur Gestapo. Ich fände es unerhört, sagte ich, daß der
Förster in unserer Küche herumerzähle, mein Mann sei verhaftet; ich wüßte von nichts. Es müsse bestraft werden, daß jemand
so etwas sagt. Daraufhin ließ man gleich einen Kommissar kommen, und der schrieb jedes Wort auf, das ich sagte. Anschließend sagte mir der Chef der Gestapostelle, er sei nicht befugt,
mir Auskünfte zu geben, das dürfe höchstens der Gauleiter. »Da
gehe ich morgen eben zum Gauleiter«, sagte ich. Der Reichsstatt-
halter in Mecklenburg, Friedrich Hildebrandt, war ein großer
Verehrer meines Schwiegervaters in Tressow, der sehr nett zu
ihm gewesen war, als er noch als kleiner Landarbeiter arbeitete;
bei der Beerdigung meines Schwiegervaters 1939 hatte ich neben
ihm gesessen. Nun meldete ich mich bei ihm an, und er empfing
mich; er schimpfte auf die »Verräter« und schrie furchtbar herum – das mußte er wohl. Dann sagte er: »Setzen Sie sich. Ich
kann gar nichts für Sie tun. Das, was der Förster da sagt, ist richtig: Ihr Mann ist einer der Hauptbeteiligten an dieser Verschwörung. Es tut mir ja so leid, daß Sie überhaupt nichts gewußt haben.« Er schätzte mich tatsächlich als so unbedarft ein, wie ich
vorgab zu sein. Er sah in mir die politisch betrogene Witwe.

*Das spielte sich Ende Juli ab? Zu dem Zeitpunkt saß Ihr Mann noch
als Gefangener in Berlin?*

Ja, das war am 27. Juli. Es war im übrigen ein wunderschöner,
heißer Sommer. Die Kinder hatten zu meinem Geburtstag ein
kleines Pferd bekommen, das sehr wild war und eingeritten werden mußte. Das war ein großes Ereignis, und wir hatten viel zu
tun. Jeden Tag gingen wir mit den Kindern schwimmen, Fritz
lernte schwimmen. Eines Morgens, am 9. August, entdeckte ich
beim Telefon eine Zeitung – die guckte so unter anderen Papie-

ren heraus –, und da stand: Verräter gehängt. Es handelte sich um den ersten großen Prozeß vom 8. August, Peter Yorck war dabei, Witzleben, Klausing – Peter Yorck war Pate von Fritz, Klausing war Pate von Neiti, meiner Jüngsten. Der Name Schulenburg fehlte, und da sagte ich zu Tisa, die den »Niederdeutschen Beobachter« vor mir hatte verstecken wollen, wir müßten sofort nach Berlin fahren. Der Gauleiter hatte mir nämlich inzwischen erzählt, daß Frauen und Kinder der Verschwörer verhaftet würden – ich sollte nach Flossenbürg –, daß er aber seine schützende Hand über mich halten wolle. Deshalb wollte ich Fritzi irgendwie Nachricht geben, daß es uns gutging, daß seine Kinder und ich nicht verhaftet worden waren. Am 10. um Mitternacht sind Tisa und ich nach Berlin gefahren. Es gab Luftangriffe, und es dauerte stundenlang, ehe wir im zerbombten, verwüsteten Berlin ankamen. Mathias Wieman hatte uns ein Zimmer im Esplanade am Potsdamer Platz reserviert, ganz in der Nähe des Volksgerichtshofes. Wir nahmen den Weg vom Lehrter Bahnhof über den Reichstag, das war ein wüstes Feld. Tisa sagte: »Du bleibst jetzt hier, ich gehe in die Prinz-Albrecht-Straße zur Gestapo.« Dort wurde sie aber nur angeschnauzt: »Wir können Ihnen keine Auskunft geben. Machen Sie bloß, daß Sie hier wegkommen.« Wir gingen ins Esplanade, und ich hatte fortwährend das Gefühl, Fritzi ist hier ganz in der Nähe. Es war der Tag, der 10. August, an dem er nebenan, ein paar Häuser weiter zum Tode verurteilt und dann in Plötzensee hingerichtet wurde. Es wurde uns ziemlich schnell klar, daß wir überhaupt nichts ausrichten konnten und uns eher in Gefahr brachten. Wir dachten vor allem an die Kinder. So waren wir nachmittags um vier wieder zurück in Mecklenburg. Ich bin, glaube ich, in einen tiefen Schlaf gefallen – das war sehr gnädig. Ich war halb ohnmächtig. Meine Mutter war da, sie war fabelhaft. Sie hat nie ein Wort gesagt, daß ihr Schwiegersohn das nicht hätte machen und mich nicht in diese Situation bringen dürfen. Man hätte sie ja verstehen können. Da war ich ihr sehr dankbar.

Wann haben Sie vom Tod Ihres Mannes erfahren?

Am 14. August wurde mein Schwager Barner von Hildebrandt nach Schwerin bestellt. Mein Schwager, meine Schwägerin, Matthias Wieman und ich sind nach Schwerin gefahren, und während ich draußen im Wagen wartete, wurde den Barners eröffnet, daß mein Mann am 10. August verurteilt und hingerichtet worden sei. Das war im übrigen sehr anständig vom Gauleiter, daß er uns dies mitgeteilt hat. Er ließ mir ausrichten, daß ich mich nicht von Trebbow entfernen, nicht telefonieren und keinen Besuch empfangen dürfe, also stand ich gewissermaßen unter Hausarrest. Andernfalls könne er nicht für meine Sicherheit garantieren. Ich habe mich daran gehalten, und wenn ich irgendwohin wollte, habe ich mich zuvor bei ihm erkundigt, ob er zustimme, und ihm gesagt, wann ich wieder zurück sei. Er hat wirklich seine Hand über mich gehalten, aber es half ihm alles nichts, nachher in Dachau ist er doch aufgehängt worden, zusammen mit dem Förster.

Der Förster wurde in Dachau zum Tode verurteilt?

Weil er gegen Ende des Krieges bei uns amerikanische Bomberpiloten erschossen hatte. Das Flugzeug stürzte ganz in unserer Nähe in eine Koppel, und die Männer hatten sich mit dem Fallschirm gerettet; aber der Förster fand einen Weg, um sie beide von hinten abzuknallen. Es gab wohl einen Erlaß aus Berlin, feindliche Soldaten nicht gefangenzunehmen, sondern gleich zu erschießen.

Und dazu fühlte sich dieser Mann nun persönlich aufgerufen?

Ja, für den brach am 20. Juli eine Welt zusammen. Schlimm genug, daß seinem Führer Adolf Hitler so etwas zustoßen konnte, aber viel schlimmer war, daß sogar die eigene Herrschaft »gegen« ihn war. Wenn man sich in die Situation dieser Leute versetzt, kann man sich ihr Entsetzen einigermaßen vorstellen. Von da an betrachteten sie es als ihre oberste Pflicht, alles zu melden.

Wurden Sie vom Tod Ihres Mannes auch offiziell unterrichtet?

Ende Oktober habe ich vom Volksgerichtshof einen Wisch bekommen, der ehemalige Regierungspräsident sei wegen Hoch- und Landesverrats zum Tode verurteilt worden. Aber daraus ging nicht hervor, daß das Urteil auch vollstreckt worden war, was mich total verwirrte, denn bei allen anderen stand: »Das Urteil ist vollstreckt.« Also fuhr ich Anfang November mit Erlaubnis nach Berlin, bin zum Volksgerichtshof gegangen und habe Auskunft verlangt. Ich drang vor bis zum Oberstaatsanwalt Görisch in roter Robe. »Verzeihen Sie, Frau Gräfin«, sagte der, »das ist ein bedauerlicher Irrtum des Kanzleipersonals. Wird sofort erledigt. Nehmen Sie Platz.« Tipp, tipp, tipp. »Das Urteil ist vollstreckt.«

Sie haben also auch nach der Mitteilung Hildebrandts am 14. August noch gehofft?

Natürlich hatte ich gehofft, zumal da der Name meines Mannes zweimal in der BBC erwähnt wurde, und da hieß es einmal, er sei entkommen. Irgendwann im September hatte ich freilich das Gefühl, ich muß es den Kindern sagen. Sie fragten immer häufiger: »Wo ist Papi? Wann kommt Papi wieder?« Er war ja viel unterwegs, aber wenn er nach Hause kam, gab es jedesmal ein großes Fest. Dann spielte er mit den Kindern Räuber und Prinzessin oder ein Spiel das wir »Bannerherr« nannten, eine Art Versteckspiel, bei dem der vorher ernannte »Bannerherr« uns gefangennehmen konnte. Es war herrlich. Er konnte sich dann ganz loslösen von seinen Problemen und machte alles mit. Mit den Kindern unternahm er lange Ausflüge durch den Wald, mit Picknick. Im September bin ich dann mit allen Kindern in den Wald gegangen, an den Lüttsee in einem verwilderten Teil des Parks, und habe ihnen gesagt, daß ihr Vater tot sei. Meine älteste Tochter, die Schuschu genannt wurde und die ein besonders enges Verhältnis zu ihrem Vater hatte, sagte: »Das ist ja überhaupt nicht wahr. Ich sehe ja Papi, der steht ja da am Baum, nein, er ist nicht tot.« Der zweiten, die Beba genannt wurde, rannen bloß die Tränen herunter. Mein Sohn Fritz, der damals gerade sechs war, reagierte meisterhaft. Mit nachdenklichem Gesicht sagte er: »Dann erbe ich ja jetzt die Gläser mit FS.« Das waren besonders schöne Gläser, die nur benutzt wurden, wenn mein Mann zu Hause war, sie hatten einen Silberrand, ein eingraviertes Monogramm »FS«, mit Krone. Er meinte, nun wäre er ja FS. »Und dann erbe ich ja das schöne Buch«, sagte Fritz noch, das war ein Exemplar von »Mein Kampf«, in Bernstein gebunden mit Hitlers Unterschrift, das als Unikum in einer Truhe verwahrt wurde. Mein Mann hatte es 1937 vom Bernsteinkreis, dem Kreis Fischhausen, als Abschiedsgeschenk von Ostpreußen bekommen. Leider haben wir das Buch im Frühjahr 1945 nicht mit in den Westen genommen, denn dafür hätte ich jahrelang Zigaretten von den Amis rauchen können.

Sie und Ihre Familie blieben – dank dem Gauleiter – von Sippenhaft verschont. Sind Sie verhört worden?

Verhört wurde ich schon, dreimal, das erste Mal am 6. August, da lebte mein Mann noch. Ich war beim Schwimmen, als am Ufer einige merkwürdige Männer erschienen, die mich aufforderten, aus dem Wasser zu kommen. Sie wollten mich gleich im nassen Badeanzug und Bademantel verhören – sie hatten eine Sekretärin mitgebracht, die alles tippte –, aber dann gestatteten sie mir doch, mich erst umzuziehen. Ich brachte die Kinder weg, zog mich um und nahm eine bereitliegende Brom-Pille zur Beruhigung, weil ich natürlich innerlich schlotterte. Und dann fingen sie an, mich zu fragen, wann ich diesen und jenen zuletzt gesehen hätte, ob ich den und jenen kennen würde und ob ich Briefe hätte von meinem Mann. Ich hatte ein paar Briefe aus der letzten Zeit schon bereitgelegt. Sie waren total unverfänglich, die anderen lagen ja in der Gruft. Die haben sie dann mitgenommen und mir nicht wiedergegeben. Das waren die letzten Briefe. Das Ganze dauerte von nachmittags um vier bis abends um elf.

Wird man da nicht mürbe?

Eigentlich das Gegenteil, ich wurde immer sicherer. Ich muß freilich hinzufügen, daß sie nicht gemein waren, sondern sachlich blieben und sozusagen ihre Pflicht taten.

Der Förster hatte ihnen erzählt, daß er Stauffenberg während der Ostertage in Trebbow gesehen habe. Was wir da gemacht hätten, wollten sie nun wissen, und da habe ich lang und breit geschildert, was wir gegessen hatten, daß wir uns abends Gespenstergeschichten erzählt und daß wir uns verkleidet hätten. Stauffenberg sollte sich ja bei uns erholen, und Tisa und ich haben uns viel Mühe gegeben, alles gemütlich und schön zu machen. Im Wohnzimmer saßen Stauffenberg und Fritzi und unterhielten sich stundenlang vor dem Kamin – das habe ich den Gestapo-Leuten natürlich nicht erzählt –, während Tisa und ich und Klausing, Stauffenbergs Adjutant, den ich schon seit langem zu Ostern eingeladen hatte – was mein Mann jetzt als ein ungeschicktes und zu auffälliges Zusammentreffen empfand –, ausgesperrt waren. Da kamen wir auf die Idee, das Gespräch der beiden zu unterbrechen und etwas Komisches zu machen. Wir wikkelten den langen Leutnant mit herrlichen Stoffen abendkleidmäßig ein, setzten ihm einen Turban auf den Kopf und schubsten ihn ins Wohnzimmer. Das waren so dämliche Backfischamüsements, und ich fürchtete, Fritzi werde mir das übelnehmen. Stauffenberg fing sofort an loszulachen, er fand das irrsinnig komisch, und da fand es mein Mann eben auch komisch. Für die Gestapo-Leute, denen ich diese Geschichte ausmalte, waren das fremdklingende Märchen, wie man sich auf Schlössern abends benimmt. Ob denn überhaupt nichts Politisches besprochen worden sei, wollten sie wissen. Dann wurde der Förster geholt, der zu Protokoll gab, er habe den Grafen Schulenburg und »den Stauffenberg« im Jagen 75 im Wald gesehen, da seien sie spazierengegangen, und zwar alleine. »Nun«, sagte ich, »hinterm Busch wie Herr H. habe ich natürlich nicht gesessen.« So spielte ich die Rolle der ahnungslosen Frau, die keine Ahnung hat, blieb immer in der Defensive. Nur der Gauleiter ahnte wohl, daß ich vielleicht doch nicht ganz so dämlich war, wie ich tat.

Was ging in Ihnen vor, als Sie Anfang November beim Volksgerichts-
hof erfuhren, daß das Urteil vollstreckt war? Fühlten Sie sich sehr
einsam?

An diesem Tag im November, als ich zum Volksgerichtshof ging
und man mir sagte, das sei »ein bedauerlicher Irrtum des Kanzleipersonals« und »das Urteil ist vollstreckt«, da dachte ich: Jetzt
fahre ich nach Plötzensee, ich muß da einmal hin. Also setzte ich
mich in die S-Bahn, fuhr durch das trostlose nördliche Berlin
zum Bahnhof Beusselstraße, lief über die Brücke beim Westha-
fen und dann entlang der langen, langen Zuchthausmauer von
Plötzensee. Vor dem Tor ging ich auf und ab und wartete, bis
einer herauskam, und im gleichen Moment schlüpfte ich hinein.-
Links war eine Mauer mit einem Fenster, und dahinter saß ein
alter Beamter, der mich anhielt und mich fragte, was ich wollte.
Es war wohl der Pförtner. Ich nannte ihm meinen Namen und
sagte, daß ich etwas über meinen Mann erfahren möchte. Daraufhin schloß er sein Fenster, kam aus der Tür und nahm mich
in die Arme. »Armes Kind«, sagte er, weil ich inzwischen furchtbar heulte und immer wieder sagte: »Ich möchte dahin, wo er gestorben ist.« »Ich kann Ihnen helfen, wenn Sie in das Büro dahin-
ten gehen«, sagte der Pförtner, »ich werde Sie begleiten lassen, einer muß die Türen aufschließen.« Es ging über einen Hof, auf
dem Sträflinge in gestreiften Anzügen arbeiteten, die alle guckten, dann wieder in ein Haus, bis ich in das besagte Büro kam.
»Mein Mann soll hier gestorben sein, ich will dahin, wo mein
Mann gestorben ist«, wiederholte ich. Die Beamten waren höflich; sie sagten: »Ja, wir haben die Akte da, aber in den Hof können Sie nicht. Wir können Sie nur wieder hinausbegleiten.« Sie
waren sachlich und kühl, aber man spürte, daß sie gewisse Sym-
pathien hatten, obwohl vielleicht Schergen unter ihnen waren.
Und dann begleiteten sie mich wieder hinaus, ein Eisengitter
wurde aufgeschlossen, dann wieder zu, wieder eine Tür auf,
dann der Hof der Sträflinge, dann der alte Mann, der mir die
letzte Tür aufschloß – und da stand ich wieder draußen. Ich hatte das Gefühl, ich muß da unbedingt wieder hin. Ich lief durch
diese trostlosen Berliner Vorstadtgegenden mit Bombentrich-
tern und bin dann stundenlang mit der U-Bahn durch die Stadt

gefahren. Am Abend ging ich in das herrliche Altberliner Lokal in der Nähe der Nikolaikirche, das mein Mann so gern hatte. »Schütze« hieß es. Dort kannten sie mich und führten mich gleich in ein Nebenzimmer und gaben mir ein wundervolles Essen – ohne Marken –, damit ich wieder zu Bewußtsein kam, so verstört war ich. Ursula Kardorff kam noch dazu, und die war mir eine große Hilfe. Dieser Besuch in Plötzensee ist eine wichtige Episode in dieser ganzen riesigen Leere nach dem 20. Juli, die ich nie vergesse. Man durfte ja keine Briefe schreiben, und niemand durfte sich bei einem melden. Aber man hörte, der ist tot, der ist tot, und zwei Monate später war auch der tot. Es war diese Leere – niemand ist mehr da –, die einen drückte.

Deshalb auch das Verlangen, an den »Ort des Geschehens« zu fahren?

Ich habe an diesem Tag auch noch den Pflichtverteidiger meines Mannes besucht, den Justizrat Hercher in der Friedrichstraße. Der sagte mir: »Ihr Mann machte doch einen intelligenten Eindruck, wieso..?« Aber dann erzählte er mir: »Ich habe Ihren Mann eine halbe Stunde vor Prozeßbeginn in seiner Zelle besucht. Er rauchte eine sehr elegante Pfeife« – die hatte ihm Marion Dönhoff geschenkt – »und saß hinter Bergen von Büchern und arbeitete.« Das Innenministerium interessierte sich nämlich sehr für die Denkschriften meines Mannes über den Wiederaufbau der zerstörten Städte nach dem Kriege. Daran arbeitete er weiter im Gefängnis. Er, Hercher, habe meinen Mann dann gefragt, ob er nicht einen Brief an seine Frau schreiben wolle, und da habe mein Mann gelacht und gesagt: »Ach, ist es jetzt so weit?« Daran kann man sehr deutlich sehen, wie mein Mann war.

Hat Ihnen der Anwalt diesen Brief ausgehändigt?

Nein, der wurde, wie alles andere auch, konfisziert. Ich habe seinen letzten Brief tatsächlich erst 1954 zu Gesicht bekommen. Damals bereitete Annedore Leber ihren Dokumentationsband »Das Gewissen steht auf« vor. Den Artikel über meinen Mann schrieb Dr. Fritzsche, ein Regimentskamerad meines Mannes, der in den fünfziger Jahren als Lehrer am Birklehof unterrichtete, als ich dort auch tätig war. Dr. Fritzsche bat mich, seinen Artikel zu lesen; ich fand ihn sehr gut. Ein paar Wochen später gab er mir die Druckfahnen, und da endete der Artikel plötzlich ganz anders: »Und nach der Verhandlung schrieb er an seine Frau: ›Was wir getan, war unzulänglich, aber am Ende wird die Geschichte richten und uns freisprechen.‹« – »Ich habe keinen letzten Brief«, sagte ich zu Dr. Fritzsche, »wir müssen sofort Annedore Leber anrufen.« Annedore Leber sagte, sie wisse nicht, wie der Text in ihre Hände gekommen sei, sie besitze nur eine Schreibmaschinenabschrift; auf der einen Seite stand der letzte Brief meines Mannes, auf der anderen Seite der letzte Brief Berthold Stauffenbergs abgetippt, beide waren am gleichen Tag hingerichtet worden. Annedore Leber schickte mir das Blatt sofort. Für mich war das ungeheuer aufregend, den Brief zu lesen, das, worauf man seit 1944 gewartet hatte. Später klärte sich dann auf, daß eine Sekretärin im Reichsjustizministerium, Frau Milly Ruth, den Auftrag hatte, Briefe der Leute, die am 10. August hingerichtet worden waren, zu vernichten. Das geht nicht, dachte sie, ich schreibe das schnell ab. Es waren insgesamt vier Briefe – und sie nahm sie in ihrem Luftschutzgepäck mit nach Hause. Vorsichtshalber änderte sie sogar die Namen: statt Schulenburg schrieb sie Schulze, statt Stauffenberg Stanitzke. Nach dem Krieg brachte sie wahrscheinlich die Abschriften zu Annedore Leber, von der ja früh bekannt war, daß sie sich um diese Dinge kümmerte, während von mir niemand etwas wußte. Eine Frau wie Milly Ruth, die dafür hätte hingerichtet werden können, macht vieles andere gut.

Der Brief ist erst 1990 vollständig publiziert worden.

Ja, ich habe ihn erst einmal niemandem zum Veröffentlichen gegeben. Das geht erst mit diesem Abstand, erst jetzt erkennt man, daß die menschlichen Dinge auch für andere wichtig sind. Sehen Sie – in diesem Umschlag steckt der Brief schon seit 1954 –, ich trage ihn immer bei mir.

Ich würde gern noch einmal auf den 20. Juli zu sprechen kommen. Als Ihr Mann Ihnen am 18. Juli eröffnete, daß der Staatsstreich »jetzt über die Bühne geht«, haben Sie da nicht versucht, ihn in irgendeiner Weise zu beeinflussen? Schließlich standen die Chancen nach seiner eigenen Aussage nur fünfzig zu fünfzig.

Die Idee ist mir nie gekommen. Wenn er sich entschieden hatte, etwas zu tun, dann war für mich klar, daß es kein Zurück gab, wenn es mir auch schwerfiel. Es ist mir manchmal sehr schwer gefallen, immer wieder allein zurückzufahren, immer wieder nur mit den kleinen Kindern zusammenzusein, auch wenn ich sie heiß liebte und sie mein Leben ausfüllten. Aber seine Entscheidungen waren ausschlaggebend. Das fand ich.

War das ein Resignieren vor dem Stärkeren?

Nein, das war die Übereinstimmung. Wenn er sich das ausgedacht hatte, war es klar, daß das so sein mußte. Als ich jung verheiratet war, war mir das manchmal lästig, diese dauernden Männerbesprechungen und Abende, an denen sie stundenlang zusammensaßen und diskutierten. Da habe ich manchmal auch gemeutert, weil ich fand, daß für die Familie ein bißchen mehr drin sein könnte. Später wurde das belanglos im Vergleich zu dem, was politisch auf dem Spiel stand. Dann war es eine selbstverständliche Entscheidung auch von mir, die mir nicht schwergefallen ist. Aber ich neigte dazu, für das Opfer, das in der Familie erbracht werden mußte, eine Verbesserung der Verhältnisse zu erwarten: So hoffte ich, daß seine Entscheidung etwas bringen würde, nicht nur für uns, sondern für alle.

Diese Unterordnung der Frau unter den Willen des Mannes wäre heute sicher nicht mehr in dieser Form möglich. In erster Linie galt das, was der Mann entschied.

Das war sicher so. Man hätte zwar auch revoltieren können, das habe ich mir damals manchmal überlegt. Ich glaube, daß in einer so extremen Zeit wie damals viele Dinge getan werden mußten, die einem nicht in den Kram paßten. Ich jedenfalls kenne unter den Frauen, deren Männer ihr Leben im Kampf gegen Hitler gelassen haben, keine, die speziell unglücklich gewesen wäre wegen ihrer größeren Isolierung. Und die meisten Männer hatten die Kraft, ihre Frauen davon zu überzeugen.

Aber wenn Sie nun nicht verheiratet gewesen wären und hätten nach dem Studium an einem Theater oder bei einer Zeitung angefangen zu arbeiten und hätten dem nationalsozialistischen Bild von der Mutter zahlreicher Kinder nicht entsprochen...

Dann wäre ich wahrscheinlich sehr viel oppositioneller geworden, weil ich meine Kräfte mehr hätte einsetzen können, als es mit meinen kleinen Kindern möglich war. Ich hätte wohl eine ähnliche Entwicklung genommen wie Ursula Kardorff, die bei der »Deutschen Allgemeinen Zeitung« arbeitete, nicht exponiert, aber doch deutlich auf Gegenkurs. Eine Nazisse wäre ich ganz bestimmt nicht geworden, sondern ich hätte mich im liberalen Gelände herumgeschlagen, vielleicht nicht besonders heldenhaft, aber doch aufrecht.

Sie haben Ihren Mann vor der Machtergreifung kennengelernt?

Ja, 1926, ich war noch nicht einmal siebzehn, da lernte ich ihn auf dem Tennisplatz kennen. Meine Familie war mit der Familie des Landrats befreundet, und auf dem Landratsamt arbeitete ein junger Referent, der hieß Fritzi Schulenburg. Ich fand ihn ungeheuer interessant; wir spielten Tennis und fuhren mit unseren wackligen Rädern an die märkischen Seen zum Schwimmen. Dann saßen wir in der Badeanstalt auf einem Steg und unterhielten uns furchtbar gebildet über Literatur – alles per Sie natürlich. Eines Tages ließ mich der Direktor unserer Schule kommen und sagte zu mir: »Lotte, ich muß jetzt etwas mit dir bereden.« Wir gingen ins Konferenzzimmer, und da eröffnete er mir, er habe gehört, daß ich des öfteren mit dem Grafen Schulenburg in der Badeanstalt auf dem Steg säße. Die Stadtväter seien darüber irritiert und hätten beschlossen, einen Zaun durch die Anstalt zu ziehen, um die Badegäste nach Geschlechtern zu trennen und auf diese Weise dem unmoralischen Treiben Einhalt zu gebieten. Der Direktor fand das genauso komisch wie ich, und wir mußten beide sehr lachen. Da der Graf Schulenburg zum Glück bald wieder von der Bildfläche verschwand, löste sich die Sache in Wohlgefallen auf. Ich habe ihn erst zwei Jahre später wiedergesehen im Hause des Landrats.

Nach dem Abitur 1928 gingen Sie zum Studium nach Marburg. Sie studierten Germanistik und Englisch und wechselten nach zwei Semestern nach Königsberg. Später studierten Sie noch in Berlin und in München.

Damals konnte man die Universität wechseln, wann immer man wollte. Die Universität Königsberg war zu meiner Zeit sehr beliebt, Ostpreußen war ein Zauberland. Nach Berlin ging ich wegen Professor Dovifat, dem bekannten Zeitungswissenschaftler, nach München wegen Artur Kutscher, dessen Vorlesungen am Theaterwissenschaftlichen Seminar geradezu berühmt waren. Ich bekam einen kleinen monatlichen Wechsel und verdiente mir etwas Geld und ein gutes Essen dazu, indem ich als Gesellschafterin einer alten Dame in Schwabing zum Mittagstisch eingeladen war. Der erzählte ich all meinen Blödsinn, und sie fand das ganz herrlich.

Den Grafen Schulenburg hatten Sie inzwischen aus den Augen verloren?

Ja, bis 1932. Ich war mit Freunden beim Skifahren im Kleinen Walsertal, da bekam ich plötzlich eine Karte, die mir meine Mutter nachgeschickt hatte und auf der stand: »Liebe Lotte, sieben Jahre habe ich in Treue auf Dich gewartet und nun diese plötzliche Verlobung? Ich ergebe mich dem Trunke, Schulenburg.« Was war passiert? Er hatte einen Bekannten getroffen, der nur meine Schwester kannte, und diese hatte sich verlobt. Monate später – in Königsberg – überlegte ich: Wenn er denkt, du seist verlobt, kannst du ihm ja vielleicht eine Karte schreiben, daß eine Verwechslung vorliege. Als ich die Karte in den Briefkasten steckte, hatte ich das Gefühl, jetzt ist etwas Schicksalhaftes in diesem Briefkasten passiert. Eine Woche später war mein Fach im Studentinnenheim voller Briefe. Er hatte sofort geantwortet, er müsse mich sehen und so weiter, und innerhalb einer Woche waren wir verlobt.

Ein Jahr später haben Sie geheiratet.

Am 11. März 1933, in der Berliner Dreifaltigkeitskirche. Anschließend fuhren wir nach Potsdam, das mein Mann so liebte. Sein Vater war Chef der Heeresgruppe Kronprinz und mein Vater Gardejäger in Potsdam gewesen. Am übernächsten Tag flogen wir vom Flughafen Tempelhof nach Königsberg.

Fliegen war damals sehr außergewöhnlich.

Ja, das war eine richtige Extratour. Es war das erste Mal, daß ich flog, und es war wunderschön.

Die Fahrt nach Potsdam war auch eine Verbeugung vor Ihrem Vater. Wie erinnern Sie sich an Ihren Vater?

Mein Vater war Kaufmann, schon 1915 gefallen, so daß ich ihn nur kurz gehabt habe. Ich habe ihn in sehr schöner Erinnerung, riesengroß und blond – er war sicher nicht so groß. Ich weiß noch, wie ich mit meinem Vater, der mich an der Hand hielt, singend durch Kornfelder gegangen bin, weil das Auto, ein komisches Auto, in das man noch mit extra Stufen einsteigen mußte, eine Panne hatte.

Ihre ersten Ehejahre verbrachten Sie in Ostpreußen?

Ja, weil ich nicht sofort ein Baby kriegte, was ich mir dringend gewünscht hatte, kriegte ich erst einmal einen Hund. Ich erinnere mich, wie wir einmal sonntags an der Samlandküste spazierengegangen sind – das ist jene wundervolle Steilküste zwischen Frischer Nehrung und Kurischer Nehrung – und wie mein Mann sagte: »Hier müßte man eigentlich Landrat werden.« Er wurde es 1934, Landrat im Kreis Fischhausen. Es war eine herrliche Zeit. Preußische Landräte waren damals immer noch kleine Könige in ihren Gebieten und konnten in der Verwaltung vieles so durchführen, wie sie es sich ausgedacht hatten. Natürlich gab es einen Gauleiter, und mit dem hatte Fritzi pausenlos Auseinandersetzungen. Der Abschied von Ostpreußen ist uns sehr schwergefallen.

Ihr Mann galt allgemein, also auch bei den Nationalsozialisten, als Experte in Verwaltungsfragen, und wenn irgendwo ein schwieriges Problem zu lösen war, wurde Ihr Mann zu Rate gezogen. Andererseits hat Ihr Mann schon sehr früh Kritik am Regime geübt, zunächst aus den inneren Reihen heraus, denn er gehörte seit 1932 zur Partei. Wann kam Ihrer Meinung nach der Moment, wo beides nicht mehr zu vereinbaren war, wo Opposition in aktiven Widerstand überging?

Ich würde sagen, daß wir von Anfang an voller Kritik waren. Nationalsozialist war nicht gleich Nationalsozialist, Volksgenosse nicht gleich Volksgenosse. Man machte sich seine Gedanken, fand manches lächerlich, hoffte zunächst aber doch, daß die Idee, wie mein Mann immer sagte, eine Rettung aus diesem Zustand bringe. Daß die Trauer über den verlorenen Krieg, den Niedergang, die Verluste in Deutschland, die Unordnung, die da entstanden war, ein Ende habe. Das geschah immer mit Distanz, das muß ich besonders von mir sagen. Mein Mann war ein solcher Idealist, daß manchmal seine Menschenkenntnis für mein Gefühl nicht ausreichte. Sein »geliebtes Volk«, immer das Volk, das hat er meiner Meinung nach sehr überschätzt. Wie soll ich sagen, das Wesen der Partei unterschied sich ja rasch von der ursprünglichen Idee. Das Gehabe, die Art enttäuschte meinen Mann, wie die Leute sich verbogen und Bonzen wurden, gefiel ihm gar nicht. Er hielt immer dagegen. Es ist schwer, der heutigen Generation, die das nicht begreifen kann, darauf zu antworten und diesen allmählichen Prozeß der Ablösung zu erklären.

Die innere Ablösung war der erste Schritt...

Es hat sich allmählich immer mehr verschärft durch die Erfahrungen, die er machte. Ich weiß, daß die Historiker da sehr streng urteilen. Sein Biograph Ulrich Heinemann zum Beispiel rechnet alles sehr genau nach und kommt dann zu dem Ergebnis, mein Mann habe sich 1942/43 endgültig zum Widerstand entschlossen. Aber erstens kommt es darauf an, was man als Widerstand definiert, und zweitens ist für jemanden, der nicht dabei war, sehr schwer nachzuvollziehen, was während des Nationalsozialismus im Innersten eines Menschen vorging. Ich war dabei – nicht so oft wie mein Mann –, wenn sie bei Yorcks in der

Hortensienstraße ihre glühenden Diskussionen führten. Ich weiß, daß es in meinem Mann gebrodelt hat, spätestens von dem Moment an, als er nach Berlin kam. Als stellvertretender Polizeipräsident konnte er Einsicht in Akten nehmen, die ihm in Ostpreußen niemals zugänglich gewesen wären; erst in Berlin war er nahe genug am Geschehen dran, um die Lage beurteilen zu können. Vor allem aber hatte er hier seine Freunde, mit denen er offen reden konnte. In dieser Zeit hat er auch seinen Vorgesetzten, den Polizeipräsidenten Helldorf, umgedreht. Helldorf war allgemein als großer SA-Führer und überzeugter Nazi bekannt; er ging gern zum Pferderennen und war ein echter Lebemann. Als mein Mann nach Berlin kam, sagte er zu ihm: »Ich habe mich nicht darum beworben, zu Ihnen zu kommen«, worauf ihm Helldorf antwortete: »Und ich habe Sie nicht angefordert, Graf Schulenburg.« Sie haben sich später sehr gut verstanden, auch politisch.

Ihr Mann hat sich 1932/33 sehr für Gregor Strasser interessiert, dessen politische Forderungen ihm offenbar mehr lagen als die von Hitler. Strasser verkörperte, kurz gesagt, den radikalsozialistischen Flügel der Partei. Mir scheint seine Hinwendung zu Strasser auch ein Schritt der Abgrenzung gegen den Adel, gegen den eigenen Clan zu sein.

Es war der nationale Sozialismus, der ihn faszinierte und zu dem er sich noch 1944 vor dem Volksgerichtshof bekannte. Mit der Weimarer Republik konnte er nichts anfangen, obwohl er als Beamter loyal, sogar interessiert seine Pflicht getan hatte; auch mit der preußischen Tradition der Verwaltung war er ganz zufrieden, aber irgendwas fehlte ihm. Und die reaktionäre Adelshaltung mochte er auch nicht. Er hatte einen starken sozialen Drang, und er hatte die Nöte der Arbeiterschaft im Ruhrgebiet erlebt. So hoffte er auf Strasser.

Hätte er auch Sozialdemokrat werden können?

Die starke Betonung des nationalen Elements kam natürlich aus dem Elternhaus; in Tressow wurden unentwegt politische Diskussionen geführt, der Vater und die Brüder waren gleichermaßen politisch-historisch interessiert. Es war nicht nur der verlorene Krieg, über den man trauerte, man fühlte sich auch vom Kaiser verraten. Mein Schwiegervater hatte im November 1918 zu denjenigen gehört, die Wilhelm II. gesagt hatten, er müsse in Deutschland bleiben und an der Spitze seiner Truppen nach Berlin zurückkehren, was immer ihm dabei zustoßen möge. Mit der Weimarer Republik und dem Liberalismus konnte man im Hause Schulenburg nichts anfangen. Sie versprachen sich die Neuerung von den Nationalsozialisten, von der SA.

Bitte erklären Sie noch einmal die sozialen Vorstellungen Ihres Mannes, solange er noch auf den Nationalsozialismus setzte.

Die gerechte Verteilung – keiner sollte mehr haben als der andere –, dieses Ideal, das die Nationalsozialisten früh auf ihre Fahnen schrieben und von dessen Umsetzung die Leute um Gregor Strasser wohl auch überzeugt waren, hat meinen Mann sehr angesprochen. Das wurde nach der Machtergreifung sehr schnell vergessen, aber mein Mann dachte, das geht wirklich. Auch die Einigkeit, die Vorstellung, daß alle zusammen das gleiche wollten, sprach ihn an. So schien es doch zunächst.

Ich will Ihnen ein Beispiel erzählen, das sehr typisch ist: Im Frühjahr 1944 zeigte er mir ein Manuskript, das für die Rundfunkrede nach dem gelungenen Attentat gedacht war. Als er zum Bahnhof ging, um nach Berlin zurückzufahren, steckte er das Manuskript fröhlich in seine Brusttasche, und ich sagte: »Fritzi, stell dir mal vor, es fällt dir ein Koffer auf den Kopf und du liegst da und die Leute finden das, was soll denn dann werden?« Und da antwortete er: »Sie werden mich auf den Schultern nach Berlin tragen.« So groß war sein Optimismus. Er hatte einen Freund auf dem Hof bei uns in Mecklenburg, den Stellmacher, mit dem redete er politisch. Der und einige andere waren für ihn das Volk.

Das konservative Weltbild und die nationalsozialistischen Ideen müssen in vielem harmoniert haben.

Man darf nicht vergessen, wie schlecht es den Deutschen Ende der zwanziger Jahre ging. Der Nationalsozialismus war ein Versprechen, etwas Neues zu erreichen, und dabei mußte mit dem alten Weltbild in manchem gebrochen werden. Insofern war die Begeisterung für den Nationalsozialismus auch eine Abnabelung von der alten Welt. Aber das ist heute sehr schwer zu erklären. Im übrigen war meine Schwiegermutter mehr als üblich sozial engagiert, so daß sie in Mecklenburg die »rote Marie« genannt wurde. Sie kannte jeden Arbeiter und ging zu jedem, der krank war, und kümmerte sich um alle; nach dem Krieg holte sie die ausgehungerten Kinder aus Hamburg aufs Land, und auch später war sie immerzu mit karitativen Dingen beschäftigt.

Wo setzte die Kritik Ihres Mannes an, was mißfiel ihm besonders? Auch als Parteigenosse war er ja alles andere als ein »Radfahrertyp«, wie ihn die Nazis so gern hatten.

1933 merkte man ja, daß vieles schieflief und daß alles nicht stimmte. Schon als Landrat in Fischhausen versuchte er, die Leute von der Partei, allen voran den Kreisleiter, zu umgehen, indem er die Verwaltungsfragen an der Partei vorbei in seinem Sinne entschied. Die führten sich wie die Bonzen auf. Weihnachten 1933 hatte er sich etwas Besonderes ausgedacht: Ich hatte eine Frau, die mir im Haushalt half, Frau Scheffler; die hatte einen arbeitslosen Mann und zwei Kinder, sie wohnten in einer Gartenlaube. Die Frau freute sich sehr, daß sie bei mir etwas verdiente. Mein Mann fand nun, wir laden zu Weihnachten die Schefflers ein und machen für alle eine wundervolle Bescherung, und dazu den Gauleiter Koch. Der kam auch, aber er benahm sich wie die Axt im Walde. Herr Scheffler, der ein alter Kämpfer war, zog seine sauber gebürstete SA-Uniform an und dazu ein paar ausgetretene Knobelbecher. »Schauen Sie mal Ihre Knobelbecher an, Scheffler«, sagte Koch, der mit einem großen Auto und geschniegelt und gebügelt kam, und zeigte auf seine eleganten Stiefel. »Hier, Breitsprecher Berlin!« Da merkte mein Mann deutlich, daß das zwei verschiedene Welten sind, seine eigene und die des Gauleiters. Dem hatte er mehr zugetraut: mehr innere Größe, weniger Großspurigkeit. Mein Mann hat dieses Erlebnis sehr ernst genommen.

Wann wurde Ihnen zum ersten Mal bewußt, daß Ihr Mann gefährdet war?

Eigentlich schon am 30. Juni 1934, beim sogenannten Röhm-Putsch. Mein Mann sagte: »Pack deinen Koffer, wir fahren jetzt nach Masuren.« Mein Mann war über diese Art von »Justiz« entgeistert, die sich gegen den Rechtsstaat vollzog; auch fürchtete er, daß sein Vater mit hineingeraten sei in dieses Gemorde. Als wir nach ein paar Tagen nach Hause kamen, sagte unser Mädchen, es seien zweimal SS-Leute dagewesen, die nach meinem Mann gefragt hätten. Er war darüber einigermaßen verstört und bat mich, niemals den Namen Strasser zu erwähnen. Die ganze Dramatik der Situation habe ich wohl nicht erfaßt, aber mir war klar, daß mein Mann gefährlich lebte. Der 30. Juni jedenfalls war ein gewaltiger Schock. Aber auch danach hat er immer wieder gedacht, man könne die Partei von innen reformieren und die Partei-Oberen zur Vernunft bringen. Es hat lange gedauert, bis er merkte, daß das keine Menschen waren, die man umgestalten konnte, sondern Leute, die nach eisernen Prinzipien fanatisch und egoistisch zugleich handelten.

Inwieweit waren Sie persönlich in die Aktivitäten Ihres Mannes einbezogen?

Eigentlich gar nicht. Ich war außen vor und in diesen Männercliquen nicht drin. Sobald man mit anderen Leuten zusammen war, auf gesellschaftlicher Ebene, ging man ins Theater, sprach über Konzerte oder Bücher, nicht über Politik. Heute frage ich mich angesichts der Greuel manchmal, wie ich das alles habe mitmachen und ertragen können. Wahrscheinlich habe ich mich an die mir naheliegenden Dinge gehalten, also in erster Linie mit meinen Kindern beschäftigt, so daß ich alles andere, was um mich herum geschah, nur wie von fern wahrnahm. Das ist eine gewisse Schutzhaut für junge Menschen, glaube ich. Es gab Menschen, die auf die Barrikaden gegangen und dabei umge-

kommen sind. Bei meinem Mann und seinen Freunden entwik-
kelte sich das in der letzten Zeit so, daß es ihnen egal war, ob sie
sterben würden, was wahrscheinlich war, oder nicht. »Es muß
etwas geschehen«, war ihr Gedanke, den Tresckow einmal auf
den Punkt gebracht hatte: coûte que coûte, koste es, was es wolle. Sie empfanden dies als ganz starkes Gefühl und als Notwendigkeit, hinter der das eigene Selbst völlig zurücktrat. Genau das
war der Punkt, den die Nazis nicht verstanden. Die haben mir
nämlich erzählt, sie hätten meinen Mann gefragt, ob er denn bei
alledem nicht an seine Frau und seine sechs Kinder gedacht habe. Da habe mein Mann geantwortet: »In solchen Momenten
denkt man nicht an Frau und Kinder.« Sie haben mir das erzählt,
um mich zu kränken. Aber ich wußte genau, warum er das gesagt hat. Nur konnten sich solche Spießerseelen das nicht vorstellen.

Wie haben Sie es verstanden?

Ich habe das so verstanden: Klar, er mußte es machen, das war
nie eine Frage für mich, und mich mußte er raushalten.

*Hat es ein Gespräch zwischen Ihnen und Ihrem Mann gegeben, eine
Art Vereinbarung? Hat er Sie gefragt, ob Sie bereit sind, den Widerstand mitzutragen?*

Nein, das war sonnenklar. Nach dem Krieg mußte ich meinen
Mann vor einem merkwürdigen Ausschuß in Hannover entnazifizieren: »Sie können uns nicht beweisen, daß Sie mit Ihrem
Mann über Widerstand gesprochen haben.« Da bin ich aber wü-
tend geworden und sagte: »Nein, was wir im Schlafzimmer besprochen haben, das habe ich nicht auf Tonband aufgenommen,
das kann ich Ihnen nicht vorlegen.« Annedore Leber und der
Vater von Ralf Dahrendorf haben damals Telegramme an die
Spruchkammer geschickt, um die Sache klarzustellen. Ganz
überzeugt waren die Herren des Ausschusses wohl nicht, in ihren Augen blieb mein Mann der alte Parteigenosse.

Die Nazis haben die Ehefrauen ja eher in Ruhe gelassen und die Ehefrau und Mutter aufgewertet.

Naja, als Gebärmaschine nur, das wurde schon sehr betont. Ich habe mich während des Dritten Reichs nach Möglichkeit davor gedrückt, irgendwelche Ämter zu übernehmen, es war mir immer daran gelegen, Distanz zu halten. Ich war als junge Landratsfrau Vorsitzende beim Roten Kreuz, später mußte ich mich bei der Winterhilfe betätigen, und als ich das vierte Kind bekam, rasten sie mir immer mit dem Mutterkreuz hinterher, aber es ist ihnen nie gelungen, mir das anzuhängen. Ich war immer gerade nicht da. Später habe ich mich manchmal gefragt, warum hast du nicht viel mehr dagegen getan, sondern friedlich weitergelebt? Vieles war doch ungeheuer schockierend, gerade auch im humanen Bereich. Und da muß man sich eingestehen, daß man einfach träge seinem gewohnten Leben nachgeht. Es gibt ein schönes russisches Sprichwort: Fremdes Leid ist wie ein kleiner Vogel, der schon wieder hundert Meter weitergeflogen ist, und jetzt ist er ganz weg. Was alles passiert ist, allein in dem erreichbaren Kreis um mich herum, war so furchtbar, daß ich mich noch heute oft frage, wie ich es eigentlich fertiggebracht habe, daran vorbeizugehen.

Wie sehen Sie Ihre Rolle im Widerstand?

Ich war vollkommen im Hintergrund, aber ich habe bejaht, was mein Mann tat, und höchstens hie und da Kritik geübt, wenn es zu hoch hinaus ging. Ich habe auch von vornherein akzeptiert, daß mein Mann kein Mann ist, der nachmittags nach Hause kommt und auch am Wochenende zu Hause ist, sondern ich wußte, manchmal kommt er, und dann ist es wundervoll. Wir sind doch sehr viel getrennt gewesen, darum gibt es auch so viele Briefe. Es war unheimlich schön, wenn er da war. Ich akzeptierte dann, wenn er sagte: »Leider muß ich heute schon wieder weg, und wann ich wiederkomme, weiß ich noch nicht.« Auch wenn ich die Kinder kriegte, war er nie da. Das war schon sehr symbolisch! 1934, als Schuschu geboren wurde, war er mit einer Kommission aus Berlin unterwegs in Ostpreußen; kaum war er um die Ecke gefahren, merkte ich, daß es losging. Mit letzter Kraft kam ich in die Klinik. Als das Kind dann da war, fragte der Professor, wo denn mein Mann sei, und als ich ihm sagte, ich wüßte es nicht, dachte er wohl: Ach Gott, nun ist auch diese Ehe schon wieder hin. Das war sehr komisch. Als Neiti geboren wurde, war mein Mann auch nicht da, hat mir aber ein Telegramm geschickt: »Hocherfreut – nicht gereut«. Es war aber wieder ein Mädchen. Und trotzdem: Es war immer richtig, es war immer gut.

War Ihr Mann ein leidenschaftlicher Mensch?

Ja, er konnte sich einsetzen, aber nie laut. Merkwürdigerweise hörte jeder ihm zu, wenn er sprach, eher leise gemäßigt, ich sehe ihn vor mir mit erhobener, geschlossener Hand. Man hörte einfach zu.

Wie können Sie Ihren Mann beschreiben?

Er war völlig anders als andere, jedenfalls ein herrlicher Mensch. Es war alles ganz echt an ihm, und er verachtete alles, was nicht so echt war. Und wenn Menschen langweilig waren, dann schlief er ein oder redete nicht mit denen oder las. Er hat, glaube ich, sehr bewußt gelebt. Er hätte nie ein Buch gelesen, das es nicht wert war. Das war alles ein Ritus. Es stand fest, wann man reiten mußte und wann man morgens durch den Wald lief. Alles hatte seinen Platz in seinem Leben. Vor allem das heilige Lesen – das war ihm das Allerwichtigste. Stundenlang konnte er vor seinen Büchern sitzen und sich überlegen, welches er wohin stellt – rein, raus, das war sehr schön. Wenn er Ruhe brauchte, dann sagte er: »Ich schlafe jetzt von 14.15 Uhr bis 14.37!« Und so tat er es auch. Dann fuhr er wieder weg. Ein konzentrierter Wille, mit sich umzugehen. Er hatte einen großen Einfluß auf Menschen, weil er reinen Herzens war und immer nach seiner innersten Überzeugung handelte. Er war so klar; das schätzten alle an ihm, und auch mir hat das von Anfang an so gut an ihm gefallen. Ich erinnere mich, daß er es ablehnte, wie andere Männer mit ihren Frauen in Kaufhäuser oder elegante Salons zu gehen. Nur einmal habe ich ihn dazu gebracht, mich zu Braun Unter den Linden zu begleiten. »Ich möchte so gern, daß du mir einmal ein

Kleid aussuchst«, sagte ich. Er ging hinein, schritt die Kleiderfront ab, zog einen Ärmel heraus, der war hellblau, dann noch einen Ärmel, der war maisgelb, und sagte: »So, die beiden nehmen wir.« Damit verschwand er aus der Tür, und ich bezahlte – ich war der Finanzminister. Immerhin hatte ich nun zwei von ihm ausgesuchte Kleider. Das war das Äußerste in dieser Beziehung, sonst gab es immer nur Bücher, Bücher, Bücher. So hatten wir uns auch kennengelernt. Als ich sechzehn war und wir zum Entsetzen der Kyritzer Spießer auf der Badebrücke saßen, fragte er mich, welche Bücher ich läse. Wir haben uns über diese Bücher unterhalten, und dann sagte er: »Ich mache jetzt eine Liste, welche Sie noch lesen müssen.« Die brachte er mir das nächste Mal dann mit, und ich mußte sagen, was ich davon hielt. Fontane liebten wir ganz besonders und die »Wanderungen und Wandlungen mit dem Reichsfreiherrn vom Stein« von Ernst Moritz Arndt.

Ihr Mann wirkte im Widerstand als Vermittler, sowohl zwischen den Generationen als auch zwischen den verschiedenen Richtungen innerhalb des Widerstands. Von 1943 an war er es, der das Attentat forcierte, und seine Freundschaft zu Stauffenberg hat möglicherweise dessen Entschluß, das Attentat zu wagen, mitbewirkt.

Das war ein ganz entscheidendes Moment, daß die beiden enger zusammenrückten. Die brauchten sich gegenseitig, sie entsprachen sich im Charakter. Mein Mann und wohl auch Stauffenberg wollten an die Tat ran und keine Diskussionen mehr. Was die beiden verband, war im übrigen auch die Verehrung für Julius Leber.

Am 20. Juli hielt sich Ihr Mann in der Bendlerstraße bereit und wurde am Abend festgenommen und in die Prinz-Albrecht-Straße gebracht.

Ich hatte ihn, wie gesagt, frühmorgens am 19. Juli zur Bahn gebracht. Von Ola Rüth, die als eingeweihte alte Freundin meinem Mann mit Schreibarbeiten half, weiß ich, daß mein Mann am Morgen des 20. Juli im Büro erschien – ihre Firma hatte ein Büro im »Esplanade« – und sie bat, ihm seine Militärhose zu nähen, deren Naht am Knie geplatzt war. Ola nähte ihm die Hose, und unmittelbar darauf ging mein Mann in die Bendlerstraße, vergaß aber, seinen Militärmantel mitzunehmen. Einige Tage später kamen Gestapo-Beamte, sahen den Mantel und sagten: »Das ist wohl der Mantel des Grafen Schulenburg.« – »Ja«, sagte Ola, »den hat er hier irgendwann einmal vergessen.« Ola Rüth wurde verhaftet und hat dann ein paar Wochen im Gefängnis am Alexanderplatz gesessen. Tolle Person, die liebte ich sehr! Ich habe zu meinem Mann einmal gesagt: »Wenn ich sterbe, mußt du sie sofort heiraten, damit die Kinder jemanden haben.«

Und was taten Sie selber am 20. Juli?

Es war eben mein Geburtstag, und man tat so, als ob gar nichts wäre. Als der Name Stauffenberg im Rundfunk genannt wurde, wußte ich Bescheid. Da war keine Angst, nur Trauer und das Gefühl, vor allen Dingen meine Kinder beschützen zu müssen – und das kann ich. Als die Verwandten abends nach Hause fuhren, stand ich da mit meinen Kindern, und da fragte mich Schuschu, meine Älteste: »Mami, warum haben denn diese Männer das gemacht? Warum wollen die denn unseren Führer umbringen?« Ich wußte nicht recht, was ich antworten sollte, denn sie ging am nächsten Tag wieder in die Schule und erzählte vielleicht davon – meine Tochter war damals neun Jahre alt. Also sagte ich: »Ich weiß es auch nicht, ich kann mir nur vorstellen, daß es Menschen waren, die lieber Frieden als Krieg haben wollten«. – »Weißt du, was ich glaube?« sagte meine Tochter, »ich glaube, daß Papi bei diesen Männern ist.« Sie liebte ihren Vater über alles. Ich habe danach nicht mehr mit ihnen über »richtig« oder »falsch« reden können, wegen der Gefahr, daß sie im Dorf darüber berichteten.

Wie war Ihre Haltung zum Attentat?

Da habe ich keine Skrupel gehabt.

Haben Sie später manchmal mit dem 20. Juli gehadert?

Nein, nie, Gott sei Dank. Weil es für mich so klar war, daß mein Mann es versucht hat, so gut er konnte.

Gab es Konflikte in der Familie, die ja nationalsozialistisch dachte?

Es gab gewisse Entfremdungen, aber Tisa hielt zu mir. Sie liebte ihren Bruder Fritzi sehr. 1934 war sie mit ihrem jüdischen Mann nach England emigriert, obwohl die Ehe eigentlich schon nicht mehr richtig funktionierte; aber gerade wegen Hitler ist sie mit ihm gegangen. 1939 kam sie geschieden zurück. Sie hatte keine eigenen Kinder und nahm uns deswegen zu sich und ihrem zweiten Mann nach Trebbow. Trebbow wurde für uns zur eigentlichen Heimat, auch wenn wir oft in Tressow waren, dem Elternhaus meines Mannes.

Wie sah es in Ihnen damals aus? Sie sprachen davon, daß Sie das Gefühl hatten, am Anfang einer neuen Ära zu stehen. Sie hatten Ihren inneren Schutz verloren, und Sie hatten Ihren Mann verloren.

Die Welt war eine andere Welt geworden. Zum Leben und Weitermachen wurde ich durch meine Kinder angespornt. Ich habe einmal einen Moment erlebt, in dem ich dachte, es wäre besser, ich wäre auch nicht mehr da und die Kinder auch nicht. Der Krieg wurde immer düsterer, die Überwachung, die immer größere Bedrohung... Ich habe diesen Moment erlebt, aber dann war es vorbei, und ich habe mich zusammengepackt. Die große Liebe und der Zusammenhalt, der aus der Kinderschar kam, das hat mir ungeheuer geholfen.

Sie haben gesagt, daß Sie nach dem Attentat nicht gewußt hätten, was Sie Ihren Kindern sagen sollten. Können Sie dieses Gefühl der Ratlosigkeit vielleicht etwas genauer beschreiben?

Man muß sich die Situation damals vorstellen: Alle wußten aus den Zeitungen und aus dem Radio von dem »Verrat«. Im August sollte mein Sohn eingeschult werden. Ich mußte ihn in die Dorfschule bringen, und dabei hatte ich große Angst, weil ich fürchtete, daß irgend jemand etwas Falsches zu ihm sagt. Der Weg führte um einen See herum entlang einem Buchenhang, und nachdem ich ihn in der Schule abgeliefert hatte, habe ich mich an die letzte Buche gesetzt, so daß ich die Schule im Auge behalten konnte. In der Pause turnte mein Sohn mit den anderen Jungen ganz munter vor der Schule herum und machte einen zufriedenen Eindruck. Nachher fragte ich ihn, wie es gewesen sei, und da fand er alles ganz wundervoll. Keiner im Dorf hat sich uns gegenüber feindlich verhalten – auch später nicht. In diesem Sommer sammelten die Kinder Altpapier und Altmetall, Kastanien und Bucheckern, was man damals eben so sammeln mußte. In den Tagen nach dem 20. Juli habe ich mit ihnen Ähren gesammelt: Das war eine großartige Beschäftigung, mit den Kindern über die gemähten Äcker zu gehen und die Halme zu sammeln, die dann als Notgetreide abgeliefert wurden. Ich war ja für jede Beschäftigung dankbar. Eine Weile habe ich auch noch Briefe an meinen Mann geschrieben, und ich bin stundenlang spazierengegangen. Abends habe ich oft mit Matthias und Erika Wieman zusammengesessen, und er hat Gedichte gelesen; das hat ungeheuer geholfen. Eine große Stütze war meine geliebte Clara, die mir im Haushalt alles abnahm und die Kinder fütterte, das mußte ja alles weiterlaufen und in Ordnung gehalten werden. Als wir Ende April 45 von Trebbow weggingen, hinterließen wir blankgeputztes Silber. Auch das hat mir geholfen. Ich konnte nicht langsam verludern und verelenden.

Wie viele Frauen haben Sie eine mühsame, aufzehrende Flucht mit Ihren sechs Kindern auf sich genommen. Aber anders als andere standen Sie als Witwe eines Verschwörers vom 20. Juli doch wohl eher isoliert?

Unmittelbar nach dem Krieg, als wir klein und häßlich waren und als arme Flüchtlinge in den Westen kamen, sind wir auf wenig Verständnis gestoßen. Sie redeten in der Art: Wie konnte Ihr Mann denn so etwas tun? Und da konnte ich nur sagen: Er hat es ja auch für euch gemacht. Irgend jemand hat einmal zu mir gesagt: »Naja, da sieht man, was dabei herauskommt, wenn Herrschaften etwas selber machen.« Jeder wußte es besser.

Hat Sie das nicht sehr getroffen?

So herablassende Bemerkungen empfand ich als bitter, das wurde heruntergeschluckt. Aber man war ja gewohnt, seinen Mund zu halten, und mit den wenigen verbliebenen Freunden habe ich einen ungeheuren Stolz verspürt, obwohl das allergrößte Opfer von uns gefordert war. Irgendwo war es doch sehr befreiend, daß jemand versucht hatte, gegen das Unrecht anzugehen. Das war ein starkes Gefühl bei aller Trauer und Verzweiflung. Auch meinen Kindern sagen zu können: »Ihr habt einen Vater, der hat etwas bewirkt«, hat mir sehr geholfen. Und dann kamen die »Persilschein-Anfragen«. Manchmal war es wirklich unerhört; es half einem übrigens sehr, wenn man jemanden verächtlich finden konnte.

Haben Sie das Opfer der Freunde manchmal für umsonst gehalten?

Manchmal schon; in schwierigen Momenten bin ich abgesackt. Aber insgesamt war ich glücklich, daß mein Mann zu denen gehörte, die anders gehandelt hatten als die anderen.

Mit wem haben Sie damals über alles sprechen können?

Mit wem ich gesprochen habe? Mit sehr wenigen Freunden. In den fünfziger Jahren arbeitete ich als Lehrerin und Hausmutter im Birklehof. Das Internat wurde von Georg Picht geleitet, und er hatte hervorragende Menschen als Lehrer dort versammelt. Manche wurden Freunde. Sobald man etwas vertrauter wurde, kam das Gespräch natürlich auf den Widerstand – jeder wußte ja, wer ich war. Mit den Außenstehenden habe ich nicht gesprochen, ja, ich war geradezu abgestoßen von dem Desinteresse der meisten. Seit ich gelernt habe, wie schwer es ist, das Ganze zu kapieren, rede ich überhaupt nicht mehr darüber. Aber ich habe mich immer gefreut, wenn ich eine von den anderen getroffen habe, Lotte Hofacker oder Mausi Lehndorff oder Dusi Üxküll, oder auch überlebende Freunde meines Mannes. Nur habe ich nie versucht, irgend jemanden zu bekehren.

Welche politischen Fragen stellten die Kinder nach dem Krieg?

Das weiß ich nicht mehr, aber im Grunde ging es immer um die gleiche Frage: warum ihr Vater das Attentat versucht hat, und was Hitler falsch gemacht hat. Warum hat er die Juden umgebracht, fragten sie zum Beispiel. Die Kinder reagierten sehr sensibel. Einmal kam Besuch aus Amerika, und in einem Gespräch erwähnte ich, daß es ein Jude sei. Daraufhin versteinerten die älteren Kinder, weil sie dachten, das sei ein Schimpfwort. Es war sehr schwer ihnen zu erklären, was ein Jude ist, weil sie es immer falsch gehört hatten. »Das darfst du nicht sagen, du darfst höchstens sagen: jüdischer Abstammung«, sagte Schuschu.

Wovon haben Sie gelebt, bevor Sie die Arbeit im Internat Birklehof fanden?

Alle sagten, ich müsse versuchen, mich und die Kinder abzusichern. Ich hatte noch ein paar Brillanten in der Tasche, die ich auf dem Schwarzen Markt verkaufte, und einen Betrag von etwa zwanzigtausend Mark, die aus der Gutskasse meines Schwagers Barner stammten. Das Geld hatte ich von Tisa; ich selber hatte nichts, es war alles beschlagnahmt worden. Ich bin damals bis zu Hinrich Kopf vorgestoßen, dem Ministerpräsidenten von Niedersachsen, der sich für mich einsetzen wollte. Aber es dauerte immer alles Monate, und am Ende bekam ich eine Überbrückungshilfe, wie sie jedem Beamten zustand, der aus dem Osten kam. Nach Gründung der Bundesrepublik strebte ich dann eine Witwenpension an, und Fabian von Schlabrendorff hat die entsprechenden Anträge gestellt und durchgesetzt. Es war sehr mühsam. Zunächst hatte irgendein Paragraphenhengst festgestellt, daß ein Beamter oder die Witwe eines Beamten nur dann Anspruch auf Pension hat, wenn dieser Beamte sich nicht eines Kapitalverbrechens schuldig gemacht hatte, also zum Beispiel nicht gemordet hatte. Dieser Paragraph wurde tatsächlich auf einige der Hauptbeteiligten am 20. Juli angewendet! Nachdem ich laut protestiert und wieder ein paar Monate gewartet hatte, kam das nächste Hindernis: Mein Mann sei bereits 1932 der NSDAP beigetreten – die große Sünde! Mein Mann war noch nicht einmal zweiundvierzig, als er starb, und hatte seine Irrtümer längst überwunden – und teuer bezahlt.

Am Ende haben Sie Ihre Rente bekommen?

Ja, 1952 wurde mir die Pension einer Regierungspräsidentenwitwe zuerkannt. Das war ein Freudenfest für uns alle. Ich fuhr mit meiner Mutter und meinen sechs Kindern nach Freiburg, weil das vom Birklehof in Hinterzarten die nächste größere Stadt war, und dort gingen wir bei Oberkirch wunderbar essen, und jeder durfte sich dann einen Wunsch erfüllen, Turnschuhe, Hockeyschläger..

Was ist für Sie Widerstand heute?

Ich sehe keinen Widerstand heute. Wir leben nun wirklich in einem freien Land, in dem jeder sagen kann, was er will. Es ist ganz wunderbar, daß wir einen wirklichen Rechtsstaat haben. Widerstand heute – ich wüßte nicht, was ich als Widerstand definieren sollte. In Ostdeutschland, ja, da gab es Widerstand, bevor es im November 1989 zur Explosion kam. Diese stille Revolution, als die Leute in Leipzig anfingen zu rufen: Wir sind das Volk!, das fand ich großartig. So etwas hat man sich während der ganzen Zeit des Nationalsozialismus gewünscht: daß die Leute auf die Straße gehen und rufen: Wir sind das Volk! Leider verbraucht sich das alles so schnell, und heute ist es mit diesem Aufschwung längst vorbei.

Eine letzte Frage noch. Soviel ich weiß, gibt es kein Grab. Nicht einmal einen Gedenkstein. Warum nicht?

Nein, es gibt kein Grab. Man hörte damals ja die verschiedensten Gerüchte, was mit den in Plötzensee Hingerichteten geschehen sei. Einmal hieß es, sie seien in die Anatomie gekommen und dann verbrannt worden, ein anderes Mal hieß es, man habe die Leichen exhumiert, verbrannt und dann die Asche über die Felder verstreut. Das alles hat mich nicht gestört. Nur ist mein Verhältnis zum Tod dadurch ein anderes geworden. Aber eine Gedenktafel haben wir doch angebracht. Meine Schwägerin Tisa ist Bildhauerin, und im August 1944 hat sie eine ovale Eichentafel mit dem Schulenburgschen Wappen geschnitzt. Die Eichentafel war fast 15 cm dick, und als Umschrift wählte sie einen Lieblingsspruch meines Mannes: »Ich hab's gewagt mit Sinnen und trag' des auch kein Reu'«. Das stammt aus dem Ulrich von Hutten von Conrad Ferdinand Meyer. Diese Tafel hängten wir im Trebbower Park an eine Platane, den Lieblingsbaum meines Mannes, und darunter saßen wir oft. Damit niemand den Spruch sah, legten wir einen dicken Eichenkranz um die Tafel.

Aber der Förster entdeckte alles. Eines Tages, 1945, kam ein Rollkommando der SS, riß die Tafel ab und schleppte sie nach Schwerin. Der Gauleiter rief mich an und fragte, was das sei, ich müsse ihm sofort Aufklärung verschaffen. Die Gestapo sei ungeheuer aufgeregt und denke daran, mich nun doch zu verhaften. Also fuhr ich nach Schwerin. »Gauleiter«, sagte ich, »finden Sie es falsch, wenn man in einem privaten Park eine Gedenkstätte errichtet für einen Menschen, von dem es kein Grab gibt, der immerhin mein Mann, der Vater meiner Kinder, der Bruder seiner Schwester war – in einem privaten Park?« Das sei an sich nicht unrechtmäßig, sagte der Gauleiter, aber der Text sei doch sehr anstößig, was das für ein Text sei. Da sagte ich: »Ach, wissen Sie, das ist der Schulenburgsche Wappenspruch.« Gott sei Dank fiel mir das ein. Diese Erklärung hat der Gauleiter akzeptiert, und in meiner Gegenwart rief er die Gestapo an und sagte, die Sache habe sich aufgeklärt. Zum Glück waren die alle so unbelesen, daß keiner auf die Idee kam, bei Conrad Ferdinand Meyer nachzuschlagen. »Glauben Sie, Gauleiter«, habe ich gefragt, »daß ich die Platte wiederbekommen kann?« Da lachte er ein wenig verlegen und sagte: »Nein, das geht nun wirklich nicht«.

Barbara von Haeften,
geb. Curtius

Barbara von Haeften wurde 1908 in Duisburg als Tochter von Julius Curtius, der in der Weimarer Republik erst Wirtschaftsminister, dann – bis 1931 – Reichsaußenminister war, und seiner Frau Adda geboren. Ihre Kindheit verbrachte sie mit fünf Geschwistern in Heidelberg, ihre Jugend in Berlin, wo sie das Realgymnasium besuchte und das Abitur machte.

1925 lernte sie Hans-Bernd von Haeften kennen; sie verlobten sich 1928 und heirateten 1930.

Hans-Bernd von Haeften wurde 1905 in Berlin als Sohn des Generalstabsoffiziers Hans von Haeften geboren, der später Präsident des Reichsarchivs und Mitglied der Akademie der Wissenschaften war. Seine Mutter war eine Schwester des späteren Oberbefehlshabers des Heeres Walther von Brauchitsch.

Hans-Bernd von Haeften studierte Jura in Berlin und München und ging nach dem Referendarsexamen 1928 als Austauschstudent nach Cambridge. 1930 bis 1933 arbeitete er als Geschäftsführer der Stresemann-Stiftung, anschließend trat er in den Diplomatischen Dienst ein. Als Kulturattaché wurde er zunächst an die deutsche Gesandschaft nach Kopenhagen, dann – von 1935 bis 1937 – nach Wien und schließlich – bis 1940 – als Legationssekretär nach Bukarest berufen. In diesen Jahren brachte Barbara von Haeften ihre ersten vier Kinder zur Welt: Jan 1931, Dirk 1934, Adda 1936 und Dorothea 1940.

Erzogen in einem liberal-konservativen Elternhaus, besaß Haeften zeitlebens eine starke Bindung an die evangelisch-lutherische Kirche; seit 1933 gehörten er und seine Frau zur Bekennenden Kirche in Berlin-Dahlem und waren mit dem dortigen Pastor Martin Niemöller und mit Dietrich Bonhoeffer befreundet. Sein christlicher Glaube wurde zum bestimmenden Motiv in seiner Gegnerschaft zum Nationalsozialismus und in seinen politischen Entscheidungen.

1940 kehrte die Familie nach Berlin zurück. Im Auswärtigen Amt übernahm Haeften die stellvertretende Leitung der Informationsabteilung;

Barbara
von Haeften
ca. 1926

Hans von Haeften 1936
oder 1937 bei einem
Sonntagsausflug im
Wiener Wald

Barbara von Haeften
1988 in Tutzing

1943 wurde er Legationsrat der kulturpolitischen Abteilung. Damit ge-
hörte er zu den ranghöchsten Mitgliedern der oppositionellen Gruppe,
die sich im Auswärtigen Amt zusammengefunden hatte und Kontakte
mit dem Ausland zu knüpfen suchte.
An den Gesprächen des Kreisauer Kreises beteiligte er sich – nach außen
hin zurückhaltend – beratend, wobei er vor allem zu Fragen der Außen-
politik, der Verfassungs- und Sozialordnung Stellung nahm, all dies im-
mer in enger Absprache mit seinem Freund und Mitarbeiter Adam von
Trott.
Die Attentatspläne Stauffenbergs, an denen sich Werner von Haeften,
sein jüngerer Bruder und seit November 1943 Stauffenbergs Adjudant,

beteiligt hatte, lehnte Hans-Bernd von Haeften zunächst ab. Werner wurde noch am 20. Juli in der Bendlerstraße erschossen, Hans-Bernd drei Tage später verhaftet, am 15. August vom Volksgerichtshof zum Tode verurteilt und noch am selben Tag hingerichtet.

Barbara von Haeften brachte wenige Wochen vor dem Attentat Ulrike, ihr fünftes Kind, zur Welt. Sie wurde bereits am 25. Juli in Berlin ohne ihren Säugling in Sippenhaft genommen und blieb bis zum 30. September 1944 inhaftiert. Nach 1945 lebte sie zunächst in Friedingen im Hegau am Bodensee, dann in Heidelberg. Seit 1975 wohnt sie mit der Familie ihrer Tochter in Tutzing am Starnberger See.

In dem berühmten Film, der die Verhandlungen gegen die Verschwö-
rer des 20. Juli vor dem Volksgerichtshof dokumentiert, gibt es eine
Stelle, wo Ihr Mann von Freissler höhnisch und mit gellender Stimme
zum Attentat befragt wird, wie er denn als Christ zu seinem Treue-
Eid auf den »Führer« stehe. Freisler ist ziemlich erregt. Und da ant-
wortet Ihr Mann: »Nach der Auffassung, die ich von der weltge-
schichtlichen Rolle des Führers habe, nämlich, daß er ein großer Voll-
strecker des Bösen ist...«

Da schnitt ihm Freisler das Wort ab und tobte. Gerstenmaier hat
später einmal gesagt, das sei eigentlich das entscheidende Wort
des ganzen Widerstands gewesen – daß wir in Hitler einen großen Vollstrecker des Bösen erkannt hatten.

Hitler, ein Antichrist!

Ja, das entsprach unserer Überzeugung, und ich bin froh, daß
mein Mann das so offen sagen konnte. Wenn er Gift genommen
hätte, wäre uns dieses letzte Wort nicht überliefert.

Dachte Ihr Mann nach dem gescheiterten Attentat einen Moment an
Selbstmord? Sprach er mit Ihnen darüber?

Ja, aber es war uns beiden klar, daß man das nicht tun durfte,
weil man nicht wußte, was noch alles von uns verlangt werden
würde. Beim Abschiedsgespräch habe ich meinem Mann gesagt,
früher oder später müßten wir doch alle einmal sterben. »Und
doch hofft der Mensch bis zum letzten Atemzug«, sagte mein
Mann. Später habe ich mich oft dafür geschämt, daß ich so hart
und so kalt reden konnte. Als ich nachher im Gefängnis saß, ist
das alles auch über mich gekommen.

Und doch zeigt dieses Gespräch eine Stärke; Sie haben doch auch noch gesagt, daß man sich jetzt nicht im Vorhinein sorgen muß um die richtigen Worte, die dann möglicherweise kommen werden, wenn es so weit ist.

Ja, das war mir aus der Bibel klar geworden. »Wenn sie euch nun überantworten werden, so sorget nicht, was ihr reden sollt. Denn es soll euch zur Stunde gegeben werden, was ihr reden sollt. Denn ihr seid es nicht, die da reden, sondern eures Vaters Geist ist es, der durch euch redet«. Das waren biblische Erkenntnisse, wir lebten damals durchaus mit der Bibel. Von Beginn der Nazizeit ist man da hineingewachsen. Mit Hitler wurde uns bewußt, was uns genommen werden sollte, und man begriff, daß nur von dort uns die Kraft kommen konnte und die Gewißheit, auf der richtigen Seite zu stehen.

Wann war dieses letzte Gespräch mit Ihrem Mann?

Am 21. Juli, in Grammertin bei Neustrelitz. Am Freitagabend kam mein Mann zu uns herausgefahren, um uns den Tod seines Bruders mitzuteilen und um Abschied zu nehmen. Es war ihm völlig klar, daß er nicht ungeschoren davonkommen würde, weil er mit seinem Bruder zusammengewohnt hatte.

Das war Werner von Haeften, der Ordonnanzoffizier Stauffenbergs.

Ja, der war zusammen mit Stauffenberg, Olbricht und Mertz von Quirnheim am Abend des 20. Juli im Hof der Bendlerstraße erschossen worden. Yorck und Gerstenmaier hatte man verhaftet, und auch das wußte mein Mann. Es war also völlig undenkbar, daß die Gestapo nicht früher oder später auf meinen Mann stoßen würde, und deshalb wollte er sich freiwillig stellen und versuchen, den Ahnungslosen zu spielen. »Ich werde zu Six gehen«, sagte er – Professor Six war Leiter der kulturpolitischen Abteilung und sein Vorgesetzter, »und mich nach Werner erkundigen.« Samstag fuhr mein Mann zurück nach Berlin, Sonntagmittag hat er mich noch angerufen, um zu zeigen, daß er noch frei war, und als er sich zum Abendessen setzen wollte, kam Dr. Neuhaus und hat ihn verhaftet.

Das klingt ein wenig wie aus einem normalen Krimi: Die Polizei kommt, klingelt, verhaftet.

So in etwa muß es auch gewesen sein. Unser Hauswart, Herr Jankowski, hat geöffnet und Dr. Neuhaus sofort erkannt, denn Herr Jankowski war alter Reichstagsdiener und kannte ihn seit dem Reichstagsbrand. Dieser Dr. Neuhaus war ein ehemaliger Student der Theologie, ein Kommilitone von Gerstenmaier, der 1933 im Zusammenhang mit dem Reichstagsbrand ermittelt hatte und später die Untersuchungen gegen den Kreisauer Kreis bearbeitete. Nach dem Krieg hat er unter falschem Namen Kindern Religionsunterricht erteilt. Da er von unseren Männern sicher allerhand gelernt und sich wohl auch Gedanken über seine Gestapo-Tätigkeit gemacht hatte, war es vielleicht gar nicht so schlecht, was er da in seinen Religionsstunden verzapfte.

Wie erfuhren Sie denn von der Verhaftung Ihres Mannes?

Am Montag, dem 24. Juli, rief mich mein Schwager an und sagte, ich sollte am nächsten Tag mit seiner Frau, meiner Schwester Vreni, mit dem ersten Zug nach Berlin kommen: »Ich und Herta werden euch am Stettiner Bahnhof abholen. Hans kann leider nicht kommen.« Das genügte mir, um zu wissen, daß Hans verhaftet war. Ich habe noch Fläschchen für Ulrike vorbereitet und alles gerichtet, so daß wir am nächsten Morgen losfahren konnten; Ulrike war ja erst neun Wochen alt. Vom Stettiner Bahnhof ging ich direkt ins Auswärtige Amt. Ich hatte mir mit meinem Vater überlegt, daß ich am besten zur Personalabteilung im Auswärtigen Amt gehen sollte. Zunächst meldete ich mich bei einem befreundeten Referenten, der sich aber nicht sprechen ließ. Dann meldete ich mich beim Personalchef, Herrn Schröder. Der ließ mich bis zur Mittagspause warten, und als dann keine Zeugen mehr in der Nähe waren, bat er mich in sein Zimmer. Ich sollte mir keine Sorgen machen, sagte er, mein Mann sei lediglich in Schutzhaft genommen, und das wahrscheinlich nur, weil er mit seinem Bruder Werner zusammengewohnt habe. Er wolle sich jedoch gern beim Führerhauptquartier erkundigen. »Ich kann Ihnen dann sicher noch nähere Auskunft geben«, sagte er und ließ sich verbinden, während ich nach draußen ging. Als ich wieder reingerufen wurde, war Schroeder völlig verändert und sagte gar nichts mehr. Er war wohl sehr erleichtert, als ich vorschlug, mich bei Six zu erkundigen. Das sei eine sehr gute Idee, meinte er, und so machte ich mich auf den Weg zu SS-Obergruppenführer Professor Doktor Six, dessen Abteilung in einem anderen Stadtteil untergebracht war.

»Wie gut, daß Sie kommen«, empfing mich Six. »Ich bin Ihrem Mann noch eine Antwort schuldig. Er hat mich am Samstag nach dem Verbleib seines Bruders Werner gefragt. Ich kann Ihnen sagen, Ihr Schwager ist am Abend des 20. Juli in der Bendlerstraße von der Wehrmacht erschossen worden. Nicht von der SS, nicht von uns, nein, er ist von der Wehrmacht erschossen worden.« Damit hatte ich dann die offizielle Mitteilung und dachte: Dann kann ich wenigstens aussagen und brauche auf Werner keine Rücksicht zu nehmen. Von Six bin ich dann ins Prinz-Albrecht-Palais gegangen, denn ich hatte gehört, daß man dort unter Umständen etwas für die Verhafteten abgeben konnte, eine Decke oder auch etwas zu essen. Ich hoffte, eine Gesprächserlaubnis mit meinem Mann zu bekommen, der seit Sonntag nicht nach Hause gekommen war. Statt dessen schickte man mich in die Meinekestraße 10. Um vier Uhr sollte ich dort sein, und als ich hinkam und fragte, ob ich Kontakt zu meinem Mann haben könnte, hieß es, im übrigen sei ich selber verhaftet. »Das kann doch nicht sein, wie kommen Sie denn darauf, ich muß doch zu meinen Kindern zurück, und außerdem habe ich ein Baby, das ich stillen muß.« Da sagte der Beamte: »Machen Sie sich keine Sorgen, die Kinder werden bestens versorgt.« Das machte mir aber doch furchtbare Sorgen im Gefängnis, als ich dort allein saß. Ich hatte nämlich von meinem Mann gehört, daß man sich bei einer Frau von der Roten Kapelle gar nicht um ihre Kinder gekümmert hatte.

Und wohin brachte man die Kinder?

Man hat sie bei meinen Eltern gelassen, aber das habe ich erst bei meiner Freilassung erfahren. Eines Tages gab sich jedoch die Gefängnisdirektorin zu erkennen – sie war mit Hansens Schwester Elisabeth in derselben Sozialen Frauenschule gewesen – und fragte, ob sie mir einen Gefallen tun könne. Ich bat sie, zu erkunden, was mit meinen Kindern geschehen sei. »Machen Sie sich keine Sorgen«, sagte sie, »die halsen sich nicht auch noch die Kinder auf.« Da war ich zum ersten Mal ein wenig erleichtert.

Vielleicht sollten wir hier einen Sprung machen. Ich wüßte gern einiges über Ihr Elternhaus, über Ihre Erziehung, Ihre Kindheit. In welchem Umfeld sind Sie aufgewachsen, wie sind Sie geworden, was Sie sind?

Geboren bin ich in Duisburg, meine Eltern waren Rheinländer, freiheitlich gesinnt, mit gewissen Vorbehalten gegen alles Preußische und Ostelbische. Als ich zwei Jahre alt war, zogen meine Eltern nach Heidelberg, und dort habe ich meine Kindheit verbracht. Nach dem Krieg hat mein Vater zusammen mit Gustav Stresemann in Baden die Deutsche Volkspartei aufgebaut; er wurde Reichstagsabgeordneter, und 1921 zog die ganze Familie nach Berlin, weil mein Vater das ewige Hin- und Herreisen leid war. »Das ist ja wie eine Verlängerung des Kriegszustandes«, sagte er. In der Schule wurde ich erst einmal zurückgestuft, weil man in Baden noch nicht so weit war wie in Berlin, und dann war ich nicht selbstbewußt genug, um auf die Gymnasialstufe überzuwechseln. Jahre später, als ich beim Lette-Verein Photographie studieren wollte, sah ich ein, daß ich mit meinem Bildungsgrad nicht weit kommen würde, und da beschloß ich, noch einmal in die Schule zu gehen, Latein nachzuholen und das Abitur zu machen. Ich hatte meinen späteren Mann bereits kennengelernt und sagte mir, wenn ich jemals diesen Haeften heiraten will, muß ich einen etwas breiteren Untergrund haben. Das ging also schon gezielt auf ihn, obgleich es noch nicht so ernst war. Aber als er von meinem Abiturplan hörte, sagte er nur: »Ohne Griechisch hat das ja gar keinen Sinn.«

1930 haben Sie geheiratet.

Ja, da waren wir zwei Jahre verlobt. Hans steckte mitten in seinem Referendar-Examen und meinte, er könne seine Arbeit nicht zu Ende schreiben, bevor er nicht wisse, wie es zwischen uns steht und ob ich jemals seine Frau werden wollte. Da war ich neunzehn und er zweiundzwanzig. Ich antwortete ihm am gleichen Tag und habe das erste Mal mit »Deine Bärbel« unterschrieben. Man nannte sich ja »Sie« vor der offiziellen Verlobung. Den 27. März, an dem diese Briefe hin- und hergingen, feierten wir seither als unseren Verlobungstag. Die Eltern sollten aber um Gottes Willen nichts erfahren. Er ist noch nichts und hat noch nichts, dachte ich, und dann ist er auch noch ein Adliger. Außerdem mußte ich noch für anderthalb Jahre in die Schule. Also sagte ich weiterhin öffentlich »Sie« zu ihm, und er behauptete, ich würde mich manchmal vertun, aber wir blieben in der »Bedeckung«. Natürlich kam es doch heraus. Als die Eltern über Pfingsten in Badenweiler waren und der Vater überraschend zu irgendwelchen Kabinettsitzungen nach Berlin zurückgerufen wurde, stand ein Herrenfahrrad bei uns im Flur, und da gab Tönchen, unsere Köchin, zu: »Der ältere Haeften ist bei der Bärbel.« Als die Mutter am Mittwoch drauf mit den kleineren Geschwistern zurückkam, hat sie es gewagt, mich auf den Kopf zu zu fragen, was ich mir eigentlich dabei dächte, wenn der ältere Haeften öfter zu mir käme. Da ich das Gefühl hatte, daß Lügen keinen Sinn hatte, sagte ich, daß wir verlobt seien. Meine Mutter fand das schön: Sie habe schon am Silvester so eine Ahnung gehabt. Ich bat meine Eltern: »Ich möchte auf gar keinen Fall, daß Hans nun in seiner Ausbildung irgendwie gestört wird.« Das wurde mir versprochen. Der Vater bestellte Hans dann in sein Ministerbüro – er war damals noch Wirtschaftsminister – und besprach mit ihm seinen weiteren Werdegang. Die Eltern waren sehr vernünftig.

Im September 1930, als Sie heirateten, feierte Hitler seinen ersten großen Wahlsieg; die NSDAP wurde zweitstärkste Fraktion im Deutschen Reichstag. Ihr Vater war im Oktober 1929 als Nachfolger Stresemanns Außenminister geworden. Die politische Landschaft veränderte sich deutlich. Wie entwickelten sich die politischen Gespräche mit Ihrem Mann seit der Verlobungszeit?

Selbst auf der Hochzeitsreise war die Zeitung immer das Wichtigste für meinen Mann, und ich habe manchmal im Scherz gesagt: »Ganz egal, wie alt sie ist, Hauptsache, du hast eine Zeitung in der Hand.« Gegenüber dem Nationalsozialismus war mein Mann von Anfang an äußerst kritisch. Er hatte einen geliebten Schulfreund, der war jüdisch, und auch seine Eltern hatten jüdische Freunde, so war man gegen das Gift des Nationalsozialismus gefeit. Im Jahre 33 habe ich einen Brief an ihn geschrieben: »Schrecklicherweise habe ich deutsch-national gewählt, das hättest Du sicher nicht getan«. Die Deutsch-Nationalen bekannten sich nämlich allmählich auch zur Hitlerei. In den ersten Jahren unserer Ehe kam Kurt Hahn, der Gründer der »Reformschule« Salem, öfter nach Berlin, um zusammen mit meinem Mann, den er für einen begabten jungen Politiker hielt, Brüning, meinen Vater und andere aus der älteren Generation davon zu überzeugen, daß man Hitler unter keinen Umständen an die Macht kommen lassen dürfe. Aber die Älteren waren der Ansicht, daß sich die Nazis, wenn sie erst einmal an der Macht wären, sehr schnell aufreiben würden und daß sie sich auch international gar nicht halten könnten. »Vater glaubt eben nicht an den Teufel«, pflegte mein Mann dann zu kommentieren. »Er kann sich einfach nicht vorstellen, was in diesen Leuten steckt.«

Sie sind in einem politischen Haus aufgewachsen...

Aber ich habe meinen Mund selten aufgemacht. Am großen Familientisch, an dem mittags so zwölf bis vierzehn Leute saßen, redeten eigentlich nur die Eltern mit dem ältesten Bruder, der Jura studierte. Wir Mädchen machten den Mund nicht auf – auch aus Bequemlichkeit, wie ich gestehen will. Man hörte zu und brauchte nichts zu sagen. Aber im Frühjahr 1933, als mein Mann bis zur Aufnahmeprüfung für das Auswärtige Amt im Ausland war, wollte er von mir immerzu wissen, wie sich die Dinge in Deutschland entwickelten. Es gibt einen Brief von mir aus dem März, in dem es heißt: »Hannes, weißt Du, diese politischen Fragen kann ich Dir nicht beantworten... Seit Du nicht hier bist, weiß ich nämlich gar nichts von Politik, obgleich ich täglich die Deutsche Allgemeine und Vossische Zeitung lese. Außer Dir selbst weiß auch keiner unserer Freunde und Bekannten und Verwandten, was die eingeweihten Kreise über Wahlausgang und so weiter denken. Außer Dir macht sich, glaube ich, auch keiner Kopfzerbrechen über Deine Fragen. Sie warten friedlich ab. Dir wird nun in Deiner Entfernung auch nicht viel anderes übrigbleiben. Und ich Arme verharre im Stumpfsinn. Allmählich wird es aber hier reichlich toll. Der neue Nazi-Reichstag in der Garnison-Kirche ist doch eine ziemliche Vermessenheit. Na, frühere Parlamente haben auch schon in Kirchen getagt, aber ich finde es nicht richtig und meine, man hätte vielleicht auch einen anderen, passenderen Raum finden können. Vielleicht sind wir ja sehr rückständig und kleben am Unwiederbringlichen. Die Nazis setzen sich doch schon sehr fest in den Sattel« und so weiter. So war die Stimmung damals.

Wie wurde aus dem oppositionellen Denken ein immer eindeutiger werdendes Handeln?

Erstmal nur insofern, als mein Mann versuchte, Freunde oder Betroffene zu schützen. Georg Maier beispielsweise war der erste von unseren Freunden, der schon 1933 ins KZ geholt wurde. Der hatte in einem Dozentenlager wohl seine Meinung geäußert und auch in der Frankfurter Zeitung über den Rechtsstaat geschrieben. Mein Mann hat sich sehr bemüht, ihn freizukriegen. Im März 34 wurde unser Sohn Dirk von Niemöller getauft, und Georg Maier wurde Patenonkel, konnte aber noch nicht zur Taufe kommen.

Den anerkannten Regimegegner so eng an die Familie zu binden, ist mutig.

Mein Mann ist am 1. Mai ins Auswärtige Amt eingetreten. Damals war schon viel passiert. Unsere jüdische Freundin, Agnes Hill, geborene Cassierer, ist in ihrer Wohnung von einem SA-Mann überfallen worden. Der Mann stach ihr mit einem Messer zwanzigmal in die Hand; sie war Geigerin und konnte nie wieder spielen. Ihr Freund Steuer war Bratschist und wurde gleich zu Beginn 1933 aus dem Rundfunkorchester ausgeschlossen. Mein Mann schrieb mir zurück: »Es ist doch unglaublich, daß unter achtzig Männern sechs Juden nicht mehr geduldet werden können.. Warum muß auch das gesamte Rundfunkorchester so gesinnungslos nachgeben. Konnte es sich nicht wie ein Mann wehren? Man hätte doch nicht das gesamte Orchester gehen lassen. Du mußt wirklich mal Vater wegen Steuer in Bewegung bringen«. Derartige Dinge ereigneten sich in unserer nächsten Umgebung.

Gab es ein Schlüsselerlebnis, bei dem Sie den Entschluß faßten, sich gegen Hitler zu engagieren?

Man hat sich nicht entschließen müssen, sondern man ist hineingewachsen. Gemerkt habe ich das eigentlich erst nach dem Krieg, als die ersten Heiligengeschichten kursierten. Ich wußte, daß das bei unseren Männern anders gewesen war. Man wuchs hinein und konnte nicht von einem bestimmten Zeitpunkt an sagen, jetzt beginnt der Widerstand. Widerstand gab es damals ja überhaupt nicht. Man war von Anfang an in Opposition. Für mich war das schnelle Vorgehen gegen die Juden, der Antisemitismus des Regimes sicherlich das Entscheidende. Mein Mann hat immer gesagt, spätestens seit Potempa hätten alle Bürgerlichen begreifen müssen, wes Geistes Kind die Nazis sind.

Sie meinen das berüchtigte Telegramm Hitlers vom Sommer 1932, in dem er die fünf zum Tode verurteilten SA-Männer, die im oberschlesischen Potempa einen Kommunisten zu Tode geprügelt hatten, seiner »unbegrenzten Treue« versicherte?

Ja. Die Mörder wurden zu lebenslänglicher Haft begnadigt und nach der Machtergreifung, im März 1933, amnestiert. Mein Mann fand das unerhört, daß Mörder freigelassen und Ermordete schuldig gesprochen wurden. Von Rechtsstaat keine Spur mehr.

Was wußten Sie von den verschiedenen Widerstandskreisen?

Ich wußte natürlich vom Widerstand der Kirchen, weil mein Mann mit Dietrich Bonhoeffer in Verbindung stand. Die beiden kannten sich aus dem gemeinsamen Konfirmanden-Unterricht. Bonhoeffer und seine Zwillingsschwester und mein Mann und seine Schwester sind gemeinsam eingesegnet worden. Auch wenn die Beziehung nie sehr eng war, haben sie sich doch nie aus den Augen verloren, und 1933 wußte jeder vom anderen, wie er ihn einzuschätzen hatte. Es war wahrscheinlich auch Bonhoeffer, der meinen Mann auf Pastor Niemöller aufmerksam machte, der 1931 in Dahlem Pfarrer geworden war. Wir sind dann öfter bei Niemöllers gewesen, und es war wohl mein Mann, der Niemöller von den Deutschnationalen abbrachte, die er für unzuverlässig hielt, was sie dann ja auch waren.

Haben Sie Hitler je gesehen?

Nein, aber mein Schwiegervater mußte als Präsident des Reichsarchivs zu Empfängen, bei denen gelegentlich auch Hitler auftrat. Einmal ist meine Schwiegermutter mitgegangen, und hinterher erzählte mein Schwiegervater, sie habe Hitler, als sie ihm vorgestellt wurde, so verbissen und grimmig angeschaut, daß dieser einen Moment vor Schreck stockte. Der Vater konnte nicht wissen, was mit seinen Söhnen passierte, er starb 1937, aber ich mußte später oft an diese Geschichte denken: Als ob Hitler gesehen hätte, daß ihm da die Mutter seiner Mörder gegenüberstand.

Hitler blickte ja meist nur in verzückte Gesichter ... Ihr Mann war 1935 nach Wien versetzt worden. Zuvor waren Sie beide ein Jahr in Kopenhagen gewesen, und 1940 kamen Sie über Bukarest zurück nach Berlin. Sie waren also sechs Jahre im Ausland. Glauben Sie, daß Sie dadurch eine andere Sicht auf Deutschland hatten?

Es hat meinen Mann sehr bedrückt, daß er diesem schrecklichen Regime so lange diente. Er hat oft geklagt, und ich habe dann zu ihm gesagt: »Du fühlst dich erst wohl, wenn du im KZ bist.« Aber was hätte es gebracht, sich freiwillig ins KZ zu melden? Es war eine große Erleichterung für meinen Mann, im Winter 1940/41 in Berlin einen Kreis von Gleichsinnten zu finden. Und dann dürfen Sie nicht vergessen, daß die persönliche Situation in Wien zum Teil besonders schwierig war. Im Januar 1936 zum Beispiel schreibt mein Mann aus Wien: »Aber sowas habe ich tatsächlich noch nie erlebt, weil ich die Dinge bisher noch nicht so persönlich in der Drecklinie durchzufechten hatte. Fast das Schwierigste ist das Wiederaufrichten zerknickter, von Drohungen und Terror verängstigter Menschen. Einer ist jetzt nach einem allerdings beispiellosen Auftritt mit Herzkollaps und Herzkrämpfen zusammengebrochen. Die Hauptsache ist nur, daß ich es nicht auch noch selber mit der Angst kriege, denn Mut habe ich ja leider von Natur aus sehr wenig. Aber ich tröste mich damit, daß es ja eine Kraft gibt, die in den Schwachen mächtig ist, und daß man die erbitten kann. Wenn Du erst wieder da bist, um mir so eine richtige Wurschtigkeit gegen diesen Quark zu inspirieren, so wird er mir hoffentlich bald wenig mehr ausmachen. Also, Barbel, der langen Rede kurzer Sinn: ich finde es sehr gut, daß Ihr schon etwas früher kommt.«

In Rumänien leitete mein Mann dann das Kulturreferat und hatte unter anderem auch die Kirchen und Schulen in den deutschsprachigen Gebieten zu betreuen. Diese Tätigkeit war für ihn sehr erfreulich, und er tat alles, um die Siebenbürger vom Nationalsozialismus abzubringen. Von den Auslandsdeutschen war das Reich schon immer sehr angebetet worden, und die Hitlerei schien besonders verlockend. Man versprach sich von Hitler wer weiß was. Mein Mann konnte einige einflußreiche »Kulturträger« davon überzeugen, daß man sich um Gottes Willen nicht ins Schlepptau nehmen lassen dürfe und sich da besser raushalte.

Wie entwickelte sich das in Berlin dann weiter, als Ihr Mann die gleichgesinnten Freunde fand?

Gogo Nostitz brachte ihn mit Adam Trott zusammen, und da stellte sich heraus, daß die beiden sich als Austauschstudenten schon kennengelernt hatten. Über Trott kam die Verbindung zu Moltke zustande. Am häufigsten sind wir jedoch mit Yorcks zusammengekommen, weil sie verhältnismäßig nahe wohnten, eine Viertelstunde zu Fuß, und weil ich Marion schon kannte, denn sie war sehr gut mit meinem Bruder Klaus befreundet, beide waren bei demselben Repetitor gewesen.

Was haben Sie von den politischen Gesprächen Ihres Mannes erfahren, was haben Sie selbst begriffen?

Eigentlich hat er immer alles erzählt, aber ich habe das Ausmaß der Greueltaten in Polen und bei der Judenverfolgung nicht begriffen. Allerdings entsinne ich mich, daß mein Mann immer wieder von Österreichern besucht wurde, die unglücklich waren, daß sie nach dem »Anschluß« nicht etwa in Österreich mitregieren durften, sondern nach Polen an die unangenehmsten Stellen geschickt wurden und Statistiken anfertigen mußten, wobei sie die schrecklichsten Dinge erlebten. Sie kamen dann zu meinem Mann nach Berlin und schütteten ihr Herz aus; das waren österreichische Nazis. Oder er hat mir erzählt, daß in dem Krankenhaus in Lichterfelde, an dem wir oft vorbeikamen, SS-Leute lagen, die wegen der Grausamkeiten, die sie tun mußten, in Polen seelisch zusammengebrochen waren. Das hatte mein Mann von Moltke erfahren, und der wußte es über einen katholischen Geistlichen, dem es die Schwestern geklagt hatten.

War solches Wissen nicht eine ungeheure Belastung? Hatten Sie Angst vor Denunziation?

Zum einen hat man über solche Dinge natürlich nicht offen gesprochen, und zum anderen erinnere ich mich nicht, daß ich Angst gehabt hätte. Ich bin nicht sehr ängstlich. Meine Schwester Vreni hat sich immer alles ausmalen müssen: was passiert, wenn... Solche furchtbaren Quälereien habe ich zum Glück nicht erlebt, da bin ich wohl glücklicher veranlagt. Man hat es vielleicht mehr in Gottes Hand gelegt. Im übrigen hat mir mein Mann keine Namen genannt; den Namen Reichwein zum Beispiel habe ich nie gehört. Diese Angst, Namen zu nennen, ging so weit, daß mein Schwager Werner seiner Verlobten, Reinhild Hardenberg, genannt Wonte, nicht einmal sagte, daß er sich mit ihr verlobt fühlte. Kurz vor dem 20. Juli kam er zu meinem Mann und fragte ihn um Rat: »Kann man sich mit einem jungen Mädchen verloben, wenn so etwas wie der 20. Juli bevorsteht, ein Attentat, bei dem ich doch sehr nahe beteiligt sein werde?« Und was geschah nach dem 20. Juli? Im Militärrock wurde ein Brief an sie gefunden. Wonte Hardenberg wurde zusammen mit ihrem Vater verhaftet, und dann hat sie durch die Gestapo erfahren, daß Werner mit ihr verlobt war. »Wußten Sie eigentlich«, fragten die Gestapo-Leute, »daß Ihr Verlobter noch eine andere Braut hatte?« Es gab nämlich ein Fräulein von Bredow, mit der

Werner auch gesegelt war, die hatte sich wohl freiwillig bei der Gestapo gemeldet.

Ihr Schwager hätte Gräfin Hardenberg doch sagen können, daß er sich mit ihr verlobt fühlte.

Er hatte eben Angst, daß er sie damit belastet.

Es ist überliefert, daß Ihr Mann Ihrem Schwager noch Anfang 1944 von einem Attentat auf Hitler abgeraten hat. Können Sie dazu etwas sagen?

Werner kam eines Tages zu uns nach Dahlem und wollte sich aus dem Koffer von Hans eine Pistole holen. Das war wohl im Januar 1944, nachdem Werner Ordonnanzoffizier bei Stauffenberg geworden war. Er hatte für einen der nächsten Tage Zugang zu Hitler erhalten, und diese Chance wollte er nutzen. Mein Mann fragte ihn, ob er das wirklich als seine Aufgabe sehe. »Hast du die Sicherheit, daß das deine Aufgabe vor Gott und vor unseren Vätern ist? Kannst du das wirklich verantworten?« Und da hat Werner nicht standgehalten. Meinen Mann hat das die folgenden Monate schwer belastet, weil er sich doch Vorwürfe machte, Werner von seinem Vorhaben abgebracht zu haben. Wer weiß, was passiert wäre, wenn es Werner tatsächlich geglückt wäre. Er war ja von Anfang an ein absoluter Gegner der Hitlerei. Schon 1933 oder 34 hat er auf einer Abendgesellschaft gesagt, er würde den Kerl am liebsten umbringen, wenn er nur die Möglichkeit dazu hätte.

Ihr Mann war in diesem Punkt radikal anderer Meinung. Seine Auffassung deckte sich wohl weitgehend mit der Moltkes, daß man Unrecht nicht mit Unrecht bekämpfen dürfe.

Moltke und mein Mann kamen von verschiedenen Überzeugungen her zu dem gleichen Ergebnis, daß man Hitler nicht umbringen dürfe. Wir können nicht mit Gangster-Methoden arbeiten, lautete sein Grundsatz. Im übrigen war mein Mann der Meinung, daß der Tyrannenmord nur erlaubt gewesen wäre, so lange Hitler im Aufstieg begriffen war. »Vor Stalingrad hätte es passieren müssen, man hätte ihn längst umbringen müssen – wenn überhaupt.« Im Moment, wo es mit Hitler bergab ging und das Glück ihn verließ, hätte seiner Meinung nach kein Segen auf dem Tyrannenmord gelegen. Das alles war für unsere Männer ja noch ein schwieriges Problem. Jetzt ist man mit all der Morderei über solche Zweifel hinweg, politische Morde haben sich inzwischen derart gehäuft. Ganz so pessimistisch, wie Moltke das sah, daß Deutschland erst vernichtet werden müsse, waren wir freilich nicht. Im Juli 1944, nachdem Leber und Reichwein einem Spitzel zum Opfer gefallen waren, hat mein Mann schließlich auch nicht mehr nein sagen wollen, obwohl er bis zum Schluß davon überzeugt war, daß es besser wäre, Hitler vor Gericht zu stellen, damit das deutsche Volk sieht, was für einem Verbrecher es gefolgt ist. Er war skeptisch, daß ein Sieg der Alliierten auch ein Sieg der Gerechtigkeit sein würde.

Haben Sie sich eigene Möglichkeiten ausgedacht, um politisch aktiv zu werden?

Politische Aktivitäten werden Sie bei mir vergeblich suchen, meine Phantasie ging nur so weit, daß einer von den Hunden Hitler totbeißen sollte. Das christliche Gebot »Du sollst nicht töten« brachte einen ja in einen schrecklichen Zwiespalt. Und bei vielen Männern kam als besonderes Hindernis noch der Eid hinzu. Die Generation unserer Männer hat sich als erste darüber hinweggesetzt. Mein Mann empfand es als die eigentliche Schuld, daß wir nicht genug Phantasie aufgebracht hatten, Hitler rechtzeitig aus dem Weg zu räumen und gleich am Anfang eine Opposition aufzubauen.

Aber dazu hätte man vor 1933 die Politiker und später die hohen Militärs gewinnen müssen.

Ja, aber die waren zu feige und hatten zuviel Angst, ihr Leben zu riskieren. »Das ist doch unglaublich«, sagte mein Mann, daß ein Mann wie Onkel Walther – das war Generalfeldmarschall von Brauchitsch, bis 1941 Oberbefehlshaber des Heeres – um sein eigenes Leben soviel Angst hat. Und warum hat sich Hitler gerade Onkel Waltherchen ausgewählt? Weil er eben eine Kadettennatur ist und ein gehorsamer Schüler seines Herrn. In dieser Frage war sich die ganze Familie Haeften einig. Mein Mann hat den Sohn Brauchitsch einmal gefragt: »Wird es nicht Zeit, daß du dir einen anderen Chef als Göring suchst?« Und da hat der geantwortet: »Wenn du nicht mein Vetter wärst, würde ich dich jetzt verhaften lassen.«

Wie haben Sie den 20. Juli in Erinnerung?

Mein Mann war am 19. Juli bei uns in Mecklenburg gewesen und hatte uns erzählt, daß es schon beinahe zu einem Attentat gekommen wäre in diesen Tagen; und dort hatte ihn Werner angerufen, um ihm zu sagen, daß er endlich »eine Wohnung für die Mutter« gefunden habe. Hans müsse am nächsten Morgen unbedingt nach Berlin kommen, um alles weitere zu regeln, denn er selbst sei dienstlich zu sehr beschäftigt. Das war das vereinbarte Codewort, und auch ich wußte, um was es an diesem Tag ging. Am 20. Juli kam ich abends nach Hause, ich hatte im Wald Blaubeeren gepflückt und saß da ganz allein. Ich hörte wieder Flieger nach Berlin ziehen und fragte mich, ob das wohl mit dem Attentat zusammenhinge. Später, als ich für Ulrike etwas in der Küche zurechtmachte, hieß es im Radio: Es sei ein Attentat auf den Führer verübt worden, aber er lebe. Da wußte ich leider genug.

Fünf Tage später wurden Sie verhaftet und blieben dann bis Ende September in Einzelhaft. Wurden Sie gleich verhört?

Nein, erst am Tag meiner Freilassung, aber ich hatte immer das Gefühl, ein Verhör stehe unmittelbar bevor. Ich hatte große Angst vor einem Verhör, weil ich nicht wußte, wie ich mich verhalten sollte, denn ich hatte ja doch sehr nahe mit meinem Mann gestanden und mehr oder weniger Bescheid gewußt. Ich war ziemlich verzagt und fragte Pfarrer Poelchau um Rat: »Ich kann nicht lügen, ich würde mich sofort verheddern. Was soll ich machen? Dieser Dr. Neuhaus, der mich ins Gefängnis befördert hat, ist viel klüger als ich und wird mir bestimmt irgendwelche Fallen stellen.« Poelchau versuchte mir klarzumachen, daß es unsinnig sei, den Nazis die Wahrheit mitteilen zu wollen. »Das ist doch genauso unsinnig, als müßten Sie aus einem verkrauteten Kornfeld das Unkraut herausrupfen.« Das leuchtete mir gar nicht ein: »Wenn ich nur einen halben Quadratmeter säubern kann, würde ich es tun.« Ich war immer der Meinung, daß man absolut wahrhaftig sein müsse und die Verlogenheit, die uns dauernd begegnete, nicht mitmachen dürfe. So wollte ich eben auch diesen Kerlen die Wahrheit sagen, ihnen deutlich machen, was ich empfand – abgesehen davon, daß ich mich auf diese Weise nicht in Widersprüche verwickelt hätte.

Ihre Wahrhaftigkeit war also Ihr »Widerstand« gegen die Nazis ...

Poelchau war mir zunächst keine große Hilfe, weil er mich von dieser Linie abbringen wollte. Aber es gab einen anderen Pfarrer, der sagte: »Vorläufig geht es nur um das Leben Ihres Mannes. Und deshalb dürfen Sie einfach nichts wissen.« Das war eine richtungweisende Aussage. Später hat mir Poelchau dann mitgeteilt, daß mein Mann hingerichtet worden war; er hatte mich schonen wollen und es mir deshalb erst eine Woche nach dem 15. August gesagt. Ich schwamm fast weg vor Tränen. Und doch war es eine Befreiung zu wissen, daß er diesen Unmenschen entrückt war und daß keine Folter ihm mehr etwas anhaben konnte. Von da an wußte ich, jetzt muß ich um mein eigenes Leben kämpfen und muß versuchen, mich so schlau wie möglich zu verhalten, damit ich meinen Kindern erhalten bleibe. In dieser Situation hat mir Poelchau sehr geholfen, indem er sagte, er wolle versuchen, mir Bilder von meinen Kindern zu bringen: »Sie sollen uns nicht starr werden!« Ich war zum Glück noch wach genug, daß ich heraushörte, was er damit sagen wollte, nämlich: »Du fängst an zu spinnen.« Und es war wirklich so, daß ich mich im Kreis drehte mit meinen Fragen und Sorgen. Von da an habe ich versucht, etwas anderes zu lesen als nur die Bibel und die Lieder im Gesangbuch. Genau genommen hatte man mir nur das Neue Testament gegeben, denn als ich die Bibliothekarin um eine Bibel bat, sagte die: »Eine Bibel? Wissen Sie nicht, daß das Alte Testament jüdisch ist?« In dem Neuen Testament, das ich bekam, waren auch die Psalmen abgedruckt – komischerweise waren die in den Augen der Nationalsozialisten nicht jüdisch, »entjudet« hieß das bei den Nazis. Noch am selben Tag nach dem Besuch von Poelchau nahm ich mir eines der Bücher vor, die jede Woche von der Bibliothekarin gebracht wurden, und las ganz brav ein profanes Buch. Es war ein Buch über Matthias Grünewald, den Maler. Ich fand auch ein Wort von Luther an Melanchthon, als der in einer großen Not oder Depression war: »Zuerst mußt Du versuchen, Dich mit Bibelsprüchen und Psalmen zurechtzufinden, dann gehe zu den klugen Männern in der Gemeinde, und wenn das alles nicht hilft, treibe Kurzweil mit meinem Weibe.« Also ablenken muß man sich, dachte ich.

Mit Hilfe des Gesangbuchs haben Sie und Gräfin Yorck, die in der Nachbarzelle einsaß, Verbindung gehalten?

Ja, mit dem Ring – seinen »Trauring Gold« durfte man ja behalten – klopften wir die Nummer des entsprechenden Liedes, und die Strophen wurden dann gekratzt, so daß man deutlich unterscheiden konnte: Lied 368, Vers soundsoviel. So konnten wir uns sehr schön verständigen. Aber als Frau v. Freytag-Loringhoven zu Marion in die Zelle kam, weil sie die Einzelhaft nicht ertrug, war die Kommunikation zwischen Marion und mir unterbrochen. Aber es gab über meiner Zelle wohl einen Karzer, und jeden Abend rief eine Gefangene herunter: »Gute Nacht, Lola«, und ich klopfte dann an Marions Wand, und wir wußten so, wir sagen uns auch Gute Nacht.

Welche »Ablenkungen« gab es sonst in dieser Zeit?

Eine große Hilfe war, daß man Arbeit bekam. Ich ließ mir gern eine Nähmaschine in die Zelle stellen, und auf der habe ich mit großem Eifer Flicken in Görings Luftwaffenhemden eingesetzt. Ich habe außerdem viele Lieder aus dem Gesangbuch auswendig gelernt, weil ich mir dachte: Wenn ich vielleicht getötet werde, muß ich mir Lieder aufsagen können den ganzen letzten Weg über, damit man gar nicht an die eigenen Gedanken kommen muß und es durchstehen kann. Als Poelchau merkte, daß ich Lieder auswendig lernte, gab er mir als erstes »Die güldne Sonne« auf, mit allen zwölf Strophen, oder diesen Morgenseufzer: »O Heilige Dreifaltigkeit... heut diesen Tag mir Beistand leist, des Vaters Huld mich heut anblick, des Sohnes Weisheit mich erquick, des Heiligen Geistes Licht und Schein erleucht mein' finstern Herzensschrein«. Das ist ein Seufzer aus der Tiefe, der half mir auf den Weg. Ich habe damals viel gelernt und viel gebetet. Vor jeder Mahlzeit habe ich das Vaterunser gebetet, und jedesmal wurde mir schwer: Dein Wille geschehe.. Es war eine Zeit tiefer Erfahrung, intensiviert noch durch die Einsamkeit.

Sie haben erzählt, Sie hätten große Angst vor dem Verhör gehabt. Können Sie davon genauer erzählen?

Bei meiner Verhaftung hatte mir dieser Dr. Neuhaus einen Brief vorgehalten, in dem ich meinem Mann einen Traum über Werner andeute, und als ich ins Gefängnis eingeliefert wurde, sagte er: »Über Ihre seltsamen Briefe werden wir uns noch zu unterhalten haben.« Das war eine sehr unangenehme Drohung, und ich wußte nicht, wie ich mich da rauswinden sollte.

Welcher Traum war das?

Der Traum war wirklich erstaunlich. Wir waren ja zweieinhalb Jahre in Wien gewesen, und bei einem unserer Ausflüge hatte ich Stift Göttweig kennengelernt. Dieses Stift hat eine ganz wunderbare Treppe mit flachen Stufen, und man behauptete, da sei Napoleon hinaufgeritten. In meinem Traum kam Werner diese Treppe heruntergeschritten mit einem blutigen Schwert in der Hand, und draußen tobte eine Fliegernacht, der Himmel war blutrot. Die Treppe endete in einem Wiener Kellerrestaurant, in dem mein Mann und ich, meine Schwiegermutter sowie viele fremde Menschen standen. Es sollte uns klargemacht werden, daß Werner soeben Hitler getötet hatte, das kam gar nicht gesondert zum Ausdruck in dem Traum, aber es war offensichtlich. Ich hatte den Brief an meinen Mann abends geschrieben, so daß ich am nächsten Morgen nur noch auf den Rand kritzelte, daß ich von Werner geträumt hätte, der eine Tat von höchster politischer Bedeutung vollbracht habe. »Wir fühlten uns wie zur Zeit der Französischen Revolution«, schrieb ich. Mehr nicht.

Aus welcher Zeit stammte dieser Brief?

März oder April 1944, als mein Mann zur Kur in Karlsbad war. Ich hatte die Sache längst vergessen und war völlig platt, als mir der Dr. Neuhaus das vorlas und dann sagte: »Sie müssen von den Plänen Ihres Schwagers gewußt haben.« Mein Schwager Werner war alles andere als ein Mann, der Pläne machte. Er war ein Mann der Tat. Ich weiß nicht, ob ich das bei dieser ersten Vernehmung schon sagte.

Und bei Ihrer Freilassung Ende September kam Dr. Neuhaus auf diesen Brief zurück?

Ja, aber da war ich schon viel ruhiger und innerlich vorbereitet. Ich hatte mit Poelchau darüber gesprochen, und der meinte, ich müßte wohl das zweite Gesicht haben. Das wollte mir zwar selber nicht einleuchten, aber in dem Verhör bei der Freilassung hörte ich mich plötzlich sagen: »Da muß ich eben das zweite Gesicht gehabt haben.« – »Mit so einem Quatsch kommen Sie mir nicht«, sagte Dr. Neuhaus, aber er ließ das Thema erst einmal fallen. Plötzlich sagte er: »Ihr Mann hat uns aber gesagt, daß er Sie von den Plänen Ihres Schwagers unterrichtet hat.« Es war mir so klar, daß mein Mann das nie über die Lippen gebracht haben würde, daß ich, ohne nachzudenken, sagte: »Das kann nicht sein, das ist nicht wahr, daß mein Mann das gesagt hat«. Jetzt, als der Kerl mich so anlog, hätte ich das Blaue vom Himmel herunterlügen können. Mein Wahrheitsfanatismus war wie weggeblasen.

Als Sie verhört wurden, wußten Sie noch immer nicht offiziell, daß Ihr Mann hingerichtet worden war. Ich stelle mir vor, daß diese Situation nicht einfach war.

Ja, daß mein Mann tot war, wußte ich nur von Poelchau. Ohne es selbst zu ahnen, war er am Tag der Hinrichtung zum ersten Mal bei mir gewesen; aber da er mich »in einem seelischen Tief« angetroffen hatte, versuchte er mich zu schonen: Er glaube nicht, daß jetzt schon gegen Zivile verhandelt werden würde, sie seien noch bei den Offizieren. An diesem Abend habe ich zum ersten und einzigen Mal in meinem Leben auf meinem Bett kniend gebetet; ich weiß nicht genau, wann die Todesstunde war, es war ja ziemlich lange hell, aber es muß etwa um die gleiche Zeit gewesen sein, so zwischen acht und neun Uhr.

Als ich verhört wurde, hatte ich die ganze Zeit über Angst, ich könnte Poelchau verraten. Der Beamte durfte aus meinem Verhalten nicht schließen, daß ich vom Tod meines Mannes bereits wußte. Und als er es mir dann mitteilte, war mir irgendwie gegeben zu zittern; mir klapperten die Zähne, so daß ich selber einen Schrecken bekam. Ich war wie erstarrt, als er mir eröffnete, daß mein Mann vom Volksgerichtshof zum Tode verurteilt worden war und so weiter. Wie ich da reagierte, war nicht mehr abhängig von meinem Verstand.

Die Gespräche mit Pfarrer Poelchau haben Ihnen sehr geholfen. Wie und bei wem fanden Sie sonst noch Trost?

Am Anfang hatte ich nur mit mir unbekannten Menschen zu tun. In der Nachbarzelle saß ein Mädchen aus Frankreich oder Holland, und als sie mich in den ersten Tagen weinen sah, sagte sie, um mich zu trösten: »Es geht alles einmal zu Ende.« Es war rührend, daß überhaupt jemand bemerkte, wie traurig man war. Anfang August – auf jeden Fall nach dem 9. – kam dann Marion in die Nachbarzelle. Als wir zum Rundgang herausgelassen wurden, trat sie plötzlich aus der Nebenzelle, da brach ich in Tränen aus und konnte es gar nicht bremsen. Obgleich wir immer nur dann ein paar Worte wechseln konnten, wenn sich unsere Kolonne vormittags über ein Treppchen zum Rundgang in den Hof schob, war es eine gute, innige Nachbarschaft. Als Marion mir zuflüsterte, »Peter ist tot«, dachte ich, das weiß ich doch schon. Ich wußte von meinem Mann, daß Peter am 20. Juli verhaftet worden war, und das war gleichbedeutend mit Tod. Natürlich sagte ich Marion nichts davon. Später kam dann auch Clarita in eine Zelle über mir, und da das obere Stockwerk zu einer anderen Zeit seinen Rundgang machte als wir, konnte ich, wenn ich mich auf meine Nähmaschine stellte, Clarita auf dem Hof herumgehen sehen. So hatte man seine kleinen Freuden. Und dann kam Michaelis, Freitag der 29. September. Am Nachmittag rief Mady Freytag-Loringhoven vom vierten Stock über den ganzen Gefängnishof: »Ich bin frei, und Frau von Tresckow ist auch frei, und die Kinder kommen auch zurück.« Das war ein Signal für uns, und am Samstagmorgen, nach dem Saubermachen der

Zelle, wurden wir zum Verhör gerufen. Man hatte kaum Zeit, so daß ich meinen Mantel vergaß und noch einmal zurück mußte, um ihn zu holen. Als ich wieder an die Treppe komme, stehen da Clarita und Annedore Leber. Das war hoffnungsvoll, denn wenn man zu dritt zum Verhör mußte, konnte es nicht so schlimm werden, dachte ich. Auf dem Weg in die Meinekestraße, sagte der uns begleitende Beamte, nun kämen ja bald wieder bessere Zeiten, nun lache ja auch bald wieder die Sonne, und da ahnte man beinahe schon, daß es zur Freilassung ging.

Nach der Vernehmung hieß es dann einfach, Sie könnten jetzt gehen?

Ja, wir wurden tatsächlich an diesem Samstag entlassen. Mit meiner Mutter, die an diesem Tag wie ein Wunder zufällig in Berlin war, fuhr ich nachmittags nach Mecklenburg; Clarita und meine Schwägerin brachten uns zum Bahnhof. In dem total überfüllten Zug, zwischen lauter wildfremden Leuten, haben wir uns unsere Erlebnisse im Gefängnis berichtet: Das war eine innige Stunde in dem Zug nach Neustrelitz.

Zu Hause warteten Ihre Kinder, und Sie mußten mit ihnen über den Tod des Vaters sprechen?

Ja, es war eine schwere Aufgabe, es ihnen zu sagen. Ich konnte ihnen nicht sagen, daß ihr Vater erhängt worden sei, und so sagte ich nur, der Vater sei hingerichtet worden. Aber sofort fragte Dirk, der damals zehn Jahre alt war: »Mama, was heißt hingerichtet?« Und da habe ich es ihnen eben doch erzählt. Ich habe später mit weisen Menschen darüber gesprochen, ob das richtig war. Ich dachte, die kleinen Kinder wachsen da allmählich hinein, aber Dirk hat es sehr belastet. Viele Monate später, im Januar oder im Februar 1945, lag Dirk mit einer scheußlichen Mandelentzündung und Fieber im Bett, und da brach es plötzlich aus ihm heraus: »Mama, ich kann nicht verstehen, daß Papa diesen Tod erleiden mußte. Das ist doch eine Strafe. Wie kann Gott einen so guten Menschen wie Pansing diesen Tod sterben lassen?« – »Verstehen können wir es nicht, wir können nur vertrauen«, antwortete ich ihm und erinnerte ihn daran, daß Christus sogar am Kreuz sterben mußte. Niemand hat größere Liebe, als wer sein Leben gibt für seine Freunde, heißt es in der Bibel. Das waren die Hilfen, die wir uns selber zu geben vermochten. Aber es war auch für mich schwer zu begreifen: Wenn sogar Christus am Kreuz gerufen hat: Mein Gott, mein Gott, warum hast du mich verlassen, wie konnten dann unsere Männer diese Art von Tod bestehen? Als mich unser alter Freund Kurt Hahn 1945 wiedersah, gestand er mir, daß er sich unter dem Eindruck des 20. Juli habe taufen lassen, denn ihm sei klar geworden, daß diese Männer nur durch die Kraft des christlichen Glaubens in der Lage waren, solches zu tun. Salem war vorher eine rein humanistische Schule gewesen; von jetzt an müsse der christliche Glaube im Mittelpunkt stehen, sagte Hahn.

Glauben Sie, daß Sie ein anderes Verhältnis zum Tod haben?

Ach, das kann man vorher kaum sagen, ob man nachher nicht doch dieselbe Stinkangst hat.

Hat sich die Kraft Ihres Glaubens bis heute erhalten?

Das hat mich meine Tochter Ulrike auch schon gefragt: ob mein Glaube denn wirklich noch so lebendig sei. C. G. Jung hat einmal gesagt: »Je älter ich werde, desto weniger kann ich über meinen Glauben aussagen, aber ich fühle mich, als würde ich getragen.« So geht es heute auch mir, aber damals konnte man seltsamerweise aussagen. Unsere Haushälterin, die alte Frau Jankowski, hat mir am Ende des Krieges gestanden, daß sie in den Bombennächten, wenn es rundherum nur so krachte, gebetet habe: »Lieber Herr von Haeften, bitte für uns.« Plötzlich findet man in diese Fürbitte hinein, und das ist dann eine Brücke. Trotzdem gestehe ich, daß es mich immer wieder umgeschmissen hat, und im Gottesdienst konnte ich oft meine Tränen gar nicht halten. Aber es war nie von langer Dauer, wenn ich einmal verzagt war. Ich fand immer schnell wieder raus.

*Empfanden Sie manchmal Groll gegen Ihre Generation, die behaup-
tete, sich ein erfolgreiches Vorgehen gegen Hitler auch gewünscht zu
haben, aber nie selbst etwas dazu beigesteuert hat?*

Nein, ich sehe zu sehr die Verstrickung des Einzelnen in seinem
Wirkungskreis. Deswegen habe ich auch eine andere Vorstellung von Heldentum und Helden. Diese Männer, die das damals
dachten und planten und bereit waren, dafür ihr Leben zu geben
und auch uns alleine zu lassen – das ist nicht jedermanns Sache.

Keine Vorwürfe?

Nein, ich komme mir eben auch selbst nicht fehlerlos vor.

Wie sind Sie mit der Gefahr der Heldenverehrung umgegangen?

Jan, mein Ältester, hat mich einmal beschimpft: »Du läßt Papas
Worte zu einer Doktrin werden.« Da war er etwa vierzehn Jahre
alt, und es bestand die Gefahr, daß er in Salem zum zweiten Mal
sitzenblieb. Da erinnerte ich ihn an das, was sein Vater gesagt
hatte: daß er nämlich auf jeden Fall sein humanistisches Abitur
machen müsse. In den Weihnachtsferien hat er die ganze Familie
auf seine Seite gebracht, ohne mein Wissen, und im folgenden
Jahr begann Jan eine kaufmännische Lehre. Das hat mich damals alles sehr getroffen.

Haben Sie Ihren Mann bewundert?

Bewundert sicher nicht, aber ich war glücklich, daß er sich in diese Richtung entwickelt hat.

*Sie haben den Abschiedsbrief Ihres Mannes an Sie erst sehr spät er-
halten, erst im Februar 1945. Darin schreibt er: »Ich habe das 5. Gebot nicht heilig gehalten (obwohl ich Werner damit einmal zurückge-
rissen habe).. Vor allem habe ich nicht Liebe geübt gegen Euch, die
mir anvertraut waren. Um Euretwillen, um Muttis und der Eltern
willen, hätte ich von allem Abstand nehmen müssen. Bitte sag ihnen.., daß ich sie herzlich bitte, sie möchten mir verzeihen.« Wichtig
empfinde ich darin die Tatsache, daß Ihr Mann seinen Konflikt formuliert, sich zwischen seinem politischen Auftrag und seiner Familie
entscheiden zu müssen.*

Naja, so kann man das nicht sagen, denn wann hätte er sich entscheiden sollen.

Leben Sie in der Vergangenheit?

Das glaube ich nicht, dafür ist meine Familie zu groß. Ich habe fünf Kinder und vierzehn Enkel und lebe deren aller Leben sehr intensiv mit. Nein, in der Vergangenheit lebe ich nicht, und ich trauere ihr auch nicht nach. Aber sie ist lebendig in mir, wie Sie vielleicht auch merken. Das Erzählen vom Vater hat nie aufgehört. Ein Freund meiner Tochter Adda hat einmal gesagt, es komme ihm so vor, als ob der Vater immer mit dabei wäre. Das ist eigentlich eine sehr schöne Aussage.

Welches Bild haben Sie den Kindern von ihrem Vater vermittelt?

Die Größeren haben ja noch selber miterlebt, wie verzagt er in den letzten Jahren war und auch wie anfällig, ich meine gesundheitlich. Er war körperlich sehr zart und oft krank, die ganze Hitlerei hat ihn wahnsinnig mitgenommen. Ein Berliner Internist meinte, organisch sei alles in Ordnung, mein Mann sei nur geschwächt, und deshalb verordnete er ihm »erfreuliche Eindrükke«. Das haben wir uns später oft wiederholt. Erfreuliche Eindrücke – aber gerade daran mangelte es leider immer wieder. Meine Älteste, Adda, litt später sehr darunter, daß ihre Schulkameradinnen Väter hatten und sie nicht. Da merkte ich zum ersten Mal, wie wichtig doch ein Vater ist – gerade für Mädchen in diesem Alter.

Die »Kinder des 20. Juli« sind weitgehend unter Frauen aufgewachsen.

Meine Kinder haben alle relativ früh ihre Lebenspartner gefunden, während die Kinder meiner Geschwister zum Beispiel sehr viel länger gebraucht haben, um sich von den Eltern zu lösen. Wir haben ihnen ja auch von Anfang an viel mehr Verantwortung zugebilligt. Wenn ich nur an die ersten Nachkriegsmonate denke, wie ich da meinen Jan beladen und belastet habe mit meinen Nöten und Schwierigkeiten. Jan und unser alter Pastor Wesemann, das waren meine einzigen Vertrauten, nachdem im

Herbst 1945 meine Eltern Mecklenburg verlassen mußten. Vielleicht sind meine Kinder durch diese frühe Übernahme von Verantwortung besser fürs Leben gerüstet gewesen als andere.

Mußten Sie nach dem Krieg ein ganz neues Leben anfangen?

Es hat nie ganz neu angefangen, es ist eben wirklich so weitergewachsen.

1946 sind Sie an den Bodensee gezogen, in die Nähe von Salem, wo Ihre Söhne zur Schule gingen. Wovon haben Sie damals gelebt?

Nach dem Tod meines Mannes hatte ich zunächst einen Gnadensold bekommen, vierhundert Mark für mich und hundert Mark für jedes Kind, also insgesamt neunhundert Mark. Eines Tages war ich von einem höheren SS-Offizier ins Hotel Adlon in Berlin bestellt worden, und der eröffnete mir, daß das Vermögen meines Mannes eingezogen worden sei, daß aber für mich und meine Kinder ein Gnadensold zur Verfügung stehe. Marion sagte mir später, das sei ehrenrührig, sie hätte das niemals akzeptiert, aber ich genierte mich nicht, das Geld anzunehmen. Ich sah nicht ein, daß nun meine Eltern alles bezahlen sollten. Mit dem Ende der Naziherrschaft war es damit natürlich vorbei. Von 1946 bis 1950 wohnte ich auf einer einsamen Burg bei Radolfzell, die der Bruder meines Vaters gepachtet hatte, und von dem Gut dieses Onkels, das einige Kilometer entfernt lag, wurde ich in diesen Jahren mehr oder weniger miternährt. Um die Pension des Auswärtigen Amtes dann zu erhalten, mußte ich entnazifiziert werden, denn in Bukarest hatte mein Mann mich überredet, in die NS–Frauenschaft einzutreten, weil seine Situation so unangenehm und heikel war, daß ich es durch meine Weigerung nicht noch unterstreichen sollte. Nicht nur, daß ich meinen Mann hergegeben hatte, ich mußte auch noch komische Bestätigungen beibringen. Wir hatten Lebensmittelkarten mitgesammelt, mit denen ein Fräulein Jacob untergetauchte Juden versorgte. Die hat es mir dann schriftlich gegeben, daß ich kein Nazi war.

*Glauben Sie, daß das Erbe des Widerstands in der Bundesrepublik
Deutschland richtig gewürdigt wurde?*

Das kann ich eigentlich nicht beurteilen. Jedenfalls glaube ich,
daß sich die meisten eine viel tiefere Zäsur gedacht haben. Aber
ob sie die Politik Adenauers hätten verhindern können, weiß ich
nicht. Bei der Debatte um die Wiederaufrüstung in den fünfziger
Jahren haben Clarita Trott und ich uns einmal in der Rhein-Nek-
kar-Zeitung zu Wort gemeldet. Ein Professor hatte damals bei
einer großen Universitätsfeier behauptet, die »Helden des 20. Juli« würden sich freuen, daß Deutschland endlich wieder zu Ehren kommt und wieder eine Armee erhält. Wir waren empört,
daß man die Namen unserer Männer für die Wiederbewaffnung
in Anspruch nehmen wollte.

Hatten Sie den Wunsch, mehr für Ihren Mann zu tun?

Vielleicht habe ich zu wenig getan. Wenn ich nicht unmittelbar
gefragt wurde, habe ich mich nicht um diese Dinge gekümmert.
1946 hat Ricarda Huch einen Aufruf in die Zeitungen gegeben,
daß sie die Hinterbliebenen des Widerstands bitte, ihr Berichte
zur Verfügung zu stellen. Sie wollte ein Buch über die Widerstandskämpfer schreiben, in denen sie ein Vorbild für die zu-
künftige Generation sah, aber dazu ist es leider nicht gekommen.
Ich besuchte sie damals in Freiburg, wo sie bei ihrer Tochter lebte. Vielleicht war ich zu faul und hätte mich hier und dort mehr
einsetzen können. Aber ob ich damit etwas bewirkt hätte? Dafür
war ich wohl auch zu ungeduldig und habe mich zu leicht de-
couvriert. Wenn irgendwelche Diskussionen mit mir nicht bekannten Leuten eine Richtung nahmen, die mir nicht paßte, habe ich schnell gesagt: »Mein Mann ist im Zusammenhang mit
dem 20. Juli getötet worden«, und da waren die Leute natürlich
still. Ein ganz wichtiger Punkt für mich in dieser Zeit nach dem
Krieg war der Kontakt mit den Freundinnen, mit Marion Yorck,
Clarita Trott und auch mit der Schwester von Hans, Elisabeth
Harmsen.

Und Freya Moltke, die Mutter Ihres späteren Schwiegersohns?

Freya Moltke habe ich erst im März 1946 kennengelernt, und von da an gehörte sie durchaus zu den mir wichtigen Menschen. Gogo Nostitz hatte sie mit Diphtherie-Serum zu mir geschickt.

Wie sehen Sie die Jahre mit Ihrem Mann heute im Rückblick?

Als eine durch und durch glückliche Zeit. Zum einen war ich fast immer mit ihm zusammen, anders als die anderen Frauen. Und dann fühlten wir uns privilegiert, weil Hans nicht eingezogen worden war. Das war eine wirkliche Sorge, als er plötzlich doch gemustert wurde. Er war ja ein absoluter Antimilitarist. Zum Glück hat ihn das Auswärtige Amt als unabkömmlich eingestuft.

Und Ihre eigene Rolle?

Ich war nur eine Stärkung für ihn. Durch mein »unerschrockenes, heiteres Wesen« war ich sicher eine Hilfe für ihn. Er war viel tiefdenkender, und von Anfang an erkannte ich, daß seine Richtung sicher die richtige ist. Das war mein ganz naives Mitdenken, aber es war eine Stütze für ihn. In den Briefen schreibt er einmal: »Es ist nötig, daß Du bald kommst mit Deiner unerschrockenen Heiterkeit, die sich nicht umwerfen läßt.« Er war besonders empfindsam hinsichtlich der Grausamkeiten, von denen er hörte, und es quälte ihn, daß alles so lange dauerte. Die »erfreulichen Eindrücke«, die der Arzt ihm verordnet hatte, waren wenigstens in seiner Familie vorhanden. Dort gab es weder Druck noch Zwang. Und das stärkte ihn.

Nina Gräfin Schenk von Stauffenberg, geb. Freiin von Lerchenfeld

Nina von Stauffenberg wurde 1913 als Tochter des evangelischen Generalkonsuls von Lerchenfeld und seiner Frau Annie, einer Freiin von Stackelberg, geboren. Sie wuchs in Bamberg auf und besuchte dort das Lyzeum; später ging sie in Wieblingen bei Heidelberg in ein Mädcheninternat. 1930 begegnete sie Claus Graf Schenk von Stauffenberg, mit dem sie sich noch im selben Jahr verlobte, 1933 heirateten sie.

Claus Graf Schenk von Stauffenberg wurde 1907 als Sohn von Alfred Graf Schenk von Stauffenberg geboren, der Königlich Württembergischer Hofbeamter und später Oberhofmarschall des Königs von Württemberg war. Eine enge Freundschaft verband Claus mit Berthold, einem seiner Brüder, der als Völkerrechtler in Berlin arbeitete, bis er bei Kriegsbeginn als Berater für kriegs- und völkerrechtliche Fragen zur Seekriegsleitung eingezogen wurde. Im August 1944 wurde er wegen seiner Beteiligung an der Verschwörung des 20. Juli hingerichtet.
Claus Schenk von Stauffenberg begann seine Offizierslaufbahn nach dem Abitur 1926 beim 17. Bamberger Reiterregiment. 1936 bis 1938 wurde er an der Kriegsakademie in Berlin zum Generalstabsoffizier ausgebildet und 1938 nach Wuppertal versetzt. Im Herbst 1938 nahm er an der Besetzung des Sudetenlandes, 1939 am Polenfeldzug, 1940 am Frankreichfeldzug und 1943 am Einsatz in Afrika teil, von wo er mit lebensgefährlichen Verletzungen zurückkehrte: Er verlor seine rechte Hand, ein Auge und zwei Finger seiner linken Hand. 1943 wurde er im Allgemeinen Heeresamt in Berlin Chef des Stabes unter General Olbricht.
Politisch sympathisierte Stauffenberg zunächst mit den Nationalsozialisten und ihren Zielen, lehnte aber Diktatur und Formen der Unterdrückung immer ab. Seine Vorstellungswelt war geprägt von der Begegnung mit Stefan George, der nach dem Ersten Weltkrieg in ausgewähltem Kreis Visionen eines »Neuen Reiches«, einer geistigen Wiedergeburt Deutschlands verkündete.
Obwohl Stauffenberg kein Befürworter der Kriegspolitik Hitlers war,

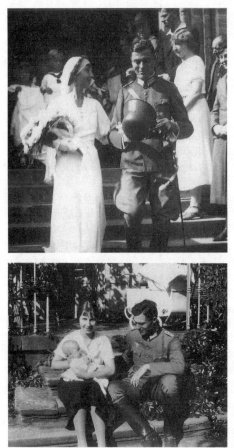

*Nina und Claus Schenk
von Stauffenberg bei
ihrer Hochzeit am
26. September 1933*

*Nina und Claus Schenk
von Stauffenberg 1934
mit ihrem Sohn Berthold*

lehnte er die Beteiligung an den Konspirationsplänen von 1939/40 ab:
Er fühlte sich verpflichtet, als Offizier den außenpolitischen Bestand
Deutschlands zu sichern. Noch im Januar 1942 hielt er einen Sieg über
die Sowjetunion für möglich. Aber angesichts der Wirkungslosigkeit der
Wehrmachtführung im Generalstab und der hoffnungslosen militärischen Lage gelangte er im Lauf desselben Jahres zu der Überzeugung,
daß Hitler beseitigt werden müsse.

Nina von Stauffenberg
mit ihren Kindern
Berthold, Heimeran,
Valerie und Franz
Ludwig

Nina Gräfin Schenk von
Stauffenberg 1988 an
ihrem fünfundsiebzigsten
Geburtstag

Ende August 1943 beteiligte er sich deshalb erstmals an Henning von
Tresckows Umsturzplänen und den generalstabsmäßigen Vorbereitungen des Staatsstreichs, wobei die »Walküre-Pläne« für den militärischen
Ausnahmezustand bei inneren Unruhen zur Grundlage der eigenen Planung genommen wurden. Im Verlauf der Arbeit entwickelte sich Stauffenberg dabei zur dominierenden Persönlichkeit des Widerstands.
Nachdem Stauffenberg Ende Juni 1944 zum Chef des Stabes bei Gene-

raloberst Fromm in Berlin ernannt worden war, übernahm er persönlich die Verantwortung für die Ausführung des Attentats. Seit dem 1. Juli hatte er als einziger der jüngeren, zur Tat entschiedenen Offiziere bei Lagebesprechungen direkten Zugang zu Hitler, und trotz seiner schweren Verletzungen wollte er das Attentat bei einer dieser Gelegenheiten selbst durchführen. Der Ablauf des 20. Juli zunächst im Führerhauptquartier Wolfschanze in Ostpreußen, dann in der Bendlerstraße in Berlin ist oft beschrieben worden. Der Staatsstreich scheiterte, und noch am Abend desselben Tages wurde Graf Stauffenberg mit seinem Adjudanten Werner von Haeften und mehreren Mitverschworenen auf Befehl des Generaloberst Fromm im Hof des Oberkommandos des Heeres in der Bendlerstraße standrechtlich erschossen. Himmler schwor Rache an der Familie Stauffenbergs »bis ins letzte Glied«.

Nina Gräfin Stauffenberg und ihre vier Kinder sowie ein großer Teil der Verwandtschaft wurden in Sippenhaft genommen.
In der Einzelhaft brachte Nina Gräfin von Stauffenberg dann ihr fünftes Kind, Konstanze, zur Welt. Erst mit dem Kriegsende kam sie frei und schlug sich mit ihrem Baby zu Verwandten durch. In späteren Jahren engagierte sie sich in einer Bürgerinitiative zur Erhaltung der Altstadt in Bamberg. Dort wohnt sie bis heute in ihrem Elternhaus.

Wenn das Attentat vom 20. Juli 1944 gelungen wäre, wie hätte Deutschland dann nach Ihrer Meinung ausgesehen?

Nun, allen, die an den Vorbereitungen beteiligt waren, war klar: Um eine Besetzung Deutschlands kommen wir nicht mehr herum. Damit rechnete man, aber was wirklich passieren würde, konnte kein Mensch voraussehen.

Es war wohl schon lange nichts mehr zu »retten« gewesen. Man versuchte, weitere Tote zu verhindern..

..und vor der Welt zu zeigen, daß ein Widerstand vorhanden war. Die Spekulation, daß der Widerstand erst begonnen habe, als man merkte, daß alles verloren war, halte ich für abwegig.

Wie schätzte Ihr Mann die Chancen des Attentats ein?

Fifty, fifty.

Die Tatsache, daß er als der Kopf der militärischen Verschwörung das Attentat auch selber ausführen mußte, hat die Chancen nicht eben erhöht. Hätte Ihrer Meinung nach auch jemand anderes das Attentat ausführen können? Ihr Mann suchte ja verzweifelt nach jemandem, der die Ausführungen hätte übernehmen können.

Es hat sich so ergeben, aber da er nur eine Hand hatte, war er im Grunde nicht gerade prädestiniert, die Zünder einzustellen. Vor allem gingen dadurch wertvolle Stunden für alle Beteiligten verloren, denn während er auf dem Rückflug von Ostpreußen nach Berlin war, geschah eigentlich nichts. Aber das habe ich nur aus der Literatur, das habe ich gelesen und gehört. Vieles verwischt sich mit der Zeit, so daß ich nicht mehr sagen kann: Das habe ich gewußt und das habe ich nicht gewußt.

Was hat ihr Mann Ihnen erzählt?

Daß mein Mann das Attentat selber ausführen würde, habe ich nicht gewußt. Ich wußte, daß eine Bombe gelegt werden sollte und daß immer wieder Ansätze gemacht wurden. Mein Mann nannte keine Namen. Falls das Attentat mißlingen würde, hatte er mir verboten, loyal zu ihm stehen. Das wichtigste sei, daß einer von uns den Kindern erhalten bliebe. Das war mir ein Befehl, und danach habe ich auch gehandelt. Ich habe mich der Gestapo als dumme kleine Hausfrau mit Kindern und Windeln und schmutziger Wäsche dargestellt. Mein Mann kam in der letzten Zeit ziemlich regelmäßig von Berlin nach Bamberg herüber, etwa alle drei Wochen übers Wochenende; Sonntag- oder Montagnacht ist er wieder zurückgefahren. Er brachte seine schmutzige Wäsche mit und dann und wann auch Papiere, die verbrannt werden mußten. Im Oktober 1943 kam ich von einer Hochzeit in Berlin mit einem Rucksack voller Konzepte zurück, und die habe ich dann hier treu und brav verbrannt. Die Wohnung meines Schwagers in Wannsee hatte Zentralheizung, und wegen des Hausmeisters konnte man dort nichts unauffällig vernichten.

Was waren das für Papiere?

Ich habe sie nicht weiter angeschaut, das war mir viel zu mühsam.

Ihr Mann war der einzige, der mehrfach in die Attentatsituation hineingegangen ist, der wiederholt alle Vorbereitungen und die ganze Nervenanspannung auf sich genommen hat. Haben Sie von der Verzweiflung Ihres Mannes in den letzten Tagen gewußt?

Da haben wir uns ja nicht mehr gesehen. Wir haben zwar telefoniert, aber am Telefon konnte man nichts sagen, außer: Geht es den Kindern gut, und was machst du? Bis zu einem gewissen Grad war mein Mann die treibende Kraft des Attentats. Er selber hat sich allerdings nicht so gesehen, sondern Männer wie Olbricht und Beck als führende Köpfe betrachtet. Beck war sein großes Vorbild, auch Leber, den hat er als die Schlüsselfigur betrachtet.

Hatten Sie denn nicht Angst um Ihren Mann, als Sie von der Bombe hörten?

Sicher hatte ich Angst, es war ja alles drin. Aber da ich, wie gesagt, nicht wußte, daß er es selber machen würde, habe ich das nicht auf ihn bezogen. Im übrigen weiß ich nicht, wann die Entscheidung gefallen ist, daß mein Mann selber das Attentat ausführen würde. Wenn ich mit meinem Mann zusammen war, habe ich jeweils sofort gespürt, daß er in etwas Wichtiges, Geheimes verwickelt war, 1939 und 1943. Ich sagte es ihm auf den Kopf zu: »Spielst Du Verschwörerles?« Er hat es mir dann bestätigt. 1939 hat er die Sache abgelehnt, weil nach Hitlers Erfolgen in Polen kein Verständnis in der Bevölkerung zu erwarten war. Was sich in den kriegsbedingten Trennungszeiten abspielte, weiß ich natürlich nicht.

Wie empfanden Sie es, daß Ihr Mann nach seiner Verwundung im April 1943, obwohl er gerade dem Tod entronnen war, zu neuen Taten aufbrechen wollte und nun auf das Attentat drängte?

Sagen wir mal, es war ein gewisser Durchbruch bei ihm. Ich erinnere mich, wie ich ihn in München am Krankenbett besuchte und er sagte: »Es wird Zeit, daß ich das Deutsche Reich rette!« Und ich habe ihm geantwortet: »Dazu bist du jetzt in deinem Zustand gerade der Richtige!« Ich habe diesen Satz gewissermaßen als Witz abgetan, aber es war wohl der Moment, als der Entschluß in ihm reifte, selber aktiv einzugreifen.

Haben Sie ihn nicht zurückhalten wollen?

Ja, das ist natürlich klar. Ich meine, wir sprachen darüber, und nachdem ich erkannt hatte, daß es ihm wesentlich ist und daß es auch wichtig und notwendig ist, habe ich zugestimmt. Was er machen mußte, das mußte er machen. Ich habe nie versucht, ihn davon abzubringen.

Sie waren damals eine junge Frau. Sehen Sie das heute noch so?

Ich war sehr lange verlobt, bevor wir heirateten, und das war eine gute Schule für die Ehe. In dieser Zeit habe ich gelernt, daß der Dienst immer vorgeht. Meine Mutter hat das gar nicht verstanden; wenn ich mich wieder einmal geärgert habe, weil mein Mann am Abend nicht kam, habe ich ihm dennoch die Stange gehalten und gesagt: das muß so sein, während meine Mutter darüber gezetert hat. Als ich dann geheiratet habe, hatte ich das alles schon hinter mir. Ich bin meinem Mann immer ein schlechtes Kommißweib gewesen, aber zwei Dinge wußte ich: Erstens, der Dienst hat immer Vorrang – Dienst und Pflicht –, zweitens, man muß den Mund halten. Mein Mann wußte, daß ich dichthalten, schweigen konnte. Im übrigen hat mein Mann wenig über dienstliche Dinge mit mir gesprochen.

Da ist viel Rücksichtnahme ..

Für mich war es sehr traurig. Das geplante Attentat hing immer wie ein Damoklesschwert über einem. Mein Vater starb Anfang Januar 1944, und meine Mutter hatte den Eindruck, daß ich nicht richtig trauerte, daß es für mich nicht eine solche Katastrophe bedeutete. Sie konnte ja nicht ahnen, daß mir ein Stein vom Herzen fiel, weil es für meinen herzkranken Vater entsetzlich gewesen wäre, seinen Schwiegersohn im Zentrum einer Verschwörung zu finden – egal, wie die Sache ausgegangen wäre. Ich konnte es meiner Mutter nicht sagen, sie hat es nur gespürt und mir das wohl übelgenommen. Das war sehr traurig.

1933, als die politischen Veränderungen stattfanden, waren Sie ja gerade 19 Jahre alt. Wann haben Sie angefangen zu begreifen?

Politik hat mich eigentlich nicht interessiert. Man hat die Zeitung gelesen, über dieses und jenes gesprochen, aber tangiert hat es mich nicht. Ich hatte mein Baby, und dann eine wachsende Kinderschar. Die Dinge passierten, aber es hat mich nicht in erster Linie beschäftigt.

Mit wem haben Sie sprechen können, später, als Ihr Mann sich politisch einzumischen begann?

Im Grunde gab es niemanden. Und außerdem hatte ich gelernt, daß es Dinge gibt, über die man nicht spricht. Meine Schwiegermutter zum Beispiel machte keinen Hehl daraus, daß sie auf der ganzen Linie gegen das Regime war. Die ganze Familie war unaufhörlich in Sorge, daß sie sich in die Nesseln setzt durch ihre Unvorsichtigkeit. Bertold und mein Mann haben sie dann wohl ins Gebet genommen und ihr gesagt, das sei alles halb so schlimm, das ginge in Ordnung. Auch mein anderer Schwager, Alexander, war immer offen gegen das Regime und mußte von den Brüdern ein wenig gedämpft werden. Als es dann passierte, war das für ihn im Grunde ein Schock, weil er das Gefühl hatte, von den Brüdern unterschätzt worden zu sein. Er ahnte wohl, daß sie ihn nicht eingeweiht hatten, weil er ebenfalls zu unvorsichtig war.

Wie sehen Sie Ihre Rolle bei dem ganzen Unternehmen?

Praktisch darin, meinem Mann den Rückhalt zu bieten, nicht als Klotz an seinem Bein zu hängen, sondern meine Aufgabe zu erfüllen, nicht im Wege zu stehen und ihn nicht zu belasten. Ich habe eigentlich niemals das Gefühl gehabt, eine Rolle zu spielen. Ich habe getan, was man von mir verlangt hat.

Das ist eine Stärke, scheint mir, die es Ihrem Mann wahrscheinlich ermöglicht hat, seine Stärke zu entfalten.

Das weiß ich nicht. Es ist für mich einfach der Inbegriff einer guten Ehe, daß man Rücken an Rücken steht und jeder sich jederzeit auf den anderen hundertprozentig verlassen kann. Das finde ich das Wesentliche.

Würden Sie von heute aus dieses oder jenes anders entscheiden, wenn Sie noch einmal vor der gleichen Frage stünden?

Ich war und bin natürlich gegen jegliche Tötung. Das geht einem gegen den Strich, aber ich bin noch heute der Überzeugung, daß das Attentat richtig und notwendig war. Sicherlich gibt es manches, worüber man sich hinterher ärgert: Man wäre ja kein Mensch, wenn man nicht auch einmal daneben hauen würde. Aber gravierende Differenzen wüßte ich nicht zu benennen.

Haben Sie Ihren Mann bewundert?

Ja, das kann man sagen.

Von Anfang an?

Eigentlich war meine Mutter die erste, die mir von ihm vorschwärmte, er sei so gut erzogen und er küsse den Damen korrekt die Hand; da war ich sechzehn und lernte ihn auf einem Ball kennen. Meine Freundinnen schwärmten auch: der Stauffenberg, der tanzt so gut, und ich weiß nicht was, und da war ich erst einmal voller Widerspruch. Das hat sich dann ziemlich schnell geändert, wie das eben so geht, und dann haben wir uns verlobt.

Es ist immer wieder davon die Rede, daß Ihr Mann sehr national gesinnt gewesen sei und in militärischen Kategorien gedacht habe. Was hat man sich in meiner Generation darunter vorzustellen?

Ich weiß nicht, wie ich das definieren soll; man war eben ausgesprochen national erzogen worden, und die militärischen Ehrbegriffe wie Loyalität und Disziplin galten viel.

Für viele Offiziere war es aber gerade auf Grund dieses Ehrenkodex ausgeschlossen, sich an einem Attentat auf Hitler zu beteiligen, denn sie fühlten sich durch ihren persönlichen Eid gebunden.

Das war in der Tat für manchen eine Grenze, und mein Mann hat das anerkannt.

Aber gerade die fehlende Moral, die Tatsache, daß das Offizierskorps so wenig geneigt war, sich gegen Hitler zu stellen, soll doch für Ihren Mann so ernüchternd gewesen sein. Er sprach wohl vom »mangelnden Rückgrat«.

Gewiß, das hat ihn schon geschmerzt. Aber wir haben über diese Dinge, wie gesagt, nicht gesprochen. Der einzige Name, den ich von ihm hörte, ohne ihn zu kennen, war der Name Julius Leber.

Was hat er Ihnen erzählt?

Er hat mir gar nichts erzählt, nur, daß Leber eine große Persönlichkeit sei und daß er ihn sehr schätze.

Die Freundschaft mit dem charismatischen Leber spielte wohl eine große Rolle für Ihren Mann. Von ähnlicher Intensität war nur die Beziehung zu dem zwei Jahre älteren Bruder Berthold.

Ich weiß nicht, ob man das vergleichen kann, aber das Verhältnis der beiden Brüder zueinander war bis zuletzt ein sehr enges. Mein Mann wohnte ja die letzte Zeit bei seinem Bruder; meine Schwägerin war mit den Kindern nach Lautlingen gezogen, ich saß in Bamberg. Die beiden Brüder sahen sich in der Tristanstraße jeden Tag, beide schliefen und wohnten dort.

In dieser Wohnung trafen sich ja auch am Abend des 16. Juli führende Köpfe des Widerstands, um noch einmal Details des Staatsstreichs durchzusprechen. Am Tag zuvor war das Unternehmen »Walküre« – so der Deckname der Operation – im letzten Moment abgebrochen worden, weil Ihr Mann offenbar nicht rechtzeitig die Zündung einstellen konnte. In den Tagen zwischen dem 6. und dem 20. Juli hatte Ihr Mann mehrfach, mindestens dreimal, den Sprengstoff bei sich, und jedesmal hinderte ihn irgendein Umstand daran, die Tat auszuführen: Darin kommt eine ungeheure Willenskraft und Konzentration zum Ausdruck, und kein anderer hat diese psychische Belastung ausgehalten.

Ich bin da zu wenig im Bilde über das, was in diesen Tagen tatsächlich passiert ist. Wir haben uns ja nicht mehr gesehen.

Aber Sie haben doch telefoniert. Hat er sich verabschieden können?

Nein, eigentlich nicht. Ich habe mit ihm noch telefoniert, am Sonntag haben wir immer telefoniert. Am Donnerstag ist es passiert, unser letztes Telefongespräch hatten wir also am Sonntag, dem 16. Juli. Da sagte er noch, es sei ihm nicht sehr recht, daß wir gerade jetzt wegfahren würden – ich reiste mit den Kindern zu meiner Schwiegermutter nach Württemberg. »Tut mir leid«, sagte ich, »mein Gepäck ist schon unterwegs, und die Fahrkarten sind auch schon gekauft.« Es war ja sehr schwierig damals zu reisen, noch dazu, wenn man mit einem ganzen Troß, mit Kinderpflegerin, einem Hausmädchen und vier Kindern, unterwegs war. Am Montag oder Dienstag rief er bei meiner Mutter in Bamberg an, um zu fragen, ob wir gut weggekommen seien.

Und am Mittwoch rief er noch einmal bei meiner Mutter an, um ihr mitzuteilen, daß der Schwager einer Cousine, der hier im Regiment war, gefallen sei und daß sie dies meiner Cousine weitergeben solle. Das war das letzte Mal, aber davon habe ich erst hinterher gehört..

War es schwer auszuhalten, instinktiv zu spüren, daß sich alles zuspitzt?

Ach, wissen Sie, daran hatte man sich all die Jahre schon gewöhnt.

.. und zusätzlich die Geheimhaltung? Wie mußte man sich organisieren?

Man mußte gar nichts organisieren. Man durfte halt nichts sagen, nichts sagen und nichts schreiben. Im übrigen dürfen Sie nicht vergessen, daß mein Mann einmal im Jahr vierzehn Tage Urlaub hatte, das war alles. Den Rest des Jahres saß ich alleine da und mußte mich mit Lebensmittelfragen und was sonst alles an einem Kriegshaushalt mit vier Kindern dranhängt, herumschlagen.

Wie haben Sie von dem Attentat erfahren?

Es kam jemand, der Radio gehört hatte. Wir waren gerade erst in Lautlingen angekommen, wo wir wegen der Kinder die großen Ferien verbringen wollten. Meine Schwägerin und ich – meine Schwägerin wußte ja auch Bescheid – saßen draußen, als eines von den Mädchen aus dem Haus gerannt kam und sagte, auf den Führer sei ein Attentat verübt worden. Da schauten wir uns nur an und sagten: Also doch!

Noch in der gleichen Nacht ging der Name Stauffenberg über sämtliche deutschen Rundfunksender. Hitler sprach von einer ganz kleinen Clique ehrgeiziger Offiziere, die das Attentat geplant hätten, und nannte den Namen Ihres Mannes. Was haben Sie in diesem Moment empfunden?

Ich habe erst am nächsten Morgen davon gehört. Der Bruder meiner Schwiegermutter, Graf Uexküll, war ins Dorf gegangen, und dort hatte jemand in der Früh Nachrichten gehört, daß Stauffenberg... Irgendwann zwischen sieben und acht Uhr kam dann meine Schwiegermutter – ich lag noch im Bett –, um es mir zu sagen. Dadurch habe ich es erfahren. Daß er es selbst gemacht hat, das wußte ich nicht.

Es muß ein Schock für Sie gewesen sein.

Ja, natürlich, aber das war eine der vielen Fügungen, ich hatte zwei Tage Zeit, mich damit zu befassen und mit mir ins Reine zu kommen. Am 21. waren sie in unsere Wohnung in Bamberg gekommen, aber fanden dort nur meine Mutter, und erst am 23. in der Früh erschienen sie in Lautlingen und holten mich ab.

Was haben Sie in diesen zwei Tagen gemacht?

Ich habe große Spaziergänge gemacht und mich doch irgendwie gefaßt. Diese zwei Tage waren ein Geschenk des Himmels.

Sie kamen zuerst in das Gefängnis in Rottweil. Wie ist man mit Ihnen umgegangen?

Wirklich unangenehm war niemand zu mir. Manche waren freundlicher und manche weniger freundlich, aber im großen und ganzen bin ich erstaunlich gut durch die ganze Sache durchgekommen. Die acht Tage in Rottweil waren eine Idylle; meinen Tee bekam ich aus einer Tasse, auf der stand: »Der Silberbraut«. Ich war sozusagen Ehrengast! Vor drei Jahren habe ich mit meinem Enkel eine Reise durch den Schwarzwald gemacht, und da sind wir auch in Rottweil gewesen, das ja eine wunderschöne Stadt ist. »Irgendwo hier um die Ecke müßte das Gefängnis sein«, sagte ich zu meinem Enkel, und so war es. Wir haben geklingelt und wurden zuerst amtlich empfangen und dann begeistert herumgeführt. So, als habe die verlorene Tochter endlich wieder heimgefunden! Mein Enkel mußte sich sehr beherrschen, um nicht laut loszulachen, so lächerlich war das Ganze. Andererseits war es auch wieder reizend.

Von Rottweil brachte man Sie dann nach Berlin.

Ja, zunächst in die berüchtigte Prinz-Albrecht-Straße, wo allerdings nur die Personalien aufgenommen wurden, und dann in das Gefängnis am Alexanderplatz. Das war nicht sehr schön. Es war ein altes Gefängnis, und es wuselte von Wanzen – eine Erfahrung, die ich niemandem wünsche. Bei Fliegeralarm mußten alle runter ins Parterre – einen Luftschutzkeller gab es nicht –, und da konnte man sich ein bißchen mit den anderen unterhalten, mit Menschen, die ich nicht kannte. Menschlich allerdings konnte ich mich auch dort nicht beklagen; besonders die Leiterin, eine phantastische Frau, die noch aus der Zeit stammte, als man aus Idealismus einen sozialen Beruf ergriff, hatte den Laden fest im Griff. Aber die Zustände waren unbeschreiblich. Das einzige, das es wirklich reichlich gab, war heißes Wasser, und einmal in der Woche konnte man baden. Einmal war ich dort mit Frau Thälmann baden: sie in der einen Wanne, ich in der anderen. Frau Thälmann war völlig außer sich, weil sie an diesem Tag gehört hatte, daß ihr Mann »gestorben« sei. Beim Spaziergang auf dem Hof hatte sie im Vorübergehen gehört, wie sich zwei Häftlinge in den Werkstätten, die in den Souterrains untergebracht waren, darüber unterhielten. Auf diese Weise hat Frau Thälmann vom Tod ihres Mannes erfahren und war völlig außer sich. Sie war eine so energische Person mit geschneckelten Löckchen. Ich habe ihr zugeredet und versucht, sie zu trösten, wie man das eben in so einer Situation tut.

Wußten Sie eigentlich, wie Ihr Mann am Abend des 20. Juli erschossen worden war?

Das weiß ich nicht mehr. Ich habe hinterher soviel erfahren, daß ich von einem bestimmten Zeitpunkt an nicht mehr unterscheiden konnte, was ich wann wohl gewußt und was ich nicht gewußt habe. Man hat dann irgendwann ein sehr allgemeines Bild. Ich habe es ziemlich schnell erfahren, aber wie, das kann ich heute nicht mehr sagen.

Wie lange waren Sie am Alexanderplatz?

Drei Wochen.

Und Sie wurden dort auch vernommen?

Ja. Die Gestapo wollte vor allem wissen, wen ich gekannt habe. Diejenigen Namen, die ich zwangsläufig kannte, habe ich genannt, aber über mir persönlich unbekannte Personen und Personen, nach denen ich nicht gefragt wurde, habe ich nichts ausgesagt. Ich habe auch nichts unterschrieben, was ich nicht hätte unterschreiben wollen. Ende August wurde ich dann nach Ravensbrück verlegt. In den sogenannten Bunker. Dort verbrachte ich fünf Monate wieder in Einzelhaft. Wenig später ist auch meine Mutter dort gelandet; durch einen Spalt in der Tür konnte sie mich sehen, wenn ich vorbeigeführt wurde, ich selber konnte sie nicht sehen, aber erfuhr durch Mithäftlinge, daß sie in Ravensbrück war. Nach drei Wochen wurde meine Mutter zusammen mit der ganzen Familie Stauffenberg in Sippenhaft genommen, und damit begann eine wahre Odyssee durch zahlreiche Konzentrations- und sonstige Lager. Anfang Februar ist meine Mutter in einem SS-Straflager gestorben. Die übrigen Familienmitglieder wurden bei Kriegsende von den Amerikanern übernommen und nach Capri gebracht.

Fünf Monate Einzelhaft – darüber hinaus waren Sie hochschwanger und hatten gerade Ihren Mann verloren. Wie haben Sie diese Situation ausgehalten?

Man organisiert sich. Es klingt verrückt, aber so ist es. Da gab es den Tag, an dem ich Strümpfe gestopft habe, den Tag, an dem ich Stenographie-Übungen machte und so weiter. Wenn abends um neun Uhr das Licht ausgedreht wurde, habe ich Literatur getrieben oder Musik gemacht. Das heißt, ich versuchte, mich an Musikstücke zu erinnern oder Gedichte zu rezitieren. Da stellte ich dann fest, daß eigentlich nur das, was ich einmal auswendig gelernt hatte, wirklich »saß«. Schillers »Glocke« zum Beispiel.

Wenn ich es recht verstehe, haben Sie sich feste Rhythmen geschaffen und auf diese Weise den Tag ritualisiert.

So kann man sagen. Morgens kam das Frühstück, dann mußte man die Zelle saubermachen – man war dankbar für alles, was man zu tun hatte. Auch habe ich viel Patiencen gelegt. Aus Zigarettenschachteln habe ich mir die Karten gemacht – eine Schachtel ergab vier Karten – und damit verging viel Zeit.

So daß die Trauer Sie nicht überwältigte?

Ach nein, das hat damit gar nichts zu tun, das läuft nebenher. Ich kann verstehen, daß sich Menschen früher in ein Kloster zurückgezogen haben. In dem Moment, wo man in Einzelhaft oder überhaupt in Haft kommt, fällt jegliche Verantwortung von einem ab; man braucht sich um nichts mehr zu kümmern, weil man doch nichts mehr ändern kann. Auf diese Weise kann man die ganze Sache abschalten. Man kann sich nach innen wenden oder nach kleinen Äußerlichkeiten. Man ergibt sich in Gottes Willen, und das ist an sich schon eine große Hilfe. Man braucht sich nicht länger den Kopf zu zerbrechen, was wird morgen und was wird wie und was muß ich tun. Das fängt erst wieder an, wenn man rauskommt und dann plötzlich wieder agieren muß. Man gewöhnt sich viel schneller in ungewöhnliche Umstände als in das Normalleben zurück.

Hatten Sie irgendwelche Nachrichten von außen?

Meine Schwägerin Melitta, die Frau von Alexander, die Fliegerin war und die man deshalb nach sechs Wochen wieder freigelassen hatte, hat sich sehr intensiv um die Familie gekümmert, und mit ihr durfte ich Briefe wechseln. Sie hat auch vermittelt, daß ich von Verwandten Obst und gelbe Rüben bekam und Kleider, denn es wurde Winter und mein Bauch immer dicker.

Wurde denn auf Ihre Schwangerschaft in irgendeiner Weise Rücksicht genommen?

Ja, ich bekam sogar die üblichen Lebensmittelzulagen.

Und inwieweit beeinflußte es Sie, daß in Ihnen ein Kind wuchs, daß Tod und Leben nebeneinander bestanden?

Ich sagte mir, du mußt unter allen Umständen vernünftig und ruhig bleiben – wegen dem Kind. Vielleicht wäre es schwieriger gewesen ohne das Kind, denn so hatte ich eine Aufgabe, eine Pflicht.

Wurden Sie in Ravensbrück schlecht behandelt oder gar mißhandelt?

Nein, ich bin auch dort immer korrekt behandelt worden. Einmal hatte ich ein komisches Erlebnis. Ich brauchte Tinte für meinen Federhalter, und da sagte man mir, ich solle sie mir in der Schreibstube selber holen. Also ging ich ins Büro und habe den Sturmbannführer so freundlich, wie ich es eben gewöhnt bin, um Tinte gebeten. Woraufhin der mit einem Satz in Richtung Tintenflasche sprang, ruckartig innehielt, sich bewußt machte, daß ich ein schäbiger Häftling war, und mich anbellte: »Da steht die Tinte!« Überhaupt habe ich festgestellt, daß es das beste ist, mit den Menschen so umzugehen, wie man es gewöhnt ist; vor allem darf man sich nicht ängstlich zeigen oder verschüchtert.

Haben Sie Ihr Kind dann auch in Ravensbrück zur Welt gebracht?

Nein, Anfang Januar wurde ich in ein NS-Frauenentbindungsheim in der Nähe von Frankfurt an der Oder geschickt. Das war ein Heim, in das werdende Mütter kamen, um in Ruhe ihre Babies zu bekommen und sich anschließend noch ein bißchen zu erholen. Zwar blieb ich auch hier weiterhin isoliert, aber immerhin hatte die Tür eine Klinke, und ich konnte nach Belieben das Licht an und aus machen. Mein Name damals war übrigens Schank.

Sie mußten einen anderen Namen annehmen?

Ja, aber da ich nie einen Ausweis auf diesen Namen erhielt, hätte ich mich mit meinem Führerschein bzw. mit meiner Fischereikarte ausweisen müssen, und da hieß ich eben Stauffenberg. Da glaubt man immer, der Gestapo-Apparat sei eine phantastisch funktionierende Maschine gewesen, aber in Wirklichkeit hatte die ziemliche Löcher, da funktionierte manches überhaupt nicht.

Ende Januar, wenige Tage vor der Geburt, mußte dann plötzlich Hals über Kopf das Heim geräumt werden. Die Schwangeren, die gehofft hatten, in Ruhe ihre Kinder zur Welt zu bringen, wurden weggeschickt; ich kam nach Frankfurt an der Oder. Da war wegen des Flüchtlingsstroms aus Posen kein Platz mehr. Es war bitterkalt. Und wieder eine Fügung – ich fand in der Privatklinik eines Frauenarztes Unterkunft, weil ich ja allein sein sollte, Einzelhaft. Es gab wunderbares Essen, denn alle hatten das Gefühl, daß die Sache nicht mehr lange dauert, und so wurde die Vorratskammer bis auf die letzten Einmachgläser geplündert. Am 27. Januar kam meine Tochter auf die Welt. Die Geburt ging noch gut, aber dann bekam ich eine Infektion. Acht Tage später wurden sämtliche Lazarette und Kliniken in Frankfurt geräumt. Mit einem Lazarettzug bin ich nach Potsdam gebracht und ausgeladen worden, verfrachtet. Ich bin im St. Joseph-Krankenhaus gelandet, aber eben mit einem acht Tage alten Kind und der Infektion. Es hat sehr wehgetan, ich konnte nicht aufstehen. Dort blieb ich bis Anfang April. Der Chefarzt, der wußte, wer ich war, zögerte meine Entlassung so lange möglich hinaus. Dann wurde das Baby auch noch krank, bekam Wundrose und eine Bronchitis. Um den 8. April herum wurde ich abgeholt, um zu den anderen Stauffenbergs gebracht zu werden, die irgendwo in Deutschland unterwegs waren. Begleitet wurde ich von einem Feldgendarm, der sich mit Kunst und Tücke nach Hause durchgemogelt hatte und nicht eben erfreut war, mit einer Frau und einem Kind quer durch Deutschland gejagt zu werden. Die anderen Sippenhäftlinge waren inzwischen von Lauenburg über Buchenwald nach Dachau gelangt; als gemeinsames Ziel war Schönau im Bayerischen Wald angegeben. Es wurde ein endloses Umsteigen und ziemlich unangenehm. Im Hof hingen Tote an Bäumen mit einem Schild »Fahnenflucht«, und ein Auto stand da mit dem Schild »Fliegendes Standgericht«. Keiner wußte, was er mit uns anfangen sollte. Nach einer abenteuerlichen Wanderung landeten wir schließlich in Trogen. Da habe ich zu meinem Gendarm gesagt, ich komme aus dem Krankenhaus, ich kann jetzt nicht mehr weiter zu Fuß gehen, ich gehe hier nicht mehr weg. Ihm war die Sache auch zu sauer. Ich habe ihm ein Zeugnis geschrieben, daß er bis zum Schluß seine Pflicht erfüllt habe, und damit zog er erleichtert von dannen. Ich war natürlich gleichfalls erleichtert. Die Amerikaner standen nur noch wenige Kilometer entfernt, und weil ganz in der Nähe sehr gute Freunde meines Vaters wohnten, fand ich eine Unterkunft.

Und Ihre Kinder?

Von dort aus habe ich versucht herauszubringen, was mit meinen Kindern war. Das Letzte, was mir meine Schwägerin erzählt hatte, die dann abstürzte, war, daß man die Kinder aus dem Kinderheim Bad Sachsa weggebracht habe. Sie sollten nach Buchenwald gebracht werden. Auf ihrem Weg zum Bahnhof Nordhausen wurde dieser durch einen Bombenangriff zerstört. Und so wurden die Kinder wieder zurück nach Bad Sachsa gebracht. Das wußte ich jedoch nicht. Im Juni habe ich sie dann wiedergesehen; als ich eben losziehen wollte auf die Suche, fuhr eines Tages ein Auto vor, und da saß eine Bekannte meiner Tante drin – mit meinem ältesten Sohn, die hatten mich gesucht. Unsere Tante, die Rotkreuzoberin Gräfin Üxküll hatte einen Holzgasomnibus organisiert und war nach Bad Sachsa gefahren und fand dort die restlichen Kinder vor, außer unseren noch die von Hofakkers, Goerdelers und Lindemanns. Sie nahm alle mit und brachte sie nach Hause. Es war ein heilloses Durcheinander, aber am Ende sind alle dort angekommen, wo sie hingehörten. Drei Tage später rückten in Bad Sachsa die Russen ein.

Sie waren also praktisch bis Kriegsende in Haft?

Ja, ich bin nie ordentlich entlassen worden. Ich bin nur einfach in Trogen sitzengeblieben und habe meinen Polizisten weggeschickt.

Und wie war es nach Kriegsende? Ihr Name galt wohl in weiten Kreisen der Bevölkerung als Inbegriff für Landesverrat?

Nein, das kann ich nicht bestätigen. Das, was mein Mann getan hatte, ist von Anfang an anerkannt worden. Vielleicht kann ich aber auch deshalb nichts anderes sagen, weil ich in Lautlingen ziemlich weit vom Schuß saß. Stauffenberg war dort von Anfang an das Aushängeschild. Und es war ein gewisser Vorteil, daß wir in der französischen Zone saßen, denn die Franzosen wußten mit Widerstand etwas anzufangen. Die Amerikaner hatten ja keine Ahnung. Aber den Franzosen war das ein Begriff.

Erinnern Sie sich noch, wie Sie den Kindern vom Tode ihres Vaters erzählt haben, und wie die damit umgegangen sind?

Ja, sie waren natürlich erschüttert. Ich habe es ihnen gleich gesagt, das war vor meiner Verhaftung am 23. Juli. Ich hatte nicht mehr viel Zeit. Ich habe ihnen natürlich nicht sagen können, euer Papi ist ein Held, sondern ich habe gesagt, er hat sich geirrt, denn ich mußte damit rechnen, daß die Kinder befragt werden: »Die Vorsehung schützte unseren lieben Führer«.

Ist es schwer, den Kindern sowas zu sagen, weil die ganze eigene Geschichte fast verraten wird?

Ja.

Haben die Kinder begriffen?

Die Großen schon, der Berthold war zehn, der Heimeran acht, die wußten schon, was das bedeutet.

Hatten Sie jemals das Gefühl, durch ein besonderes Schicksal ausgezeichnet zu sein?

Naja, das Schicksal habe ich seit bald fünfzig Jahren. Daran gewöhnt man sich. Man denkt nicht fünfzig Jahre lang an sein schreckliches Schicksal.

Heute würde man sagen, Sie haben als junge Frau viel »durchgemacht«.

Das haben damals viele. Man war es gewohnt, daß rund um einen die Leute fielen oder verwundet wurden. Das war im Grunde genommen dasselbe, nur mit anderen Vorzeichen. Man bleibt zurück, hat die Kinder und muß schauen, wie man sich durchwuselt und durchficht. Es ist im Grunde dasselbe.

Ist es vielleicht ein gewisser Trost, wenn man, wie in Ihrem Fall, weiß, daß der Mann den Tod bewußt auf sich genommen hat.

So etwas habe ich nie gedacht.

Aber der 20. Juli hat Ihnen doch unendlich viel Kummer bereitet.

Ich meine, ich wußte ja, was auf mich zukommen konnte. Ich habe natürlich nicht damit gerechnet, daß ich auf Monate verschwinden würde, und ich habe auch nicht damit gerechnet, daß es mit den Kindern so mühsam werden würde, daß ich mich so würde durchzappeln müssen. Aber ich habe nie in Frage gestellt, was mein Mann getan hat. Manchmal hatte ich sogar das Gefühl, daß es für ihn das Beste war, weil ich mir eigentlich nicht vorstellen konnte, wie er die Sache überlebt hätte.

Sie meinen, daß es gut war, daß das Attentat scheiterte?

Ja, und auch wenn es gelungen wäre, weiß ich nicht, wie er das verkraftet hätte. Insgesamt war es für die Sache so, wie es gekommen ist, wohl das Beste – von oben gesehen.

Wie meinen Sie das?

Ich meine, wenn das Attentat gelungen wäre, wäre doch erst einmal eine Dolchstoßlegende in Umlauf gesetzt worden. Und dann die Enttäuschung, die sich zwangsläufig eingestellt hätte, denn es hatten sich ja doch sehr unterschiedliche Menschen im Widerstand zusammengefunden, und nach einem geglückten Attentat wären viele Gruppen gleich wieder auseinandergefallen. Es hätte ein unendliches Gerangel gegeben. All das ist meinem Mann erspart geblieben.

In der Tat hätte sich wohl kaum alles so verwirklichen lassen, wie sich die führenden Köpfe des Widerstands das vorgestellt hatten. Aber trotzdem würden Sie doch wohl nicht so weit gehen, das Ganze in Frage zu stellen?

Nein, denn natürlich hätte das Attentat gelingen können. Wenn zum Beispiel die Tasche mit dem Sprengstoff ein Stück näher bei Hitler gelegen hätte, wäre es vielleicht gelungen. Aber es ist halt nicht gelungen.

Waren die Opfer deshalb umsonst?

Nein. Und ich wiederhole noch einmal: Ich habe nie an meinem Mann gezweifelt, weder vorher noch nachher.

Mir ist aufgefallen, daß von Ihrem Mann fast keine Aufzeichnungen, Briefe oder sonstigen Dokumente überliefert sind.

Mein Mann hat nie viel geschrieben, und ich besitze keinen einzigen Brief von ihm an mich. Die wenigen Briefe, die ich von ihm hatte, sind alle weggekommen; ich hatte sie, zusammen mit meinen Briefen, nach Jahren geordnet und schön gebündelt. Meine Briefe waren für mich eine Art Tagebuch, insbesondere über die Entwicklung der Kinder, und schon deshalb habe ich meinem Mann sehr viele Briefe geschrieben. Aber das ist alles weg.

Wann sind die Briefe weggekommen?

Nach dem 20. Juli. Unsere Wohnung in Bamberg wurde völlig leergeräumt. Weiß der Kuckuck, was daraus geworden ist, jedenfalls habe ich nie etwas zurückbekommen. Das einzige Stück, das ich rechtzeitig in Sicherheit brachte, indem ich es Bekannten anvertraute, ist leider verbrannt.

Was war das?

Das war ein Heft, so ein gewöhnliches, dickes Heft, das mir mein Mann im Herbst 1938 gab, sozusagen als Ersatz für die nichtgeschriebenen Briefe. In dieses Heft, eine Art Tagebuch, hatte er alles eingetragen, was ihn in diesem Herbst bewegte. Es waren jene Monate, in denen führende Militärs zum ersten Mal die Beseitigung Hitlers bis ins Detail planten. Als durch Chamberlains Einlenken auf der Münchener Konferenz der Krieg in letzter Minute abgewendet wurde, mußten sämtliche Umsturzpläne fallengelassen werden. Daß Hitler jetzt die Hybris überschritten habe, stand in diesem Heft, und einen Satz habe ich nie vergessen: »Es ist ein merkwürdiges Gefühl, den schon gezogenen Säbel wieder in die Scheide stecken zu müssen.«

Haben Sie mit Ihrem Mann später darüber gesprochen?

Nein. Ich weiß auch bis heute nicht, ob und inwieweit mein Mann von den Staatsstreichplanungen gewußt hat. Nur eines wußte ich: daß ich dieses Heft verschwinden lassen mußte, denn wenn man es gefunden hätte, hätte ich nicht behaupten können, von alldem nichts gewußt zu haben. Deshalb habe ich es Bekannten gegeben, aber ausgerechnet bei denen fand eine Haussuchung statt. Die Gestapo hat das Heft zwar nicht gefunden, aber als sie abfuhr, hat die Frau das Heft genommen und es verbrannt. Das hätte ich wahrscheinlich auch gemacht.

Daß dieses Heft verlorengegangen ist, scheint mir ein großer Verlust zu sein.

Natürlich wären diese Aufzeichnungen ungeheuer aufschlußreich gewesen, denn hinterher hätte man vieles mit ganz anderen Augen gelesen. Vor allem ist es ja nicht so, daß der Widerstand erst 1943 erwachte, sozusagen fünf Minuten vor zwölf, wie es immer wieder heißt. Das ist einfach falsch, genauso falsch wie die Behauptung, mein Mann habe am Anfang voll und ganz hinter dem Nationalsozialismus gestanden. Natürlich hat man manches begrüßt, den Wiederaufbau des Heeres oder die Absage an Versailles, aber zu sagen, mein Mann sei ein begeisterter Nazi gewesen, ist einfach bodenlos.

Ich denke, daß auch das Alter eine Rolle spielte. Sie waren noch jung.

1933 war mein Mann sechsundzwanzig. In diesem Jahr haben wir geheiratet, ein halbes Jahr früher, als die Bestimmungen es zuließen.

Ihr Mann war wohl zunächst einmal in der Hauptsache Soldat?

Er hatte seinen Dienst, und er hatte großen Spaß daran. Er bekam damals auch sein erstes kleines Kommando, das war ein Minenwerferzug, den er aufbauen und wo er die Leute selber schulen mußte. Dann war er ein sehr passionierter Reiter, ist auch auf Turnieren geritten. Das interessierte ihn. Politik interessierte ihn zwar auch, aber stand sozusagen nicht vorne auf dem ersten Blatt. Da wuchs er rein, das hat sich im Laufe der Jahre so ergeben. Der endgültige Punkt, wo es bei ihm dann geschnackelt hat, das war im Februar 1938 die Blomberg/Fritsch-Affäre.

Die Art und Weise, wie der Kriegsminister von Blomberg und der Oberbefehlshaber des Heeres, von Fritsch, ihrer Stellungen enthoben wurden, war für viele Militärs ein Signal. Gut vier Wochen nach den Umbesetzungen an der Spitze der Wehrmacht erfolgte der Einmarsch in Österreich, und im Herbst beschwor Hitler dann die sogenannte Sudetenkrise herauf. In diesem Jahr, 1938, standen alle Zeichen auf Krieg.

Mein Mann war damals in Berlin und erhielt zusätzliche Hintergrundinformationen, und damit war die Sache für ihn mehr oder weniger gelaufen. Sein Hauptinformant war übrigens Fritzi Schulenburg, der als Polizei-Vizepräsident von Berlin ziemlich genau darüber im Bilde war, wie die Geschichte gedreht wurde.

Da Sie den Namen Schulenburg erwähnen: Es sieht so aus, als seien er und Stauffenberg diejenigen gewesen, die, neben Tresckow und Olbricht, von Sommer 1943 an am entschiedensten zum Attentat drängten. Das Drängende und Aktive wird in allen Beschreibungen Ihres Mannes in den Mittelpunkt gerückt. Andererseits wird immer wieder das Musische betont, seine Herkunft aus dem Stefan George-Kreis.

Alle drei Brüder waren musisch begabt und spielten im Trio. Mein Mann spielte Cello und hat auch kleine Konzerte veranstaltet, später wollte er Architekt werden. Zur Überraschung der ganzen Familie hat er sich von einem auf den anderen Tag entschlossen, Soldat zu werden, weil ihn Menschenführung interessierte. Er wollte immer gern mit Menschen zu tun haben, und er war ein genialer Pädagoge. Alle, die mit ihm zu tun hatten, waren immer auf ihn eingeschworen, ob das die Soldaten seines Regiments waren oder auch privat. Er wollte immer, daß die Menschen auch verstehen, was sie tun. So hat er seinen Leuten zum Beispiel ganz genau den Minenwerfer erklärt – er war mathematisch sehr begabt –, und es war sein größter Stolz, als dann seine Truppe beim Wettschießen am besten abschnitt, weil sie verstanden hatten, was sie taten.

Einerseits so musisch, andererseits so rational..

Mein Mann war niemand, den man in eine Schachtel packen konnte, um dann draufzuschreiben: Das ist der Soundso und der reagiert soundso. Er hat die Dinge auf sich zukommen lassen und hat sich dann entschieden. Auch macht jeder von uns Wandlungen durch. Im übrigen besaß er die Eigenschaft, daß er furchtbar gern den Advocatus diaboli gespielt hat. Konservative waren deshalb überzeugt, daß er ein wilder Nazi sei, und wilde Nazis waren überzeugt, daß er ein Stockkonservativer sei. Er war beides nicht. Es hat ihm einfach nur Spaß gemacht zu sehen, mit welchen Argumenten die Gegenseite aufwarten würde.

Also ein Spiel..?

...um zu provozieren, um herauszubringen, wie der Mensch ist und was er denkt.

War Ihr Mann mutig?

Es gibt da verschiedene Anekdoten. Ich weiß nicht, ob die stimmen. Na, er war an sich, würde ich schon sagen, ein mutiger Mann – außer bei Wespen. Wenn er eine sah, verschwand er sofort unter dem Tisch.

Ich frage das deshalb, weil ja ungeheurer Mut und Willen dazugehörte, immer wieder auf's neue den Sprengstoff einzupacken und sich damit in die unmittelbare Nähe Hitlers zu begeben. Ihr Mann muß starke Nerven gehabt haben.

Ja, er hatte wirklich eine außerordentliche Konzentrationsfähigkeit. Wenn er zu Hause war und arbeiten mußte, konnten die Kinder herumtollen und zwischen seinen Beinen Eisenbahn fahren, das brachte ihn überhaupt nicht aus der Ruhe. Im Gegenteil, er fand es lustig. Wenn er abends vom Dienst nach Hause kam, erzählte ich ihm oft alle möglichen Belanglosigkeiten, die im Laufe des Tages passiert waren und die ich einfach loswerden wollte. Mir war völlig klar, daß ihn diese Dinge überhaupt nicht interessierten. Er las die Zeitung, und ich habe so vor mich hingeplätschert. Hin und wieder jedoch gab es etwas, das er wissen mußte. Da habe ich dann gesagt: Claus –, hörte er nicht, lauter: Claus –, hörte er nicht. Und dann habe ich gesagt: Stauffenberg! Ja, bitte?
Er konnte auch zu jeder Tageszeit tief schlafen, wenn er wußte,

daß jemand da war, der ihn weckte. Dann legte er sich hin und schlief ein. Wenn es Fliegeralarm gab, wurde mein Mann im voraus telefonisch unterrichtet; auf das Telefonklingeln war er geeicht, da wachte er sofort auf. Einmal war er bei meiner Schwägerin, und die hatte keinen Luftschutzkeller im Haus. Als der Voralarm übers Telefon kam, gab mein Mann allen Bescheid, klemmte sich seine Stiefel unter den Arm, ging in den Splittergraben und hat dort auf einem Stuhl weitergeschlafen. Nach der Entwarnung sind alle wieder ins Haus, er legte sich ins Bett und schlief weiter. In dieser Nacht habe es noch zweimal Alarm gegeben, erzählte mir meine Schwägerin, niemand habe ein Auge zugedrückt – außer Claus. Dieses Abschalten-können war eine große Kraftquelle.

Ich würde gerne noch einmal nach Stefan George fragen. Als George im Dezember 1933 im schweizerischen Tessin starb, gehörte Ihr Mann zu den engsten Vertrauten, die die Totenwache hielten. Hat er Ihnen von seinen Begegnungen mit George berichtet? Dies muß doch eine sehr einschneidende Erfahrung für ihn gewesen sein.

Nein, eigentlich haben wir wenig darüber gesprochen. Das ging ja gegen die Regel.

Gegen welche Regel?

Gegen die Regel des George-Kreises, daß man zu Außenstehenden nicht darüber spricht. Die Freunde durften sich eigentlich nur bei George treffen, und nicht etwa von Familie zu Familie, das hat der Meister nicht gestattet. So ist einer der besten Freunde meines Mannes, Frank Mehnert, der eine sehr schöne Büste von ihm gemacht hat, niemals bei uns zu Hause gewesen, wenn ich da war.

Ist das nicht merkwürdig?

Der Meister hat es eben nicht gewollt.

Woher nahmen Sie damals Ihre, und woher nahm Ihr Mann seine Kraft?

Das weiß ich nicht. Das hat man in sich, oder man hat es nicht in sich, würde ich sagen.

Es liegt ja in diesem Leben eine ganz augenfällige Konsequenz. Von den Idealen des George-Kreises hin zum praktizierten Tyrannenmord.

Ich meine, so war er halt, das war in ihm drin.

Haben Sie das geistige Erbe Ihres Mannes mit in die Zukunft genommen?

Das kann ich nicht definieren. Das ist eine bestimmte Haltung. Mein Leben war durch ihn geprägt und ist durch ihn bis heute geprägt. Er ist praktisch heute noch bei mir, aber nicht in einem Schrein. All die Jahre hindurch habe ich ihn praktisch bei jeder großen Entscheidung gefragt: Wie hätte er entschieden oder wie hätte er dazu gestanden? Vielleicht hätte er manches anders entschieden, aber ich habe es jedenfalls immer versucht. In seinem Sinne nach vorne leben, das scheint mir das Wesentliche.

Wie sehen Sie den 20. Juli, bezogen auf Ihr Gesamtleben?

Der 20. Juli ist für mich ein ungeheurer Einschnitt.

Haben Sie versucht, das Bild Ihres Mannes in der Öffentlichkeit zu beeinflussen?

Nein.

Das heißt, Sie haben die Geschichte laufen lassen?

Im Gegenteil, ich habe mich immer sehr dagegen gesperrt. Nach meinen ersten Erfahrungen mit Journalisten war für mich ein für allemal Schluß. Ich habe immer Auskunft gegeben, wenn es um historische Belange ging, auch wenn es mir mitunter schwer fiel. Auch Schülern und Studenten habe ich mich nie verschlossen, weil ich es wesentlich finde, mit jungen Menschen zu sprechen. Aber Interviews . .

Das klingt fast ein wenig enttäuscht . . Haben Sie lange gebraucht, um sich ein eigenes Leben aufzubauen?

Dazu hatte ich keine Zeit. Wenn man fünf Kinder hat, ist das so. Ich mußte sehen, wie ich mit meiner Geschichte fertig werde. Wissen Sie, ich bin eigentlich am liebsten allein. Mir tun immer die Ehepaare leid, die uralt miteinander geworden sind, und dann stirbt einer von beiden weg. Ich habe das Gefühl, das ist eigentlich viel schlimmer als meine Situation. Natürlich ist es in einer Weise furchtbar, so früh Witwe zu werden und mit fünf Kindern übrigzubleiben. Ich wäre gern noch lange mit meinem Mann zusammengeblieben. Aber nach seinem Tod hatte ich eine Aufgabe. Ich mußte meinen Mann stehen, ich mußte weiter und habe mich daran gewöhnt. Und jetzt bin ich alt und vermisse es gar nicht, daß nicht noch jemand dabei ist. Ich bin am liebsten allein.

Zu diesem Buch

Die Reihenfolge der Interviews folgt einer inneren Dramaturgie, die nichts mit historischen Kriterien zu tun hat und eher wie ein Bild gesehen werden sollte: Der Leser betritt ein Haus mit vielen Räumen.

Durch das Interview mit *Emmi Bonhoeffer* wird er in die Atmosphäre des damaligen Handelns und Denkens eingeführt. In ihren Erzählungen scheinen die Konfliktkonstellationen des 20. Juli auf.

Elisabeth Freifrau Freytag von Loringhoven berichtet, wie schwer das Diktat der Geheimhaltung für sie wog und wie notwendig es zugleich für den Schutz der Familie war.

Bei *Brigitte Gerstenmaier* sehen wir, wie sie durch die gewissermaßen strategische Berechnung der »menschlichen« Schwächen eines Nationalsozialisten die Rettung ihres Mannes mitbewirken konnte.

Freya von Moltke zeigt uns den Kreisauer Kreis im Ganzen: Wie die Freundesgruppe entstand, was sie miteinander verband, wie die Frauen in sie einbezogen waren und doch »Frauen ihrer Männer« blieben, wie sie in dieser Rolle ihre Aufgabe sahen und erfüllten, wie sie ihre Männer intellektuell und praktisch unterstützten.

Rosemarie Reichwein schildert die Ausgangslage der Sozialdemokraten, die dann im Kreisauer Kreis ein Zentrum fanden.

Beim Lesen des Interviews mit Margarethe Gräfin von Hardenberg erfahren wir von der Situation des militärischen Widerstands und von der »Hundejungenangst« einer Frau, die gebeten wurde, mit ihren Freunden an einem Attentat und einem Staatsstreich mitzuwirken.

Das Kapitel über *Anni Oster*, die Lebensmittel in das KZ Dachau hinein- und entscheidende Informationen herausbrachte, kam bedauerlicherweise nicht zustande, weil die Interviewpartnerin mit ihrer Geschichte letztlich doch nicht an die Öffentlichkeit treten wollte.

Marion Gräfin Yorck, in deren Haus viele Treffen der Kreisauer stattfanden, und *Clarita von Trott* führen uns durch andere Argumentationszusammenhänge, auch durch andere Muster der geistigen Verarbeitung, durch die man den Kreisauer Freundeskreis genauer kennenlernt – in seinen verschiedenen Temperamenten und Persönlichkeiten.

Charlotte von der Schulenburg zeichnet die Wandlungen ihres Lebens nach, wenn sie den Weg ihres Mannes und ihr eigenes Erleben schildert. Sie war in ihrer und in seiner Familie umgeben von treuen Nationalsozialisten, mit denen sie ein Miteinander entwickeln mußte, obwohl es in letzter Konsequenz natürlich immer ein Gegeneinander blieb.

Barbara von Haeften erzählt davon, daß ihr Mann, wie viele Kreisauer, das Attentat ablehnte, weil er darin den falschen Weg sah und überdies die Hoffnung für unrealistisch hielt, Hitler beseitigen zu können und danach Erfolg mit einem Staatsstreich zu haben, und sie schildert sehr nachvollziehbar das christliche Fundament dieser Überzeugung. Noch im Januar 1944 riet ihr Mann seinem Bruder ab, irgend etwas in dieser Richtung zu unternehmen; dennoch versuchte Werner von Haeften ein halbes Jahr später mit Oberst Stauffenberg, Attentat und Staatsstreich durchzuführen. Beide wurden noch in der Nacht des 20. Juli standrechtlich erschossen.

Weil ihr Mann den entscheidenden Schritt wagte, sowohl für das Attentat als auch für den Staatsstreich, stehen die Berichte der *Gräfin Stauffenberg* am Ende.

Dieses Buch ist wohl nur sehr begrenzt ein Buch für Historiker, denn es widmet sich der Materie anders, als sie es vermutlich erwarten. Das hat teils wissenschaftliche, teils biographische Gründe. So ist die Richtung der Fragen im ganzen eher soziologisch bestimmt, geprägt von der Tradition der Frankfurter Schule, ein Interesse, das noch von der Neugier einer Journalistin unterstützt wird: Was haben die Witwen und Mitarbeiterinnen der am Attentat auf Hitler im weitesten Sinne beteiligten Männer heute zu erzählen? 45 Jahre danach wurden viele zum ersten Mal so ausführlich nach ihrer eigenen Wahrnehmung befragt. Das merkt man vielen Antworten an; sie sind oft zögerlich, klingen defensiv. In ihrer Bescheidenheit und in ihrer Konzentration auf die Männer des 20. Juli haben die Frauen sich manche Fragen wohl niemals gestellt. Selbstverständlich interessierten sie sich für die umfangreiche historische Forschung zum Widerstand, das schulte ihren Blick. Nicht nur deshalb bin ich davon ausgegangen, daß die Frauen – mehr oder weniger – schon alles gesagt haben, was die Historiker von ihnen wissen wollten, und so zielen meine Fragen nicht auf eine Rekonstruktion von Geschichte, sondern auf deren individuelle Verarbeitung. Hier geht es um ein gelebtes Leben, um politische, soziale und psychische Verankerungen und rückschauende Interpretation.

Meine Rolle als Gesprächspartnerin war unterschiedlich. Die Frauen zeigten sich offen und meist zugewandt, und manchmal hatte es fast den Anschein, als säße ich ihnen stellvertretend für ihre Töchter und Söhne gegenüber. Bei manchen fühlte ich, wie froh sie darüber waren, daß endlich einmal jemand kam und sie, die Frauen, fragte; denn über den 20. Juli redeten immer nur »die anderen«. Bisweilen fühlte ich mich auch als eine Art Treuhänderin, der sie etwas anvertrauten, damit es nicht verlorengehe. In den Gesprächen entwickelten sich auch erstmals veröffentlichte Lebenswahrheiten in letzter Stunde. Drei der Gesprächspartnerinnen sind während der Bearbeitung des Buches gestorben.

Gerade weil ihre Berichte die »andere Seite«, die »verborgene Geschichte« erhellen, gehören sie zur Interpretationsgeschichte des 20. Juli. Nicht alle Frauen konnte ich befragen, auch wenn sie zum bürgerlichen Widerstand Wesentliches beigetragen haben, wie die verstorbene Annedore Leber. Einige Frauen, zum Beispiel die Schwester von Pater Delp, waren nicht zu einem Interview bereit. Selbst von den Frauen, deren Geschichte in diesem Buch erzählt wird, zögerten die meisten lange, bevor sie ans Licht der Öffentlichkeit traten. Deshalb möchte ich hier ausdrücklich dafür danken, daß sie mir trotz ihrer Vorbehalte schließlich doch Auskunft gegeben haben; ich erinnere mich an sehr lebhafte, intensive Begegnungen. Oft habe ich den geistig so lebendigen Frauen an jenen langen Wochenden eine große Anstrengung abverlangt.

Natürlich enthielten die Gespräche, die jeweils bis zu neun Stunden dauerten, regelmäßig wiederkehrende Motive, auch Nuancierungen, die in einer Buchveröffentlichung untergehen müssen. Einige Äußerungen und Eindrücke konnte ich aber in der Einleitung nutzen, konnte präzisieren und verdeutlichen, was im Buch angedeutet bleiben mußte. Die Antworten der Interviewpartnerinnen wurden in der Nachbearbeitung zusammen mit Professor Jacqueline Nieder – Psychoanalytikerin – und Hans Sarkowicz – Historiker – analysiert. Daraus entwickelte sich der rote Faden der Interpretation, der die Dramaturgie der Kürzungen bestimmt hat. Die individuellen Besonderheiten der einzelnen Personen bilden den Schwerpunkt eines jeden Interviews. Einen Typus habe ich nicht gesucht. Aufschlußreich erscheint die jeweilige Gesprächssituation, sogar das zeitweilige Aneinandervorbeireden. Auch das soll nachvollziehbar bleiben. Besonders danken möchte ich der Historikerin Katharina Grundmann für ihre gründlichen Recherchen und last not least Philipp, Rosy, Georg, Huberta und Maya von Boeselager, Stefan Jaeger und Nicole Rodrigues, die wesentlichen Anteil an Entstehung und Vollendung des Buches haben.